［英］沃尔特·艾利森·菲利普斯————著
于金红————译

1821
希腊独立战争
1833

THE WAR OF GREEK INDEPENDENCE

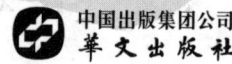
中国出版集团公司
华文出版社

图书在版编目（CIP）数据

希腊独立战争：1821—1833 /（英）沃尔特·艾利森·菲利普斯著；于金红译. -- 北京：华文出版社，2020.1

（华文全球史）

ISBN 978-7-5075-5251-5

Ⅰ.①希… Ⅱ.①沃… ②于… Ⅲ.①独立战争—史料—希腊—1821-1833 Ⅳ.①E545.9

中国版本图书馆CIP数据核字(2020)第010194号

希腊独立战争：1821—1833

作　　者：	[英]沃尔特·艾利森·菲利普斯
译　　者：	于金红
选题策划：	盛世辞章
插图供应：	029—85504182
责任编辑：	康艳
出版发行：	华文出版社
社　　址：	北京市西城区广外大街305号8区2号楼
邮政编码：	100055
网　　址：	http://www.hwcbs.com.cn
电　　话：	总编室010—58336239
	发行部010—58336212
经　　销：	新华书店
印　　刷：	三河市国英印务有限公司
开　　本：	710×1000　1/16
印　　张：	21.75
字　　数：	320千字
版　　次：	2020年1月第1版
印　　次：	2020年1月第1次印刷
标准书号：	ISBN 978-7-5075-5251-5
定　　价：	80.00元

版权所有　侵权必究

出版前言

随着中国开放的大门越开越大,关注世界各国尤其是西方国家文明的源流、发展和未来已经成为当下世界史研究的一个热点。为了成系统地推出一套强调"史源性"且在现有世界史出版物中具有拾遗补阙价值的作品,我们经过认真论证,推出了"华文全球史"系列,首次出版约为一百个品种。

"华文全球史"系列从书目选择到译者的确定,从书稿中图片的采用到人名地名的规范,都有比较严格的遴选规定、编审要求和成稿检查,目的就是要奉献给读者一套具有学术性、权威性和高质量的世界史系列图书。

书目的选择。本系列图书重视世界史学科建设,视角宽阔,层级明晰,数量均衡,有所突出。计划出版的华文全球史中,既有通史,也有专题史,还有回忆录,基本上是世界历史著作中的上乘之作,填补了国内同类作品出版的空白。

人名地名规范。本系列图书中人名地名,翻译规范,重视专业性。同时,在人名翻译方面,我们坚持"姓名皆全"的原则,加大考据力度,从而实现了有姓必有名,有名必有姓,方便了读者的使用。另外,在注释方面,书中既有原书注,完整地保留了原著中的注释;也有译者注,体现了译者的研究性成果。

书中的插图。本系列图书的一个重要特点是书中都有功能性插图,这些插图全方位、多层次、宽视角反映当时重大历史事件,或与事件的场景密切相关,涉及政治、军事、经济、社会、外交、人物、地理、民俗、生活等方面的绘画作品与摄影作品。功能性插图与文字结合,赋予文字视觉的艺术,增加了文字的内涵。

译者的确定。本系列图书的翻译主要凭借的是一个以大学教师为主的翻译团队，团队中不乏知名教授和相关领域的资深人士。他们治学严谨，译笔优美，为确保质量奉献良多。

"华文全球史"系列作为一套具有较高学术价值的优秀的世界历史丛书，对增加读者的知识，开阔读者的视野，具有积极的意义。同时要看到，一方面很多西方历史学家的观点符合事实，另一方面不少西方历史学家的观点是错误的，对于这些，我们希望读者不要不加分析地全盘接受或全盘否定，而是要批判地吸收外国文化中有益的东西。

华文出版社
2019年8月

前 言

这本小书既不打算假装是原创的成果,也不打算与在同一领域已经是精品的大作争奇斗艳。最近发生的事①让人们对历史产生了新的兴趣,因此我将这本书公之于众,目的是让更多人了解近代史上的这一段历史。同时,我也希望这本书能帮助那些没有时间或机会深入研究希腊问题的人通过阅读本书对这个问题能有更明确的判断。

对于本书参考的材料,我要感谢的主要包括:门德尔松·巴托尔迪的《希腊历史》,卡尔·比德尔曼的《时间简史》第15卷和第20卷,乔治·芬利1861年的著作《希腊革命史》,托马斯·戈登1832年的著作《希腊革命史》,以及冯·普罗克施-奥斯滕男爵的《奥斯曼土耳其帝国统治下的希腊发展史》。冯·普罗克施-奥斯滕男爵的作品非常有趣,是对克莱门斯·冯·梅特涅侯爵东方政策的精辟而有力的辩护。在冯·普罗克施-奥斯滕男爵的作品中,尤其有价值的是对希腊独立战争十年来希腊东部外交发展历程的详述。在《奥斯曼土耳其帝国统治下的希腊发展史》这部六卷的作品中,有四卷专门收录了本书写作主要依据的条约、议定书及外交协定的全文。在霍兰德教授的《欧洲议会和东方问题》一书中能找到更重要的条约和议定书。

至于参考过的其他书籍,我在这里还想提一下M.阿尔弗雷德·莱梅特1895年的著作《穆斯林和基督教教徒:关于希腊独立战争的笔记》。我偶尔会引用这本书中的内容。这本书是作者针对亚美尼亚人的骚乱发起反击而写作并出版的,本意是为

---

① 19世纪欧洲各国的革命事件。——译者注(本书中除原注外,均为译者注,不再另行说明)

奥斯曼土耳其人（以下简称土耳其人）辩护并对东方基督教教徒提起控诉。然而，出于自己的极端党派主义，M.阿尔弗雷德·莱梅特先生搞砸了原本可以做好的事情。虽然他所提供的信息都属实，但他刻意隐瞒了那些可能会对他的辩护不利的部分事实。尽管也许这只是他对亲希腊狂热分子的一种态度，采取了以其人之道还治其人之身的方法，但这种方法充满争议，无法获得太多的认同。

我希望，无论读者们在下面的阅读中遇到什么表达不当之处，作为作者的我都不会被冠以参与党派之争的罪名。

沃尔特·艾利森·菲利普斯

目 录

001 第 1 章
　　 奥斯曼帝国统治下的希腊

017 第 2 章
　　 约阿尼纳的阿里帕夏

029 第 3 章
　　 亚历山大·希普西兰蒂与希腊起义

041 第 4 章
　　 起义、战争与暴行

069 第 5 章
　　 希腊无政府状态的开始与终结

081 第 6 章
　　 土耳其镇压希腊独立战争的行动

099 第 7 章
　　 欧洲列强与希腊独立战争的走向

115	第 8 章 乔治·戈登·拜伦勋爵
129	第 9 章 穆罕默德·阿里帕夏的武力干涉
143	第 10 章 易卜拉欣帕夏与希腊独立战争陷入低潮
153	第 11 章 迈索隆吉保卫战
169	第 12 章 从扬尼斯·古拉斯之死到乔治·卡赖斯卡基斯之死
183	第 13 章 塞奥佐罗斯·科洛科特罗尼斯战役
193	第 14 章 俄罗斯帝国强势介入希腊独立战争
207	第 15 章 纳瓦里诺战役

| 221 | 第 16 章
克莱门斯·冯·梅特涅侯爵的外交斡旋 |

| 233 | 第 17 章
扬尼斯·安东尼奥斯·卡波基斯迪亚斯总统 |

| 245 | 第 18 章
法军的行动及希腊西部战事 |

| 255 | 第 19 章
希腊国民议会 |

| 263 | 第 20 章
希腊边界的确定与土耳其军队的撤离 |

| 277 | 第 21 章
反对派与扬尼斯·安东尼奥斯·卡波基斯迪亚斯的斗争 |

| 289 | 第 22 章
彼得罗斯·马夫罗迈克尔斯与马伊纳起义 |

| 301 | 第 23 章
希腊内战 |

313 第 24 章
奥托一世与希腊王国

323 译名对照表

第 1 章

奥斯曼帝国统治下的希腊

精彩看点

希腊民族的延续——奥斯曼帝国统治的影响——东正教在保护希腊民族中的作用——君士坦丁堡大牧首——奥斯曼帝国统治下希腊人的状况——农民生活相对富裕——阿尔马托利游击队和希腊游击队——希腊人的海上力量——《库斯丘克-卡纳尔吉条约》——法纳尔人——文学运动——古文字的复兴

希腊人再次奋起与奥斯曼土耳其帝国（以下简称奥斯曼帝国）的统治者们进行抗争，同时再次为实现民族独立而高声呐喊。尽管欧洲各国政府态度并不友好，而经验丰富的政治家们也发出了警告，但这呐喊还是唤起了全体欧洲人民富有同情心的回应。与其说这种亲希腊式热情是刻意为之，倒不如说是天性使然。几个世纪以来，欧洲都是以一种近乎宗教崇拜的方式接受古文化教育，实在无法忘记这片本是科学的发源地和艺术的摇篮的土地曾经赋予它们的一切。虽然指出这点并没有什么意义，但在经历二十个世纪的变化和机遇后，现代希腊人与伯里克利①和柏拉图时期的希腊人已经没有太多共同之处。人们对建立希腊王国寄予深厚期望，随后这一期望却破灭了。

　　　　群山瞩目马拉松，
　　　　而马拉松凝望碧海。②

---

① 伯里克利（Pericles，前495—前429）：雅典黄金时期具有重要影响的领导人，培育了在当时看来非常激进的民主力量。他的时代也被称为伯里克利时代，是雅典最辉煌的时代，产生了苏格拉底、柏拉图等一批知名思想家。
② 摘自乔治·戈登·拜伦勋爵《哀希腊》。

乔治·戈登·拜伦勋爵

欧洲依然随着乔治·戈登·拜伦①勋爵对希腊的梦想而燃起熊熊的热情之火。人们幻想着将希腊从奥斯曼帝国的野蛮统治中解放出来。这样一来,在这片自由的土地上,艺术和科学将重新在它们古老的发源地崛起并繁荣昌盛。在严肃的政治中,也许这个空洞的梦想根本无法占有一席之地。然而,无论多么空洞,影响广泛的

---

① 乔治·戈登·拜伦(George Gordon Byron, 1788—1824):英国19世纪初期伟大的浪漫主义诗人,同时也是一个为理想战斗一生的勇士。他积极而勇敢地投身希腊民族独立战争,为它奉献了自己的金钱及生命。

希腊自由主义情感都是政治家不可随意忽视的一个因素。克莱门斯·冯·梅特涅侯爵辛辛苦苦地建造在马基雅维利式①权谋术之上的所有政策,尽管在欧洲获得多数支持,却在他一向鄙视的对"希腊人悲惨命运"的第一次强烈呐喊中土崩瓦解。

希腊民族的历史延续性问题不仅在学术界引起了人们的兴趣,而且在很大程度上进入了政治实践领域。在希腊第一次起义的历史阶段中,它扮演了一个极其重要的角色。即使是现在,当人们普遍地将希腊解放事业与被压迫的东方信仰基督教的民族的思想联系在一起时,他们能体会到希腊解放事业对人们思想的巨大影响。那么,真相是什么呢?

克莱门斯·冯·梅特涅侯爵

---

① 马基雅维利式:指"在治国之道或一般行为中运用狡猾和口是心非策略的主义",源自意大利文艺复兴时期的外交官、思想政治家、历史学家尼科洛·马基雅维利的著作《君主论》《论李维》等。

人们普遍认为希腊遭受的多次入侵及中世纪时期北方民族的多次迁徙已经使纯正的希腊种族灭亡。事实上，今天所谓的希腊人是具有阿尔巴尼亚人、斯拉夫人和拉丁人血统的人，他们只有一点儿希腊血统。与此同时，人们也认为除了犹太人，从来没有任何一个民族能如希腊人一般如此坚守自己的民族特性。尽管希腊一次又一次地被武力征服，但希腊精神总能潜移默化地对征服者产生影响。先是马其顿人，接着是罗马人，在他们在将希腊置于政治枷锁下的同时，他们自己也渐渐臣服于希腊文化。尽管随着古代文明的衰败，这种文化逐渐消失，但所有的证据都倾向于证明希腊比任何其他现代欧洲国家都更成功地吸收了众多的外国文化元素。而在那些动荡混乱的年代，这些外国文化元素势必已经和希腊文化混杂在了一起。

1453年，穆罕默德二世①占领君士坦丁堡，几乎消灭了希腊民族的最后剩余力量。几个世纪以来，外族的野蛮入侵已经逐渐将残存下来的希腊文化禁锢在了这仅

穆罕默德二世

① 穆罕默德二世（Mehmed II, 1430—1481）：奥斯曼帝国苏丹。他以征服君士坦丁堡而闻名于世。

君士坦丁堡陷落

存的帝国都城的城墙内。如今，古代文明最后一道堡垒的坍塌引发了一个远远超出预期的结果，因为在君士坦丁堡陷落后，希腊学者逃散各地，这直接引发了希腊文化的伟大复兴，也就是我们俗称的文艺复兴，而这是一场注定要在现代社会通过希腊自己的文学领袖来对希腊产生影响的运动。

事实上，在希腊人自己看来，最后一根将他们与古典传统文化连在一起的绳索被斩断了。尽管他们作为一个民族幸存下来，但连接他们的纽带不是他们古老伟大的记忆，而是他们共同的宗教信仰。由于这些侵略者都是异教徒，希腊人自己的宗教信仰就变得更强大，也更有影响力。在欧洲其他大部分地区，野蛮侵略者已经信奉了被征服民族的信仰。这些侵略者逐渐融入了被征服民族中并发展成一个全新民族。伊斯兰征服者不愿和被征服民族拉亚①混在一起，由于民族特有的排他性，

---

① 拉亚：奥斯曼帝国中不信仰伊斯兰教的底层民众。

这些伊斯兰征服者尽力保持被他们征服的基督教民族的民族特征,除了要将自己的信仰强加于被征服者的少数场合,他们尽量避免与这些基督教教徒待在一起。

1453年后,一个东正教的组织将分散的希腊各部联系在了一起。土耳其人确实很高兴能够使用一种现成的政府统治工具。凭借自己的权威,君士坦丁堡的大牧首取代了拜占庭恺撒,成为土耳其宫廷的希腊基督教臣民的官方首领。由于当时的处境不稳定,大牧首本人就是苏丹的傀儡,主要利用朝廷宠臣的任性和反复无常,而且通过巨额贿赂来获得和巩固自己的地位。尽管如此,他还是对王宫治下的基督教臣民产生了巨大的影响,并被苏丹的政策赋予了巨大的现世和精神力量。作为统治整个希腊世界的大牧首,在每个教区,大牧首成了精神和现世权威的化身。不仅是基督教教徒之间的争端需要由他来裁决,甚至当穆斯林与基督教教徒发生争执时,也会找大牧首进行裁决,而不是通过办事效率低下的卡迪法庭①。然而,正是通过职位较低的神职人员,东正教的组织才与人民的生活最紧密地联系在一起。因为作为已婚的男人②,教区牧师与教区教众的感情和愿望紧密相连。尽管教区牧师的职务神圣不可侵犯,但在文化和学识上,他们与教众们几乎没有区别。

这样一来,在西方,即使是外族野蛮人入侵的动乱时期,罗马教会都保留了帝国统一的思想。在整个奥斯曼帝国统治下,希腊统一的神权基础在政策上得到征服者的刻意维护。创造或容忍这样的"国中国",似乎从一开始就有着令人难以置信的智慧。事实上,从苏丹的角度来看,只要大牧首完全控制在自己手里,这种做法就不会威胁到自己的统治。随着奥斯曼帝国的衰败,苏丹的基督教臣民开始向国外寻求支持。直到君士坦丁堡的大牧首能够指望来自国外的支持时,这种制度的危险才显现出来。

随后,通过信仰和民族感情的双重纽带,希腊人开始依附于自己的宗教。不过,希腊人只效忠于自己的宗教及宗教领袖。在与凭武力统治他们的苏丹的关系中,没有任何忠诚的成分。一旦土耳其严苛的暴政松懈下来,非伊斯兰教信徒的土

---

① 卡迪法庭:伊斯兰教历史上国家司法机关的统称,也称卡迪法院、伊斯兰法院或者沙里亚法院,主要审理穆斯林当事人之间的民事、商事、刑事诉讼。
② 根据东正教教义,有了家室的基层神职人员将没有机会升迁到主教及以上职位。

耳其人就没有义务服从一个再也不能推行自己指令的政府。因此，将希腊人的反抗归咎于土耳其人的暴政的观点是错误的。所有的历史和经验确实证明，一个民族往往会默默地承担着最沉重的压迫。只有当绳索松开，负荷减轻时，被压迫者才会奋起反抗。正是由于路易十六政府对改革尽心尽力，才直接导致了法国大革命的爆发。也正是土耳其统治压力的减轻，以及希腊人口的日益增长，才使希腊起义成为可能，并且不可避免[①]。

奥斯曼帝国的统治之所以有危害，与其说是因为它做了什么事，倒不如说是因为它没做什么事。比起实际做了的事，它将要做的事更令人难以忍受。即使在奥斯曼帝国与欧洲诸国签署停止敌对协约前，苏丹的基督教臣民也可以自由信奉自己的宗教，积累财富，并按自己的心愿选择接受教育。他们甚至可以通过提升自己，在教堂或州政府担任高级职务，成为土耳其宫廷的外交译员，或者成为一个省的省长。18世纪，农民的地位在奥斯曼帝国统治下比欧洲大部分地区的都高。整个基督教世界中几乎普遍存在的农奴制已经消失。此外，在土耳其统治下的许多地区，土地的耕种者们享受着连一些文明程度更高的国家的农民都从来没有过的繁荣。令民众感到痛苦和不满的是奥斯曼帝国政府的反复无常，而不是任何有意识的压迫。虽然理论上收取耕种税收和以实物偿付赋税的习俗可行，然而事实上，收税常常演变为对农民的勒索。因为在有些地方，除非估税员已经巡视过，否则庄稼就不能随便收割，这就给贿赂和敲诈勒索提供了无数的机会。的确，这一制度的可恶之处在于基督教教徒和穆斯林都难以幸免。然而更令人难以忍受的是，出于宗教和种族的骄傲，基督教教徒们成了征服者的奴隶，任何穆斯林都可以侮辱他们而不受惩罚。为了能够活下去，基督教教徒们不得不每年缴纳人头税[②]。与每日遭受的温水煮青蛙般的迫害相比，人们更容易原谅一次较严重的迫害。所有暴政中最不能容忍的不是仅有一次的暴力行为，而是在制度中常见的轻视、冷漠。

[①] 亚历克西斯·德·托克维尔：《旧制度与大革命》，第259页。"经验表明，通常一个错误的政府最危险的时刻就是它开始改革的时候。我们耐心等待的邪恶似乎是不可避免的，我们刚人的想法是……邪恶变得更小。它是真实的，但感觉更有活力。"——原注

[②] 人头税：一种向每一个人定额征收的税种。被征服区域的基督教教徒不能得到土地，而且必须缴纳人头税。

尼科洛·马基雅维利曾经说过，在对付一个被征服的民族时，要么让他们投降，要么彻底毁灭他们。然而，土耳其人并没有这么做。虽然土耳其人并没有摧毁希腊民族的组织，甚至在某些情况下还允许希腊民族保留自己的武器，但土耳其人的统治不断地挑战希腊人的民族自豪感。自东罗马拜占庭帝国统治开始，塞萨利附近乡村的一些村野山民加入了一个名为阿尔马托利①的非正规民兵组织，目的是保护道路及保障正常通行。苏丹延续并加强了这一制度。根据土耳其宫廷的特别政策，这些希腊山民世代都习惯使用武器，并都在山地战的战术方面受过训练，因此山区民兵与路边劫匪并没有太大区别。17世纪末，当苏丹开始削减基督教民兵的数量时，为了削弱首领的权力，这些人成了不再需要他们来保卫的秩序的敌人。从那时起，匪徒盗贼或者希腊游击队员就发展成为在社会和政治上越来越重要的一个长久存在的部分②。当政府完全不尊重正义时，在其追随者的支持下无法无天的人往往会通过报复的手段纠正不可容忍的社会罪恶。到目前为止，有组织地起义反抗奥斯曼帝国统治的苗头还没有出现。然而，由于厌倦了对土耳其人的卑微和屈从，农民中那些更大胆、更鲁莽的人就跑到山上做了强盗。在当时的人们看来，占山为王做一名盗贼是一种荣耀，而不是耻辱。独立战争前的几十年，在同胞眼中，这些希腊游击队员一直是希腊民族信仰和故国的捍卫者，率领民族同胞反抗土耳其人的统治。不过说实话，他们戴着令人称道的公正面具无情地劫掠民众，无论是基督教教徒还是穆斯林们都没能幸免。秉着"见到帕夏③就不要吝惜用剑，见到大维齐尔④就不要节省子弹"的理念，土耳其人和他们的"奴隶"同样没被希腊游击队员们放在眼里。所有的传说都关于希腊游击队员的勇气、残忍或慷慨。无数的民谣里传唱着这些希腊游击队员抗击土耳其人的英勇事迹。人们充满敬畏地将一群著名的领袖口口传颂。事实上，尽管在教育和知识方面，这些希腊游击队员除了好勇斗狠所知甚少，但就勇气和体力而言，他们都不亚于古代的英雄。这些希腊游击队员只

---

① 从15世纪开始在希腊反抗奥斯曼帝国统治的希腊武装雇佣兵。在希腊独立战争期间，许多阿尔马托利士兵成为反对奥斯曼帝国统治的独立游击士兵。
② 乔治·芬利：《希腊革命史》，第1卷，第27页。查尔斯·艾伦·法伊夫：《现代欧洲史》，第1卷，第246页。——原注
③ 奥斯曼帝国行政系统里的高级官员，相当于总督、将军或同级高官。
④ 奥斯曼帝国历史上对宫廷大臣或宰相的称谓，是苏丹以下最高级的官员。

怕一件事,那就是活着落入土耳其人手中。他们惯用的祝词是"科克索夫",这颗颇受欢迎的子弹应该能让他们逃离被俘的命运。然而,如果子弹击中他们,只能击垮他们的身体,却击不垮他们的精神。下面的故事就极具代表性。

由于被出卖,安东尼斯·卡桑托尼斯酋长和他的弟弟乔治落入他们的对手约阿尼纳的阿里帕夏①之手。约阿尼纳的阿里帕夏宣判用大锤逐段砸碎他们的四肢。

青年时期的约阿尼纳的阿里帕夏

---

① 约阿尼纳的阿里帕夏(Ali Pasha of Ioannina, 1741—1822):19世纪初奥斯曼帝国时期鲁米利亚地区西部的一位帕夏,统治中心位于约阿尼纳。约阿尼纳的阿里帕夏于1820年纠集希腊各处势力武力反抗奥斯曼帝国,并持续了三年。后来中计,被土耳其人诱杀,时年80岁。

首先遭受酷刑的是安东尼斯·卡桑托尼斯。由于身体虚弱，他无法忍受痛苦。当锤子落在他的膝盖上时，他忍不住发出一声呻吟。乔治惊讶地转向他："什么，安东尼斯·卡桑托尼斯？你怎么像个女人一样号叫？"轮到乔治的时候，他躺在那里，既没有发出任何声音，也没有呈现出一丝痛苦的神情，从臀部到脚踝的两条腿都被砸成了碎片。

这个时期的故事还有很多。下面的故事令我们愉快地想起了希腊的"罗宾汉①"和"塔克修士②"。在品都斯山脉一带的盗贼团伙里有一位牧师。这个盗贼团伙的栖身之所是一棵巨大的空心橡树。每当抓到俘虏时，这个盗贼团伙会将俘虏带到树旁，牧师就在树洞里。随后，团伙首领就冲着大橡树问："我们的祖先所尊敬的圣橡树啊，你说我们该怎样处置我们的囚犯呢？""树"问："他是基督教教徒还是异教徒？""我们神圣的树，他是一个基督教教徒。""那么，让我们的兄弟在接受和平之吻后，欢欢喜喜地上路，将他的钱袋捐给他可怜的弟兄们作为救济金吧！"而如果囚犯是穆斯林，"树"的答案就是："将这名异教徒挂在我神圣的树枝上，没收他所有的东西，供我们的教会和它忠实的孩子使用。"

在这个爱国的盗贼团伙里，对俘虏采取宗教制裁的情况并不少见。东正教很乐意原谅那些因信仰和爱国犯下的罪行。与此同时，这些盗贼也可以真心实意地向上帝之母帕纳吉娅·克莱夫特里娜③祈祷，她护佑着海上和陆地上的所有行动。

这就是在希腊独立战争中那些无论所作所为是善是恶，都产生过极其重要作用的盗贼们的真实写照④。另一种更有威力的由土耳其宫廷的保护政策促成的武装力量，将用于希腊独立事业，那就是希腊诸岛的海上力量。早在希腊起义前，许多岛屿都通过各种各样的方式获得了很大程度的独立。实际上有些岛屿是自治的，其对苏丹的屈从仅表现在每年义务向奥斯曼帝国海军提供一定数量的水手。由于从小就习惯面对海上的危险和机会，希腊群岛上的居民都是杰出的水手。此外，得益于当

---

① 罗宾汉：英国民间传说中的英雄人物，是一位劫富济贫、行侠仗义的绿林英雄。
② 塔克修士：罗宾汉手下的绿林好汉。
③ 帕纳吉娅·克莱夫特里娜即圣母玛利亚。
④ 托马斯·戈登：《希腊革命史》，第1卷，第400页。"希腊人应该对他们早期对山贼首领的偏爱态度表示悔改。这些山贼首领因恶行而臭名昭著。当然，穷苦的农民在战争中遭受的痛苦远远超过他们从土耳其人那里遭受的。"——原注

签订《库斯丘克-卡纳尔吉条约》

时所处的政治环境,这些居民还迅速建立了强大的海上贸易。1774年,《库斯丘克-卡纳尔吉条约》极大地推动了海上贸易发展。通过这份条约,俄罗斯帝国在博斯普鲁斯海峡和达达尼尔海峡的航行中获得了一些特权,包括一些心照不宣的对苏丹的基督教臣民的保护权。从这时起,希腊商人在船上挂着俄罗斯帝国国旗开展贸易。以前他们的船主要是小型的滑行船,而现在越来越大。起初他们的航行只是小心地从一个岛到另一个岛,现在却开始从切尔森一直延伸到直布罗陀,甚至更远。由于经常遭遇阿尔及利亚海盗,这些船必须配备武器。出海前,船员们不光接受驾驶训练,还要接受战斗训练。于是,在奥斯曼帝国政府的眼皮底下,希腊的海上力量逐渐建立。在希腊独立战争期间,这支海上力量为希腊的自由事业赢得一次又一次的胜利。

同海上一样,在陆上,土耳其政府也允许一定程度的地方自治。在摩里亚半岛的帕夏领地,整块领地被分成二十三个区。虽然赋税通常由这二十三个区的区长负责收取,但乡村社区依然可以选举自己的首领,俗称德莫格隆茨,或者乡村元老。除了收税和管理自己村庄的事务,乡村元老们还在一个区议会中与城镇的代表举行会议，选出普罗斯托伊①来决定每个社区应该承担多少赋税。随后，乡村元老们会再选择一名被称为普赖米特的希腊军官，以及一名被称为阿亚的伊斯兰教信徒，住在的黎波里，代表的黎波里并参加摩里亚的帕夏会议。在维护同胞自由方面，乡村元老们的贡献很小，而且他们自己往往是奥斯曼帝国征服、压迫民众的工具。后来这些普赖米特成了希腊贵族，在战争爆发的时候自然而然地成了人民的领袖。在战争的头几年，这些普赖米特管理钱财的经验起了很大的作用。此外，在没有任何其他组织的情况下，只有社区组织才能在内战无政府状态下保护希腊人免遭荼毒。

与此同时，另外一类希腊人也有必要提及，他们在起义中发挥了非常重要的作用。以法纳尔命名的法纳里奥，或称为灯塔，是君士坦丁堡的一部分。君士坦丁堡的宫殿就坐落在这里。周围有众多的办公场所和法院，构成了一个面积十分大的希腊殖民地。宫廷官员主要来自居住于法纳里奥的希腊人，各辖区首领也多来自这里。虽然地位并不高，但他们培养出众多有杰出能力和对希腊事业真诚奉献的人。作为希腊独立战争中的法纳里奥领袖，亚历山德罗斯·马夫罗科达托斯和德米特里乌斯·希普西兰蒂也属于这个阶级。在某种程度上，他们的欧洲文化背景和更广泛的事务处理经验对坦率野蛮的希腊土著酋长起到一定的制约作用。

在结束对奥斯曼帝国统治下的希腊民族现状的简单描述前，我还想对那场对现代希腊发展产生深远影响的伟大的文艺运动②再啰唆几句。时光流逝，古希腊语，这门曾经令柏拉图和德摩西尼③妙笔生花的语言目前在俗世生活中已经基本绝迹。尽管如此，它仍然是教会和学者们的语言，只不过对古希腊语的学习本身已经局限于无趣的神学讨论。因此对于现代希腊人来说，古代文学的经典杰作已经基本不被人知晓。几个世纪以来，人们要么完全忽视教育，要么只能从修道士那里接受教育，而这些修道士也不比他们所教的学生博学多少。一些热血人士自愿承担起复兴希腊人的语言和文学的任务，其中阿达曼提奥斯·可拉斯站在了复兴运动的最前列。事实上，得益于富有的法纳尔人的慷慨捐助，在希腊各地及岛屿已经建立了许多学校来教授经典作家和他们的作品。然而，由于各种意图和目的，古希腊的语

---

① 普罗斯托伊：社区代表，主要负责决定每个社区的赋税数额。
② 指文艺复兴。
③ 德摩西尼（Demosthenes，前384—前322）：古希腊著名的演说家，民主派政治家。

言变得死气沉沉,没有活力,因此希腊过去辉煌的知识很难得到复兴,也难以成为人类真正的力量。于是,阿达曼提奥斯·可拉斯着意为自己的同胞重建一种文学语言。这种语言应该将古今两种希腊语的最佳元素尽可能地结合在一起。阿达曼提奥斯·可拉斯既反对那些鄙视日常使用的俗语、希望保留古典希腊语作为学习者使用的语言的人,也反对那些希望将粗俗的方言提升到文学语言的尊崇地位的人。阿达曼提奥斯·可拉斯的计划是将新希腊语建立在普通语言的基础上,同时消除所有的外来语,并尽可能恢复所有还没有完全过时的古老而纯净的语言形式。正如马丁·路德对德意志所做的一切一样,阿达曼提奥斯·可拉斯出版了经典文学的新版本,并用现代希腊语为它们写了序言,而这一切都是为了希腊。

阿达曼提奥斯·可拉斯的努力取得了巨大的成功。古今混合的方言仍然是民众生活的语言。在报刊上和学校里,人们开始使用一种新的希腊语,而这种新语言与

阿达曼提奥斯·可拉斯

荷马语言的差异不是在种类上而是在发音上①。由此,希腊壮丽的文学古迹被保存下来,成为全希腊人的共同财产。古希腊已逝荣耀的恢复,为不断觉醒的希腊人的民族意识增加了一种新的动机和力量。如今希腊人不仅梦想恢复东方希腊帝国,还梦想让古代希腊帝国重生。希腊人不再像几个世纪以来那样自称罗马人,而是恢复了他们古老的名字"希腊人"。在继续信奉他们的上帝的同时,普萨拉岛和伊兹拉岛的船长们开始用古老的异教英雄的名字命名他们的船。

---

① 现代希腊语和古典希腊语最本质的区别之一在于是否有重读音节。公元4世纪的古希腊史诗诗人诺努斯是第一个考虑发音的作家。吉尔伯特·默里教授:《古希腊文学》,第395页。——原注

第 2 章

约阿尼纳的阿里帕夏

○ 精彩看点

起义的准备——获得俄罗斯帝国支持的希望——叶卡捷琳娜大帝——秘密组织"友谊社"——扬尼斯·安东尼奥斯·卡波基斯迪亚斯伯爵——亚历山大·希普西兰蒂——约阿尼纳的阿里帕夏——约阿尼纳的阿里帕夏的出身——约阿尼纳的阿里帕夏征服了台佩莱纳——约阿尼纳的阿里帕夏的目标是建立阿尔巴尼亚王国

意识到过去的辉煌伟大,又拥有现在的民族团结,如今只要有恰当的时机,希腊人就能揭竿而起反抗奥斯曼帝国那令人憎恨的统治。目前看来,无论是发动起义的动力还是时机都不会令希腊人失望。自从威尼斯人最终被驱逐出摩里亚半岛后,18世纪初,被压迫的希腊人就将目光转向东方,落到实力逐渐强大的俄罗斯帝国上。与天主教一样也来自西方,然而,由于罗马教皇至高无上的特权及圣灵的游行这双重的宗教障碍,希腊基督教教徒无法获得西方教会的同情,平时遭受的只是残忍的对待和迫害。随着沙皇势力的增强,希腊人的目光自然转向了这个通过正统信仰的纽带将他们结合在一起的帝国,而且这似乎注定要在东方恢复基督教至高无上的地位。俄罗斯帝国的叶卡捷琳娜大帝在脑海中构思着侵略的巨大图谋,因此十分愿意鼓励希腊人去实现民族独立自由的梦想。在与土耳其的战争中,叶卡捷琳娜大帝毫不犹豫地派遣了一支舰队和一批俄罗斯间谍前往摩里亚半岛及周围群岛,去游说希腊人反抗土耳其人。一旦政策有了效果,叶卡捷琳娜大帝就会放任希腊人向土耳其人复仇。然而,即使是叶卡捷琳娜大帝用来治理国家的这个现实性的方法也不能摧毁希腊人要将新国家建立在伟大东正教力量基础上的希望。事实上,1774年签署的《库斯丘克-卡纳尔吉条约》明确承认俄罗斯帝国对土耳其基督教子民的保护。这是叶卡捷琳娜大帝的治国武器,也是只要符合她的政策,她就

叶卡捷琳娜大帝

随时准备使用或者搁置的一种武器。尽管这种由于认为俄罗斯帝国并无私利而信任叶卡捷琳娜大帝的做法毫无根据,但正是这一点让希腊秘密组织"友谊社"变得无比重要。19世纪初,希腊秘密组织"友谊社"为希腊独立战争铺平道路,并提供了巨大的动力。

1841年,秘密组织"友谊社"在敖德萨成立,成员包括尼古劳斯·斯库法斯、阿塔纳西奥斯·萨卡洛夫和埃马努伊尔·赞瑟斯这三名希腊商人。"友谊社"的目标是将所有希腊人都团结在一个武装组织内,推翻奥斯曼帝国统治,恢复东方的希腊帝国。尽管"友谊社"纲领有不成熟的幻想,有精心规划的等级制度,有共济会仪式,甚至有令人毛骨悚然的誓言,然而,它的动力源于对目标的信念,而这种信念令它在实现目标的方法上无所顾忌。很快这个组织就取得了巨大的胜利。一个如此精心策划和伪装的阴谋轻易地得到迅速发展和传播。事实上,没有什么比这更能清楚地显示，与俄罗斯帝国的统治相比，奥斯曼帝国的专制手段是多么低下无能。在一到两年的时间里，这个组织扩展到整个希腊世界，吸引了来自各个阶层的新成员。要成为组织成员，首先要全心全意地献身于希腊事业，而最重要的是每个成员需要自行准备武器和弹药。这个组织的宣传范围甚至超出了希腊国家的范围，连塞尔维亚人和鲁米利亚人也被邀请加入基督教教徒共同的事业，致力于恢复希腊霸权下教会在东方至高无上的地位。所有动乱的背后都隐隐约约地有着俄罗斯帝国的影子。正是俄罗斯帝国许诺的支持为希腊自由事业的胜利提供了保证。与此同时，俄罗斯帝国的沙皇亚历山大一世全心全意地接受了克莱门斯·冯·梅特涅侯爵的政策。这样一来，神圣同盟和圣彼得堡势力的全部力量都被用来支持反动和专制势力，企图粉碎法国大革命为西欧人民赢得的自由。

这就是19世纪20年代末的情况：带着酸楚的满足感，克莱门斯·冯·梅特涅侯爵在莱巴赫对他的外交政策做了最后的润色。在欧洲会议上，各国列强共同决定在

亚历山大一世

维持现状的前提下团结起来,要在所有地方掐灭"革命"的苗头,并在政治上彻底掐灭"感伤"的苗头。在奥斯曼帝国的整个版图中,虽然这个巨大的阴谋①与西方的革命势力没有太大关系,却如同一座易燃的弹药库,只需一簇火花就能引爆,继而使克莱门斯·冯·梅特涅侯爵费尽心力精心设计的外交大厦②瞬间崩塌。

六年来,在没有任何明确的计划或政策的条件下,"友谊社"发展壮大了。由于被十几个或更多的各自握有自主权的领导人分别管理,这个组织必然缺乏能确保成功的清晰的纲领和共同的目标。因此,必须为整个组织物色一位可靠的领导者。有这么一个人,从他当时的地位和名望来看,似乎是最合适的人选。他就是扬尼斯·安东尼奥斯·卡波基斯迪亚斯伯爵,一个科孚岛③的希腊人。《提尔西特和平条约》签

扬尼斯·安东尼奥斯·卡波基斯迪亚斯伯爵

---

① 指希腊独立战争。
② 指克莱门斯·冯·梅特涅侯爵的外交政策。
③ 科孚岛属希腊克基拉岛,是爱奥尼亚群岛中第二大岛屿,曾经被威尼斯共和国统治。当时克基拉岛号称"威尼斯的门户",被视为西方文明抵抗奥斯曼帝国的堡垒。

拿破仑·波拿巴

订后,扬尼斯·安东尼奥斯·卡波基斯迪亚斯伯爵将该岛交给拿破仑·波拿巴,随后被引荐给沙皇亚历山大一世,并迅速赢得了他的完全信任。1820年,时任俄罗斯帝国外交部部长的扬尼斯·安东尼奥斯·卡波基斯迪亚斯伯爵深受沙皇亚历山大一世信任。作为一个曾经公开对希腊的独立愿望表达同情的希腊人,又是一个人们寄予厚望同时也值得信赖的大国的权臣,扬尼斯·安东尼奥斯·卡波基斯迪亚斯伯爵似乎真的是希腊独立最理想的领袖候选人。于是,以埃马努伊尔·赞瑟斯为首的代表团从摩里亚半岛出发前往莫斯科，以希腊秘密组织"友谊社"的名义正式向扬尼斯·安东尼奥斯·卡波基斯迪亚斯伯爵发出邀请，请他担任希腊独立战争的领袖。然而，尽管无限同情希腊，但扬尼斯·安东尼奥斯·卡波基斯迪亚斯伯爵非常熟悉沙皇的秘密顾问系统，他一时无法在这样的事业上依赖俄国人的帮助，或者用他目前拥有的大好前途的职位来换取这种具有危险性的职业生涯。因此，尽管怀有同情，扬尼斯·安东尼奥斯·卡波基斯迪亚斯伯爵还是遗憾地拒绝了出任希腊独立战争领袖的提议，而希腊人也只好说服自己耐心等待。

现在必须要重新寻找一位领导人。新的候选人被锁定为亚历山大·希普西兰蒂。他是古老的法纳尔家族的后代，有传言称这个家族缘起拜占庭恺撒皇族。此外，亚历山大·希普西兰蒂也是俄罗斯帝国的一名将军，并享有沙皇的特别恩宠。也许

亚历山大·希普西兰蒂

是出于对希腊独立事业的无上热情，也许更多的是出于自己的野心，亚历山大·希普西兰蒂接受了这一提议，并表示有信心得到俄罗斯帝国的支持。这种支持就算不是物质上的，至少也会有道义上的。希腊终于有了一位领导人。接下来要做的就只是做出决定，决定这场以自由之名的独立战争是要依靠希腊自己的力量在南部发起，还是接受俄罗斯帝国的援助从北部开始。奥斯曼帝国忠贞的约阿尼纳的阿里帕夏之乱为希腊独立战争提供了一个绝好的机会。他来自约阿尼纳，他非比寻常的人生经历对希腊独立战争的命运产生了非常直接的影响。因此，在继续讲述前，有必要附上几句说明。

约阿尼纳的阿里帕夏

这个了不起的人物的故事读起来完全不像是现代历史中的一幕，而更像是中世纪的恐怖小说。1741年，约阿尼纳的阿里帕夏出生在伊庇鲁斯的台佩莱纳，父母都是阿尔巴尼亚人。从小的生长环境给约阿尼纳的阿里帕夏留下了深刻的印象。在他看来，他身处一个野蛮的未经驯服的民族。在约阿尼纳的阿里帕夏还是个婴儿的时候，他的父亲就去世了。母亲哈姆科是一个性格强悍的女人。为了维护孩子们的权利，哈姆科摘掉面纱，握起长剑。哈姆科的周围聚集了一群凶猛的战士，在四邻八乡名声大噪。最后，由于被出卖，哈姆科遭遇埋伏，被擒后关进加迪基和科莫沃的监狱，备受侮辱。多亏一位希腊商人慷慨帮助，哈姆科获释。这件事在哈姆科儿子的心里埋下了复仇的种子。从此，为母亲遭受的侮辱讨回公道成了约阿尼纳的阿里帕夏一生的事。这个孩子虽然个性狂暴，但学会了慢慢等待复仇的时机。约阿尼纳的阿里帕夏的野心吞噬一切，而他的贪婪永不枯竭。正是他的这种贪婪促使他勇敢地对奥斯曼帝国政权奋起反抗，尽管最终他失败了。18世纪80年代，虽然复仇计划依然没有实现，但约阿尼纳的阿里帕夏用屠杀无辜受害者"弥补"了自己家人所遭受的痛苦。

起初，约阿尼纳的阿里帕夏不过是个鸡鸣狗盗之徒，后来通过计谋成了家乡台佩莱纳的首领，在个人事业中迈出了极具意义的第一步。约阿尼纳的阿里帕夏采用的方法既有鲜明的个人特征，又符合当时的社会条件。约阿尼纳的阿里帕夏找来一只山羊，给它披上自己的斗篷，戴上土耳其毡帽。为了避免这只山羊叫，又塞住了它的嘴。约阿尼纳的阿里帕夏常去的地方有一棵树。在将山羊放在树下后，约阿尼纳的阿里帕夏派了一个可靠的信使扮演叛徒，到台佩莱纳通知对手：可恨的约阿尼纳的阿里帕夏正在那里熟睡着，毫无戒心。这个机会不容错过。约阿尼纳的阿里帕夏的对手拿起枪，急匆匆地跑了出去，并在安全的范围内对着被认为是约阿尼纳的阿里帕夏的那只羊狂扫乱射。他们欣喜若狂地看着那只不幸的山羊颤抖着死去，回到镇上就开始了庆祝的盛宴和狂欢。在兴高采烈的庆祝过程中，当他们完全放松警惕时，约阿尼纳的阿里帕夏和他的亲信们突然扑出来，杀掉了所有人。这样一来，约阿尼纳的阿里帕夏就成了整个家乡的首领。[①]

[①] 弗朗索瓦·普凯维尔：《希腊复兴史》，第1卷，第29页。——原注

从此，凭借着暴力、欺诈及各种阴谋诡计，约阿尼纳的阿里帕夏逐渐拥有了从亚得里亚海一直延伸到爱琴海的地盘。这马上威胁到希腊的独立战争计划和苏丹的权威。由于没有宗教或人性的约束，约阿尼纳的阿里帕夏的残忍甚至令一个嗜血成性、习惯于打打杀杀的冷酷民族也感到反感。不过，约阿尼纳的阿里帕夏很清楚如何好好利用各种族之间的相互憎恨维护自己的统治。那些被大赦的承诺吸引到他麾下的穆斯林兵团的士兵拒绝冷血屠杀伊斯兰教信徒，于是约阿尼纳的阿里帕夏就让希腊雇佣兵去干。由于犯淫荡罪，约阿尼纳的十八个希腊妇女被他判处沉水。无论判决是否公正，这件事都在全国范围引起了一阵恐慌。民众也借这个机会看清了约阿尼纳的阿里帕夏残忍和虚伪的本质，因为约阿尼纳的阿里帕夏自己就是一个极其放荡的人。然而，尽管约阿尼纳的阿里帕夏恶行累累，但对他所在的地方而言，他的统治未必不是一种福音。因为同其他许多暴君一样，约阿尼纳的阿里帕夏肆意施展自己的暴政，并以自认为公正的残酷手段将阿尔巴尼亚酋长的封建无政府状态、希腊游击队员们的无法无天及土耳其官员的贪财枉法一一镇压。与此同时，约阿尼纳的阿里帕夏也认识到要为政府工作就要不断学习。尽管约阿尼纳的阿里帕夏自己只是个野蛮人，他在约阿尼纳的宫廷却成了希腊北部所有文化的中心。在他的庇护下，伊斯兰教诗人甚至创作了希腊颂歌，歌颂约阿尼纳的阿里帕夏难以形容的残忍[1]。

约阿尼纳的阿里帕夏的野心尽人皆知。从一开始，希腊秘密组织"友谊社"就认为约阿尼纳的阿里帕夏可能是反抗土耳其的盟友。尽管如此，约阿尼纳的阿里帕夏却不能毫无顾忌地与希腊领导人建立关系[2]。事实上，约阿尼纳的阿里帕夏的一贯政策就是为了利益先安抚再背叛。从某种意义上说，虽然约阿尼纳的阿里帕夏的做法不是出于保护希腊，但这毕竟对希腊的事业有利。在希腊独立战争爆发前，约阿尼纳的阿里帕夏企图指使人谋杀对手苏丹的侍从帕乔贝伊。这次事件令土耳其宫

---

[1] 约阿尼纳的阿里帕夏在宗教上还是采取了灵活的态度。当他希望向希腊人示好时，他会改变自己的信仰，并为上帝之母的健康干杯。——原注

[2] 就在约阿尼纳的阿里帕夏与土耳其人决裂后不久，希腊的帕帕里戈普洛斯去了俄罗斯帝国。作为约阿尼纳的阿里帕夏和希腊秘密组织的代表，希腊的帕帕里戈普洛斯试图说服俄罗斯帝国政府对土耳其人宣战。见门德尔松·巴托尔迪：《希腊历史》，第1卷，第122页。——原注

廷震惊。土耳其宫廷也因此注意到约阿尼纳的阿里帕夏力量的增长，因而开展了镇压行动。约阿尼纳的阿里帕夏勇敢地反抗，但很快他就明白了马基雅维利式的格言空洞无用，毫无意义。然而，他自己也信奉这句格言：对一个统治者来说，被人敬畏比被爱更好。对约阿尼纳的阿里帕夏来说，战争刚一开始，他的儿子们就抛弃了他，他的将军们则带着军队投降了，至于那些他用恐怖手段统治的荒野部落，也很快背弃了他。在约阿尼纳的堡垒里，约阿尼纳的阿里帕夏发现自己和大约四千人关在一起。由于被奥斯曼帝国全部势力包围，约阿尼纳的阿里帕夏的垮台只是时间问题。

毫无疑问，约阿尼纳的阿里帕夏的胜利对希腊独立战争的影响将是致命的。随之而来的结果是一个阿尔巴尼亚王国将会取代希腊王国。事实上，约阿尼纳的阿里帕夏为希腊人也带来了益处。首先，约阿尼纳的阿里帕夏的行动分散了土耳其对希腊秘密组织"友谊社"计划的注意力。其次，在希腊独立战争最初的几个月里，在土耳其人最能干的将军库尔西德帕夏的率领下，奥斯曼帝国军队的主力被牢牢牵制在了约阿尼纳。

第3章

亚历山大·希普西兰蒂与希腊起义

精彩看点

亚历山大·希普西兰蒂穿过普鲁特河——在罗马尼亚农民那里受到的冷遇——加拉茨大屠杀和雅西大屠杀——无能的亚历山大·希普西兰蒂——亚历山大·希普西兰蒂向布加勒斯特进发——起义部队由多种力量构成——君士坦丁堡的大牧首强烈谴责起义——沙皇尼古拉一世对起义的谴责——萨瓦斯的背信弃义——弗拉迪米雷斯库谋杀案——德拉加山战役——起义的惨败——杰奥尔加基·奥林匹斯之死——希腊人在斯库莱尼的最后一战

如果希腊独立战争不会被无限期推迟,那么约阿尼纳的阿里帕夏和苏丹之间的战争将为革命提供一个不容忽视的绝佳机会。1821年3月6日,在几名希腊和俄罗斯帝国军官的陪同下,亚历山大·希普西兰蒂从俄罗斯帝国穿越普鲁特河进入摩尔

亚历山大·希普西兰蒂穿越普鲁特河

达维亚,宣布希腊独立战争开始。不幸的是,战争刚一开始,领导人的虚荣、无能和软弱就严重阻碍了希腊独立战争的进程。由于过分自信,亚历山大·希普西兰蒂完全误判了当时战争的条件。凭借俄罗斯帝国的支持和罗马尼亚人民的同情,亚历山大·希普西兰蒂认为只要自己站出来,就立即会像救世主一样受到希腊民众的欢迎,并带着队伍顺利地走向东方的王位①。在向摩尔达维亚人和希腊人发出的高调宣言中,亚历山大·希普西兰蒂宣布自己是宗教先锋和自由的先驱,最重要的是宣布他的事业得到了一个大国的支持②。

然而,对罗马尼亚的农民来说,一群打着救世主名义的法纳尔希腊人的出现,似乎只代表着嘲弄和圈套。到目前为止,这些罗马尼亚农民对希腊人的了解仅限于他们自己公国的大公和那些经常勒索他们的公职人员。在他们的统治压榨下,这些农民的命运比苏丹直接统治下农民的命运更悲惨。此外,对这些农民来说,俄罗斯帝国也不是一个值得感恩的国家。在1808年至1812年俄罗斯帝国占领公国期间,入侵者的烧杀抢掠令他们备受苦楚,而他们的家园和田地则被俄罗斯帝国的残酷政策摧毁。如果亚历山大·希普西兰蒂是以英雄的姿态出现,率领罗马尼亚人反抗公国大公和波雅尔③的暴政,他可能会被另眼相待。那么,一场反对外国暴政的罗马尼亚族独立战争也有可能获得成功。然而,罗马尼亚的大公是亚历山大·希普西兰蒂的忠实盟友,又将公国所有的财政和军事大权都交给了他,无论如何他都不会反抗罗马尼亚大公的,因此罗马尼亚农民的意愿难以实现。这样一来,从一开始,希腊人在罗马尼亚的土地上举行起义就注定不可能成功。在人们眼中,亚历山大·希普西兰蒂不过是一群雇佣兵的首领,密谋将公国主权从苏丹移交给沙皇。起初,人们对亚历山大·希普西兰蒂的起义行动漠不关心。随着亚历山大·希普西兰蒂遇到的困难越来越大,这种漠视演变成难以抑制的敌意。

亚历山大·希普西兰蒂率领起义的那段历史记录了令人难以置信的愚蠢、肮脏的阴谋和令人作呕的罪行,只有起义过程中勇士们英勇坚韧或自我牺牲的精神才为

---

① 指希腊王位。
② 冯·普罗克施-奥斯滕男爵:《奥斯曼土耳其帝国统治下的希腊发展史》,第1卷,第30页,以及第3卷,第54页等。——原注
③ 指当时的大土地所有者。

这幅阴郁的画面增添了几抹色彩。就在亚历山大·希普西兰蒂越过边界的前一晚,一件血案的发生给希腊独立事业带来了难以磨灭的耻辱,尽管这只是众多事件中的第一件。加拉茨是摩尔达维亚的大港口。几艘奥斯曼帝国的贸易船停在港口,一些土耳其商人也住在加拉茨。根据奥斯曼帝国的法律,为了确保伊斯兰教信众对公国的服从,在加拉茨镇上也驻有一小部分土耳其军队维持治安,使穆斯林服从于政府的法律。公国的基督教军队也驻扎在加拉茨,由一个叫卡拉维亚的希腊人指挥。卡拉维亚已经加入秘密组织"友谊社"。他认为,用爱国主义的名义突袭驻扎在加拉茨的土耳其军队,让土耳其人付出代价,正是壮大自己实力的绝佳机会。因此,卡拉维亚召集了秘密组织的人员和自己的雇佣军,告诉他们希腊独立战争即将爆发,命令他们去袭击土耳其警卫。由于事发突然,土耳其军队中有几个人立刻遭遇杀身之祸。其余的土耳其士兵即使坚守了一段时间,也最终不敌。随后,卡拉维亚下令杀害

加拉茨

城里所有的土耳其商人,夺取他们的货物,并扣押了港口所有的船。他的这些命令,使各阶层的土耳其人,无论是商人、水手,还是士兵,都遭到冷血屠杀①。

接着,在许多地方都发生了类似的血腥屠杀事件。在雅西,由五十名土耳其士兵组成大公迈克尔·苏特佐斯的护卫队。在亚历山大·希普西兰蒂来到雅西前,大公迈克尔·苏特佐斯已经说服指挥官命令部下放下武器,并向他们承诺,只要投降,他们的人身和财产将会受到保护。土耳其人相信这个秘密组织"友谊社"率领的部

大公迈克尔·苏特佐斯

① 托马斯·戈登:《希腊革命史》,第1卷,第100页。乔治·芬利:《希腊革命史》,第1卷,第147页。——原注

队是一支俄罗斯帝国军队的急先锋，于是听从了安排。大公迈克尔·苏特佐斯命令土耳其商人留在住处，借口为了确保他们的安全将他们全数监禁。然而，当加拉茨大屠杀的消息传到雅西时，土耳其士兵和商人就在大公迈克尔·苏特佐斯和亚历山大·希普西兰蒂的眼皮底下被血腥杀害，两人却都没有做出拯救那些人生命的丝毫努力。亚历山大·希普西兰蒂甚至封卡拉维亚为将军，似乎是对卡拉维亚所制造的屠杀事件的许可和表彰。

由于性格上的软弱及内心的邪恶，希腊领导人亚历山大·希普西兰蒂虽然对这些恐怖行为极其纵容，却并没有花足够的时间制定并执行起义计划。由于这个基地控制着通往多瑙河的路线，如果亚历山大·希普西兰蒂挺进到布勒伊拉，并在那里集中军事力量，就有可能阻止土耳其人进入公国，并迫使俄罗斯帝国承认这一既定事实。然而，事实上，亚历山大·希普西兰蒂只是任性地待在雅西，做他的亲王，授予人们头衔，并用荒谬的皇家排他性装腔作势地疏远自己的支持者和骄傲的波雅尔。几个星期以来，他在这些自己热衷的琐事上浪费了时间，而土耳其人则彻底惊醒了，为镇压起义做了有力的准备。最后，亚历山大·希普西兰蒂向南行进。1821年4月9日，亚历山大·希普西兰蒂将总部设在布加勒斯特。起义的军队里鱼龙混杂。虽然名义上亚历山大·希普西兰蒂本人是总司令，但实际上他手下只有大约两千名目无法纪的散兵游勇，这些人更擅长掠夺手无寸铁的农民而不是参加战争。所谓的"神圣军团"是一个由五百名希腊青年组成的战团。虽然缺乏经验，但他们个个年轻健壮又勇猛过人，这令他们略显高贵。除此之外，亚历山大·希普西兰蒂还可以依靠一支规模虽小但训练有素的骑兵部队，由奥林匹斯山的杰奥尔加基·奥林匹斯统率，而这是希腊领导人中唯一一个勇敢、能力出众且公正无私的人。布加勒斯特的守卫部队由一千名老兵组成，由希腊的萨瓦斯独立指挥。为了自己的目的，一个叫西奥多·符拉迪米雷斯科的罗马尼亚波雅尔加入起义秘密组织，带着大约两千个罗马尼亚骑兵，同样依附于亚历山大·希普西兰蒂。要将这些散兵游勇凝结为一支有效的战斗力量，就需要比亚历山大·希普西兰蒂更强大的力量。

事实上，不祥的迹象早已显现。希腊独立战争刚刚爆发时，西奥多·符拉迪米雷斯科就向他的同胞发表了一份宣言，呼吁他们支持他向奥斯曼帝国政府提交一份针对法纳尔人统治失当的陈情清单。从希腊领导人的角度来看，这种做法很难令人放心。然而，亚历山大·希普西兰蒂不愿意与他的任何盟友发生争吵。西奥多·符拉迪米雷斯科继续跟着亚历山大·希普西兰蒂，尽管他们的关系有些紧张。在布加勒斯特，亚历山大·希普西兰蒂继续奉行着和在雅西一样的愚蠢策略。在一群冒险家和马屁精的簇拥下，他找不到比经营一家喜剧公司和布置一家剧院更重要的事情了。为了支付王室生活的必需费用，亚历山大·希普西兰蒂甚至掠夺了玛利亚尼修道院①。唯一称得上军事活动的是他那些粗野的士兵在乡间对民众无休止的掠夺。在城里，从早到晚，一群穿着华丽制服的军官看上去忙忙碌碌，但实际上什么也没有做。

　　提起这次幼稚的闹剧般的起义，它的结局有些可笑。对一众演员来说，本来起义的结局还不那么悲惨，但突然传来的一个消息打断了表演的进程，即刻就将这个闹剧推向了尽头。君士坦丁堡的大牧首发表声明指责发起希腊起义的秘密组织，并公开指责了教会对反叛者的纵容。声明称，从此以后，亚历山大·希普西兰蒂不再是东正教十字军的领袖，而是一群雄心勃勃、动荡不安的阴谋分子的首领。然而，这还远算不上最严重的打击。起义之初，亚历山大·希普西兰蒂本人相信，同时也使人们普遍认为，他在起义事业上得到了俄罗斯帝国的支持。现在他收到一封来自莱巴赫的信，在信中沙皇亚历山大一世谴责了这次起义，指责亚历山大·希普西兰蒂打着他的旗号背信弃义，决定将他的名字从俄罗斯帝国军队名单上剔除，并命令他立刻放下武器②。在当时，正确而合理的事业应该不难获得支持。因为整场起义都是在确定能获得沙皇批准的前提下发起的，如果没有俄方支持，起义注定失败，而亚历山大·希普西兰蒂当时所能做的就是尽快屈服，为那些受到欺骗的支持者们争取尽可能好的条件。然而，亚历山大·希普西兰蒂过于愚蠢，或是被虚荣心蒙蔽了双眼，无法看清形势。他继续做着他喜欢的事情，通过编造谎言来掩盖自己的愚昧，自欺欺人。

　　表面上，沙皇亚历山大一世告诉与会领导人，公开谴责这次起义的目的是维

---

① 托马斯·戈登：《希腊革命史》，第1卷，第106页。——原注
② 冯·普罗克施-奥斯滕男爵：《奥斯曼土耳其帝国统治下的希腊发展史》，第3卷，第65页。这封信是由扬尼斯·安东尼奥斯·卡波基斯迪亚斯伯爵签字的。——原注

护欧洲的和平,但同时私下命令亚历山大·希普西兰蒂坚持这次起义并承诺会给予支持。受当时的形势蒙蔽,一些起义领导人已经开始寻求其他办法。萨瓦斯和西奥多·符拉迪米雷斯科已经开始与土耳其人谈判。许多波雅尔一边表明自己对奥斯曼帝国统治的忠诚,一边出于安全考虑而逃亡到奥地利边境。

现在,亚历山大·希普西兰蒂终于带领一支人数不多的乌合之众上了战场,但弹药不足,也没有大炮等强大的武器。然而,亚历山大·希普西兰蒂并没有乘胜向多瑙河进军,包围布加勒斯特,而是悄悄地往北向奥地利边境行进。虽然萨瓦斯和西奥多·符拉迪米雷斯科怀疑亚历山大·希普西兰蒂有阴谋诡计,但仍然带着军队跟随他。西奥多·符拉迪米雷斯科被怀疑是叛徒,于是杰奥尔加基·奥林匹斯在营地里逮捕了他,并将他带到亚历山大·希普西兰蒂面前。亚历山大·希普西兰蒂虽然赦免了西奥多·符拉迪米雷斯科,却眼睁睁地看着他被杀。随后,萨瓦斯逃到土耳其人那里。然而,萨瓦斯非但没有得到他所期望得到的报酬,反倒被立即斩首。

杰奥尔加基·奥林匹斯

起义部队现在面临被来自威丁、乔尔格沃和布加勒斯特的三个奥斯曼帝国师团包围的危险。1828年6月8日,起义部队和奥斯曼帝国师团在特戈维什特爆发了小规模战斗。随后,尽管双方都宣称取得了胜利,但亚历山大·希普西兰蒂很快就撤退到里姆尼克。在那里休整了三天后,1828年6月12日,亚历山大·希普西兰蒂决定袭击从克莱奥瓦来的一个土耳其骑兵团,然后在离营地约三十英里[①]的德拉加山村安营。

亚历山大·希普西兰蒂手下有四千名步兵、两千五百名骑兵和四门大炮。土耳其人共有骑兵八百。这场战斗的胜负状况似乎毋庸置疑。1821年6月19日,在卡拉维亚五百名骑兵的支持下,亚历山大·希普西兰蒂的弟弟尼古拉·希普西兰蒂率领希腊起义兵团占领了德拉加山对面的营地,而杰奥尔加基·奥林匹斯则派了一支强大的瓦拉赫步兵队伍,占领了通往克莱奥瓦的道路,并派骑兵增援,切断了土耳其人的退路。经过漫长的行军,部队士兵浑身湿透,疲惫不堪,于是杰奥尔加基·奥林匹斯决定推迟到1821年6月20日早上再发起进攻。这时亚历山大·希普西兰蒂和他的后防部队在后面九英里远的地方。杰奥尔加基·奥林匹斯派一名传令兵前往亚历山大·希普西兰蒂那里,督促他加速前进,从而确保胜利后能获得的荣耀。随后,杰奥尔加基·奥林匹斯回到自己的住处。然而,趁他不在的时候,出于对这位奥林匹亚英雄名声的嫉妒及对轻松夺取一场胜利的欲望,卡拉维亚说服了缺少主见的尼古拉·希普西兰蒂,不顾上级的命令,立刻发起进攻。于是在没有任何支援的情况下,起义部队向土耳其人占领的村庄推进。土耳其人立刻抓住了这绝好机会。他们狂叫着,挥舞着手中的刀,冲向前进的希腊兵,在这些希腊兵没能形成防守阵形前就打乱了他们的阵脚。起义部队里那些疲惫而又缺乏经验的年轻士兵们虽然奋勇迎战,却根本无法抵抗土耳其老兵的猛烈进攻,最终倒下了。卡拉维亚生性勇猛,足以对付手无寸铁的土耳其人,然而一看到步兵抵挡不住,他就骑上马带着手下逃跑了,给后面的部队造成巨大恐慌。听到枪声的杰奥尔加基·奥林匹斯匆匆赶来,但只抢出了起义部队的旗子,救出了少数残余部队。1821年6月19日,希腊人失去了最后的希望。

亚历山大·希普西兰蒂带着他的残兵败将逃到里姆尼克。在那里,几天以来他一直与奥地利当局谈判,要求对方允许他穿越边境。由于担心同伴为了换取自身安

---

① 一英里约合一点六千米。

德拉加山战役

全而将他交给土耳其人，亚历山大·希普西兰蒂编造了最后一个谎言来确保他的退路。他假传奥地利刚刚向土耳其人宣战的消息，并让人在科西亚教堂高唱赞美诗庆祝，又借口与奥地利总司令商量合作事宜，趁机越过边界①。

事实上，即使不幸落入土耳其人手中，亚历山大·希普西兰蒂的命运也不会比现在更糟糕，因为在克莱门斯·冯·梅特涅侯爵的政策下，奥地利人基本上不会同情起义的领导人。1821年到1828年，亚历山大·希普西兰蒂一直被幽禁关押。虽然在沙皇尼古拉一世的建议下，亚历山大·希普西兰蒂后来被释放，但不久他就死于心脏病。

剩下的起义领导人的命运之所以值得一提，是因为这个可悲的有着不好开端的独立革命事业结束时，这些人的命运和经历为这份独立革命事业增加了不可磨

---

① 弗朗索瓦·普凯维尔：《希腊复兴史》，第2卷，第489页。——原注

灭的一笔。由于阿尔巴尼亚酋长法玛基带着约二百五十人加入自己的队伍，杰奥尔加基·奥林匹斯曾经大胆地试图打入俄罗斯帝国边境。然而，由于愤怒的农民的敌视，他们的想法没能实现。在土耳其军队的包围圈里，总是有人将杰奥尔加基·奥林匹斯队伍的下落出卖给对手，而他们自己却"又聋又瞎"，得不到任何有用信息。最后，杰奥尔加基·奥林匹斯的队伍被包围在赛高的修道院里。杰奥尔加基·奥林匹斯决心不做土耳其人的俘虏，占据教堂的钟楼顽强抵抗。钟楼被攻下后，杰奥尔加基·奥林匹斯用手枪射燃火药库，在爆炸中身亡。阿尔巴尼亚酋长法玛基占据了修道院的主要建筑，坚守了两个星期。最后，他被土耳其人的虚假诺言欺骗，在特赦和维护战争荣誉的条件下投降了。由于不信任对手，在投降的前一天晚上，他手下有三十三个人逃走了，而其余的大约二十人则都被残忍杀害。最后，阿尔巴尼亚酋长法玛基被带到君士坦丁堡，遭受酷刑，后被斩首。

与此同时，在摩尔达维亚的起义活动也遭到镇压。当确定希腊独立战争不会得到俄罗斯帝国的援助后，那些波雅尔就废黜了迈克尔·苏特佐斯。后来，迈克尔·苏特佐斯逃到俄罗斯帝国①。然而，一个叫彭特德卡斯的希腊人收编了一些部队，赶走了政府里的波雅尔并占领了政府。占领并没有持续多久。彭特德卡斯的中尉乔治·坎塔库兹诺与希腊军队驻扎在俄罗斯帝国边境附近。1821年6月25日，当土耳其人进入雅西时，彭特德卡斯已经越过了普鲁特河。出于维护自己军事荣誉的需求，彭特德卡斯的军官和士兵拒绝在没有开战的情况下投降。与此同时，他们在斯库莱尼尽最大努力增加自己的力量，等待土耳其人的到来。结果毫无疑问，凭借巨大的优势，土耳其人向前推进，先是轰炸，然后冲进营地，不过在交战中损失了一千人。几个幸存的希腊人游过普鲁特河逃走了。彭特德卡斯率队驻守斯库莱尼的这一英勇事件结束了希腊在北部发动起义的时代，而北部起义运动的崩溃也终结了所有复兴东方希腊帝国的梦想。

---

① 后来他去了巴黎，在扬尼斯·安东尼奥斯·卡波基斯迪亚斯伯爵担任总统的那段时间担任希腊的部长。——原注

第 4 章

起义、战争与暴行

精彩看点

摩里亚半岛起义——信仰伊斯兰教的居民疏于防范——希腊起义者的活动——帕帕·弗莱萨斯——佩特雷大主教盖尔曼诺斯——敌对行动的开始——起义领袖们——塞奥佐罗斯·科洛科特罗尼斯伯爵和彼得罗斯·马夫罗迈克尔斯——希腊人的第一次胜利——莫尼姆瓦夏之困——德米特里乌斯·希普西兰蒂的到来——希腊人在莫尼姆瓦夏、弗拉哈瑞和纳瓦里诺的暴行——的黎波里之困及大屠杀——海岛上的起义——希腊在海上的胜利和暴行——安德烈亚斯·米奥里斯上将——希腊人第一次使用火船——土耳其人摧毁加拉西迪亚历山大·希普西兰蒂在公国的努力并没有获得起义秘密组织"友谊社"的一致支持。在起义领袖们看来，在希腊本土发动起义似乎更有希望，因此绝不能让北方起义的失败影响摩里亚半岛起义的准备工作。事实上，穆斯林分散而居，只占人口的一小部分。当时，从外面传来的消息给当地人带来的不安和不祥的预感已经持续了一段时间。1820年秋天，伯罗奔尼撒发生了一次可怕的地震。这再次加剧了那些迷信之人的焦虑。然而，伊斯兰教信徒尽管清楚地意识到非伊斯兰教信徒们正在悄悄地准备起义，却无动于衷，甚至连最起码的预防措施都没有。到处都是坚不可摧的高塔和堡垒。如果伊斯兰教信徒努力将那里的人员武装起来并为他们供给食物及必需品，这些高塔和堡垒就会成功阻挡对手的进攻，因为对手不过是一群乌合之众，手头甚至没有像样的武器。当起义终于爆发时，伊斯兰教信徒还完全没有准备，还没来得及协调抵抗措施，起义的第一波怒火就已经将伊斯兰教信徒焚烧殆尽。

土耳其人的懒惰散漫与希腊人在起义准备过程中表露出的不切实际几乎相同。如果当时希腊人能制定一个连续性的、经过深思熟虑的方案，情况就会完全不同。起义秘密组织"友谊社"的鼓动者们，通常是些不择手段贪污起义募集资金的人，也就是所谓的使徒。他们游历全国，到处鼓动人民起来反抗奥斯曼帝国统治，并呼吁他们为宗教和自由事业拿起反抗的武器。在这些鼓动者中，最著名和最有影响力的是大主教乔治斯·迪米特里奥斯·迪凯奥斯，也就是众所周知的帕帕·弗莱

帕帕·弗莱萨斯

萨斯。他的道德观令教会蒙羞,因为他打着起义的名号侵吞募集资金,还说是为了起义着想。尽管如此,帕帕·弗莱萨斯依然是一个勇敢的人。他在战场上的英勇献身就是最好的证明。

持温和党派观点的起义活动家们,大部分都属于富裕阶层或有着官方背景,对帕帕·弗莱萨斯一派的极端政策持反对态度。这些人中最具代表性的是佩特雷大主教盖尔曼诺斯,同时也包括那些至此还致力于希腊宗教事业的主教们。1820年秋季,起义秘密组织"友谊社"的一些高级军官们试图在摩里亚半岛组织一次起义行动。在佩特雷大主教盖尔曼诺斯的领导下,他们组建了七个地区监察部门,但这个起义计划只取得了部分成功。在大众热情高涨的时候,温和的非暴力政策有可能产生与预期相反的结果。由于受到别有用心的煽动,老百姓开始怀疑起义秘密组织"友谊社"领导人的动机,于是无视他们的建议,通过暴力和残忍的行为引发危机,这加快了鼓动者们极力拖延的摩里亚半岛的起义行动的进程。

随着摩里亚半岛传来令人不安的消息,奥斯曼帝国决定由库尔西德帕夏来管理摩里亚半岛。尽管库尔西德帕夏诚实、肯干又能力非凡,但当他抵达目的地时,他发现这里看起来和平安定。当苏丹命令他从无能的伊斯梅尔·德耶贝尔·阿赫达尔手中接手阻挡来自约阿尼纳的阿里帕夏的任务时,库尔西德帕夏毫无顾虑地将任务交到副手萨利克·阿加手中。然而,他的懈怠让那些起义活动家们燃起了重新行动的信心。土耳其官员萨利克·阿加对日益高涨的暴乱感到震惊,发布公告命令基督

库尔西德帕夏

佩特雷大主教盖尔曼诺斯

教教徒们交出武器，并召唤主教们到的黎波里。尽管带着疑虑，一些人还是听从召唤，接受了邀请。至于包括佩特雷大主教盖尔曼诺斯在内的其他人，虽然勉强踏上旅程，却找了借口半途而返。事实上，土耳其官员萨利克·阿加发布的公告只会让本来试图避免的危机提前到来。起义的领袖们似乎马上就要做出决策，但普通百姓愤怒而急躁，再也无法忍耐。

实际上，希腊独立战争始于一次人民战争，是农民和希腊游击队员反抗压迫的斗争。战争之所以取得成功，是因为尽管所谓的领导人都极其腐败和无能，但这场民众运动是大势所趋。各地起义如同星星之火，虽然起初只是在某地爆发的暴力行为，其性质几乎同抢劫无异。一名土耳其收税官和他的随从遭到袭击并被谋杀。

一支六十人兵力的阿尔巴尼亚雇佣兵被三百名希腊游击队员偷袭和屠杀。这发生在1821年3月。1821年4月，起义已经呈现星火燎原之势。在摩里亚半岛的每一个地方，仿佛是在预先发出的信号的号召下，农民揭竿而起，屠杀了目之所及的所有土耳其人，无论是男人、女人还是儿童，碰到谁就杀谁。

> 在摩里亚，任何土耳其人都不会幸免，
> 在世界其他地方也一样。

这首歌传唱起来。口口相传的歌谣宣告了一场灭绝战争的开始。摩里亚半岛的穆斯林约有二万五千人。在起义爆发后的三个星期内，除了那些成功逃进城镇的人，穆斯林无一幸免，尽遭屠戮。

与此同时，全国起义终于确定了领导人。1821年4月2日，佩特雷大主教盖尔曼诺斯举起了教会起义的大旗，占领了卡拉维里塔。1821年4月6日，佩特雷大主教盖尔曼

佩特雷大主教盖尔曼诺斯举起教会起义的大旗

安德烈亚斯·伦道斯

诺斯率领主教安德烈亚斯·伦道斯、安德烈亚斯·泽米斯、索蒂尔和帕帕迪曼塔普洛斯,带着一群用镰刀、棍棒和吊索武装起来的农民队伍,一起向佩特雷行进。1821年3月31日,在卡拉维里塔起义发生的两天前,土耳其人就接到警报。土耳其人占领了城堡要塞,从那里连续两天对卡拉维里塔狂轰滥炸。在燃烧的废墟中,狂热的基督教教徒和穆斯林无情地互相厮杀。佩特雷大主教盖尔曼诺斯和主教们的到来令希腊人精神大振,大家希望能迅速占领城堡。起义民众在城镇的中心广场立起了一个十字架,通过一种庄严的宗教仪式,并以希腊领导人的名义发布起义公告,其中包含了这些强有力的口号:"基督平安!敬执政官!土耳其人必死!"①佩特雷起

① 托马斯·戈登:《希腊革命史》,第1卷,第148页。——原注

义的直接结果是摧毁了一个曾经繁荣的城镇。然而,希腊军队都是一群没有纪律的乌合之众,领袖们不仅缺乏指挥经验,而且相互嫉妒,各怀鬼胎,因此无法迅速攻下城堡。1821年4月15日,约瑟夫帕夏击败了佩特雷大主教盖尔曼诺斯和起义部队,并将他们逼退到山区。起义部队虽然后来多次尝试进攻佩特雷,但都没有成功。在1828年易卜拉欣帕夏退出摩里亚半岛之前,佩特雷一直在土耳其人手中。

当主教们在伯罗奔尼撒北部升起起义的旗帜时,南部地区的人们也在各自领导人的指挥下投入了战争。在麦西尼亚,彼得罗斯·马夫罗迈克尔斯在族人的支持下占据了这片土地。马伊纳是拉科尼亚南部一个荒凉的山区,那里居住着骁勇善战的部落,居民们吹嘘自己是古代斯巴达人的后裔①。尼基塔斯·斯塔马泰洛普洛斯、阿纳诺斯塔斯和其他著名的首领们也加入了起义。最重要的是,摩里亚半岛著名的游

易卜拉欣帕夏

---
① 斯巴达是古希腊仅次于雅典的重要城邦。据说斯巴达人是由古希腊多利亚人繁衍而来的。

第4章 起义、战争与暴行 | 049

塞奥佐罗斯·科洛科特罗尼斯伯爵

击队领袖塞奥佐罗斯·科洛科特罗尼斯伯爵，一直是英国希腊军团的军官，这时也跨过桑特岛参与到希腊独立战争中。塞奥佐罗斯·科洛科特罗尼斯伯爵的勇气、个人优势，以及在游击战中已经得到充分证明的非凡作战技能，使他成为一位合格的希腊游击队领袖[①]。刚一抵达战场，塞奥佐罗斯·科洛科特罗尼斯伯爵就被选为起义的领袖。尽管彼得罗斯·马夫罗迈克尔斯性格随和，但他拥有的世袭尊严和权力使他更有资格担任这一职位。

---

① 托马斯·戈登：《希腊革命史》，第1卷，第222页。塞奥佐罗斯·科洛科特罗尼斯伯爵完全具备强盗头子的优点和缺点。他作为一名游击队员的军事才能在希腊是无与伦比的。与此同时，他那肮脏的贪婪和卑鄙的野心使他的国家遭受了严重的灾难。——原注

从一开始，这场战争就缺乏有效的组织或计划。起义者迅速控制了大片国土，而大量的农民和山民涌进城镇，包围了土耳其人。此外，由于没有准备任何武器和物资，在大多数情况下，城镇的陷落也只是时间问题。彼得罗斯·马夫罗迈克尔斯和他的马伊纳士兵包围了卡拉马塔，并在塞奥佐罗斯·科洛科特罗尼斯伯爵抵达前将卡拉马塔攻陷。奥斯曼帝国的居民中，男人被屠杀，妇女和儿童被卖为奴隶。在山洪泛滥的河岸上，二十四位衣着华美的牧师在五千个士兵面前，唱着庄严的德鲁姆颂歌，庆祝战争的第一次胜利。

塞奥佐罗斯·科洛科特罗尼斯伯爵的职业生涯开始时并不顺利。他威名赫赫，手下聚集了大约六千人的兵力，于是他就用这支部队围攻了卡里塞纳。然而，五百名土耳其骑兵轻松地击溃了他那些没有经过训练的士兵，一并击破了他对卡里塞纳的围困。不过，这次的打击只是暂时的。由于受到圣母幻象①的鼓舞，塞奥佐罗斯·科洛科特罗尼斯伯爵很快又征集了另一支军队。不久后，几乎所有摩里亚半岛的市镇都落入了起义军手中，而遭到抓捕的穆斯林民众被无情地用刀刺死。

现在起义的怒火蔓延到科林斯湾北部。1821年4月月初，德韦纳霍里亚的阿尔巴尼亚基督教教徒也举起了希腊独立战争的旗帜。随后，阿提卡和维奥蒂亚的人们也都迅速效仿。在希腊游击队员帕努里亚斯的鼓动下，萨洛纳②民众也奋起摆脱土耳其人的统治枷锁。在利瓦迪亚，英勇的阿萨纳西奥斯·迪亚科斯率领基督教教徒包围了穆斯林。1821年5月月初，雅典的穆斯林被围困在卫城。至于迈索隆吉③，这个后来在希腊独立战争的历史上尽人皆知的名字，直到1821年6月才宣布参与起义。

与此同时，到1821年4月月初，摩里亚半岛只剩下少数几个城堡没有被攻下。大批的起义队伍将城堡重重围困。两千人封锁了科林，另外三千人围困着莫登和纳瓦里诺。四千人聚集在佩特雷城前，而一万人聚集在的黎波里周围的高地上。阿克罗科林斯被八千名起义士兵围困，而马伊纳三千名勇猛的部落族人则包围了莫尼姆瓦夏堡垒。

莫尼姆瓦夏堡垒是第一个倒下的。原本这座堡垒坐落在一块人迹罕至的巨石

---

① 指圣母玛利亚。
② 萨洛纳是亚得里亚海上的一座古罗马城市。
③ 希腊西部城市，位于佩特雷湾北岸。

上,连暴风雨也对它无可奈何。然而,那里给养不足,一支希腊中队的到来切断了海上救援的希望。守军很快就弹尽粮绝,陷入了绝望的境地。尽管希腊围攻者向莫尼姆瓦夏堡垒的土耳其守军暗示,如果投降,他们可能会得到想要的东西,但土耳其守军决心抵抗到底。为了恐吓他们,希腊人将一些在海上捕获的可怜的犯人,无论男女都带到岸上,将他们赶到墙边,在那里冷酷地展开屠杀。且不说要忍受对手杀鸡儆猴的恐吓,其实单靠饥荒就能逼迫守军投降。很快,食物都被吃光了。为了生存,有一段时间莫尼姆瓦夏堡垒的土耳其守军不仅吃一些小动物及虫子,还吃从岩石上刮下来的植物。很快,这些东西也被吃光了。突然之间,憔悴但目光凶猛的守军狂暴地从要塞中冲出,击退围攻者,将他们的尸体拖进堡垒。守军们用这种方式暗示了这是他们最后得以存活的方式。

就在这时,新近任命的摩里亚半岛总司令德米特里乌斯·希普西兰蒂出手干预。抵达希腊时,德米特里乌斯·希普西兰蒂受到民众无比热情的迎接。德米特里

德米特里乌斯·希普西兰蒂

乌斯·希普西兰蒂是亚历山大·希普西兰蒂的弟弟,而他在公国举行起义的失败经历已被载入史册。此外,尽管北方的起义已经被镇压,德米特里乌斯·希普西兰蒂却宣称自己是哥哥的副手,坚持认为自己是受起义秘密组织"友谊社"的指派行事。虽然德米特里乌斯·希普西兰蒂的能力并不比他的哥哥更强,但他的性格更好。人们相信德米特里乌斯·希普西兰蒂应该是一个正直、勇敢的人,而且会尽其所能阻止那些他还没来得及看到的、可怕的、可耻的场面①。

现在德米特里乌斯·希普西兰蒂提议,通过格雷戈里奥斯·坎塔库泽诺斯之口向被围困的人提出条件。德米特里乌斯·希普西兰蒂承诺,如果被围困者停止无用的抵抗,和平投降,他们的家园将得到保护,他们的生命也会得到保障。另一种方案是,如果他们选择离开这个国家,德米特里乌斯·希普西兰蒂会给他们安排两艘双桅船使用,并按照他们的选择在亚洲海岸的任何地方登陆。在做出这些承诺时,德米特里乌斯·希普西兰蒂的确可能是真心实意的。不过德米特里乌斯·希普西兰蒂比较虚荣,加上还不适应刚刚接手的指挥一职,此外,他也很可能误判了自己对那些构成军队大部分的不守纪律的匪兵可能拥有的权威。这很可能会对他在接下来的恐怖场景中所应承担的责任造成考验。

被围困的土耳其人由于饥饿而虚弱不堪,已经陷入绝境。无论是否相信德米特里乌斯·希普西兰蒂的承诺,这些土耳其人都要紧紧抓住他们能获得的最后的希望。他们打开城门,放下武器,选择投降。很多人决定离开家园,流亡海外。现在这些人开始登船出发。六百多人已经登上了双桅船。突然,马伊纳人冲进镇里,激怒并杀死了那些还没到达岸边的人,以及相信了德米特里乌斯·希普西兰蒂的承诺决定留在镇上的人。上了船的人很快就到了海上。经过几个小时的航行,他们上岸了,不过不是在亚洲的某处海岸,而是在爱琴海中某处荒僻无人的石头岛上。在那里,人们强

---

① M.阿尔弗雷德·莱梅特:《穆斯林和基督教教徒:关于希腊独立战争的笔记》,第71页。书中对德米特里乌斯·希普西兰蒂持有明显的偏见,并对这个事件持有与别人相反的意见。他指责德米特里乌斯·希普西兰蒂已经预见到投降后会发生什么事,"尽管如此,他对部下仍然十分愤慨,这使他赢得了我们军官们的一时尊敬"。既然M.阿尔弗雷德·莱梅特承认他在现场受到法国军官的尊敬,那么如果要使我们相信德米特里乌斯·希普西兰蒂犯了卑鄙的罪行,就不能只凭一个带有偏见的党派人士的空话。托马斯·戈登:《希腊革命史》,第220页。"即使是他的对手也不得不承认,除了满腔的爱国热情,他还拥有了勇气、正直和人性。"——原注

行脱掉这些人的衣服，侮辱并殴打他们，最后将他们丢在那里。在没有食物也没有衣物的情况下，他们无计可施，只能等待死亡①。法国商人邦福特先生碰巧救了几个人。听说了这些人的可怕经历，邦福特先生租了一艘奥地利船，将幸存者带走了。在谈到希腊人犯下的暴行时，人们通常会说这是"被残忍错待的野蛮民族实施的残酷报复"，并以此为由来宽恕他们。那么，让我们看看莫尼姆瓦夏堡垒的穆斯林是些什么样的人。在1821年的一份发回本国政府的报告中，在黎凡特指挥法国中队的海军上将黑格兰写道："在莫尼姆瓦夏的要塞里有三百名希腊人，那里的土耳其人从没有用任何方式骚扰、迫害过他们。相反，在闹饥荒的时候，土耳其人像对待亲兄弟一样对待他们，并一直尊重他们的宗教信仰。然而，马伊纳人和摩里亚的希腊人在攻破城堡时非但没有用善良来回报他们，反倒在土耳其人的清真寺里犯下各种恶行。"②

事实上，几乎在所有地方，起义都充满背叛、残忍。也许应该对一个狂野民族的疯狂行为予以理解，因为几个世纪以来被压迫、被摧残的强烈仇恨终于找到发泄的渠道。然而，没有什么能为冷酷无情的背叛开脱，因为这种背叛往往会引发流血事件。既然欧洲已经对希腊人残酷报复土耳其人的行为做出了严厉判决，历史正义就不允许我们掩盖他们由于受到煽动而犯下的罪行。对此，再举两个例子就够了。

弗拉哈瑞是希腊西部最重要的城镇之一。除了基督教教徒，还有大约五百个穆斯林家庭和两百个犹太人。大部分的财富都掌握在这些人手中。奥斯曼帝国的驻军由六百名阿尔巴尼亚雇佣军组成。1821年6月9日，弗拉哈瑞遭到约两千名希腊阿尔马托利游击队员的袭击，后来又增加了四千人。发现对方人数众多后，阿尔巴尼亚人就通过他们的首领努尔卡和阿尔马托利游击队的关系同希腊人谈判。最终，希腊人允许这些阿尔巴尼亚人带着武器和财物撤离。然而毫无疑问，在离开前，这些阿尔巴尼亚人认为让所有战利品都落入希腊人之手是一件憾事。于是，这些阿尔巴尼

---

① 1821年的《海事部档案》。M.阿尔弗雷德·莱梅特：《穆斯林和基督教教徒：关于希腊独立战争的笔记》，第74页。——原注
② M.阿尔弗雷德·莱梅特：《穆斯林和基督教教徒：关于希腊独立战争的笔记》，第73页。如果他没有引用非常权威的材料来证明这一点的话，我不应该冒昧地将这个故事讲给像M.阿尔弗雷德·莱梅特这样残暴的穆斯林听。乔治·芬利：《希腊革命史》，第1卷，第261页。此书中的记述没那么可怕。托马斯·戈登：《希腊革命史》，第1卷，第228页。此书中则做出了对希腊人有利的记述，与上述有所不同。然而，我无法找到被M.阿尔弗雷德·莱梅特引用的权威材料。——原注

亚人开始掠夺土耳其人,并强迫犹太人放弃自己所有的钱财和珠宝。这些可怜的人原本希望能通过财物交易获得阿尔马托利游击队首领的保护,遗憾的是他们的财富已经被掠劫一空。于是一走出城镇,犹太人们就立刻向希腊人通知了努尔卡的背信弃义,并在得到个人安全的承诺后放下了武器。然而,这一承诺立即遭到背叛。大屠杀先从犹太人开始。男人、女人和孩子受尽折磨,被强迫吐露可能隐藏珠宝财物的地方,随后被无情地杀害。穆斯林们虽然更贫穷,但遭受了同样的命运。只有少数较富裕的家庭获得了希腊领导人的赦免,用赎金换取自己的生命。

1821年8月19日,纳瓦里诺投降后的恐怖屠杀之所以没有那么令人反感,只是因为这些事件违背了领导人的意愿,而他们已经为将投降的土耳其囚犯运送到埃及做好了准备①。从土耳其人那里没收来的贵重物品被带到港口的一艘希腊船上。在登船时,由于希腊士兵粗暴搜查土耳其妇女而引起了争吵②,随后发生了一场大屠杀。在场的一位希腊教士福阮茨带着恐惧和愤怒描述了这个场面。"被枪弹击中的妇女企图跳进海里逃跑,却被射杀了。被剥去了衣服的母亲们怀抱着婴儿跳进海水中遮羞,却被凶残的步枪手枪杀。希腊人从母亲们的怀里夺出婴儿,将他们摔死在石头上。三四岁的孩子被扔进海里淹死。"公正地说,当时发生在希俄斯岛的大屠杀激起了欧洲舆论对奥斯曼帝国的强烈反对,也推动了希腊独立战争的爆发,但后来看来,这的确是一种很大的罪行,因为这是一个极大的错误。然而,根据野蛮民族的行为准则,他们这么做既有动机又有理由。

然而,比起在的黎波里的战斗场面,希腊人的其他暴行则"黯然失色"。1821年的整个夏天和初秋,面对希腊大军围城,的黎波里土耳其守军一直在坚守。库尔西德帕夏派了一支部队来支援和营救,却在沃特茨被塞奥佐罗斯·科洛科特罗尼斯伯爵打败。的黎波里城内的人们曾经徒劳地等待着奥斯曼帝国舰队带来补给食物,现在却到了再也无法忍受的地步。1821年9月月底,的黎波里已经岌岌可危。

---

① 托马斯·戈登:《希腊革命史》,第1卷,第231页。然而,他在脚注中补充道,投降协定的一名谈判代表向他吹嘘称自己已经成功窃取并销毁了交给土耳其人的那份副本,因此不会存在任何证据表明已经达成任何这类交易。——原注
② M.阿尔弗雷德·莱梅特:《穆斯林和基督教教徒:关于希腊独立战争的笔记》,第76页。文中有详述。——原注

围攻的黎波里

这时的希腊军队由德米特里乌斯·希普西兰蒂统率。如果他留在的黎波里,随后发生的恐怖事件就有可能避免,而希腊的解放事业也不必蒙受难以磨灭的耻辱。然而不幸的是,有些希腊领导人出于私人目的,希望德米特里乌斯·希普西兰蒂不要从中作梗,于是他说服自己前往摩里亚半岛北部,去阻止土耳其人从科林斯湾登陆。趁德米特里乌斯·希普西兰蒂不在,起义首领们通过向富裕的居民做出安全保障的承诺向他们索要钱财,并承诺在谈判期间开放粮食供应。虽然粮食价格极高,但也允许饥饿的市民买卖粮食度日,借此为投降做准备。同时,指挥阿尔巴尼亚驻军的埃尔马斯贝伊正在为他本人及部下与德米特里乌斯·希普西兰蒂的谈判安排特别条款。由于首领们过于贪婪,谈判拖延了下来,直到希腊士兵们怀疑自己的利益会受到损害,再也不愿假手于人,奋起冲进城镇。整整三天,带着肮脏的欲望和极度的残忍,这群野蛮的暴徒在城内烧杀抢掠,无恶不作。无论男女老幼都无人幸免,妇女和儿童先遭受酷刑折磨,然后被处死,手段极尽残暴。屠杀极其惨烈。连塞奥佐罗斯·科洛科特罗尼斯伯爵都说，当他骑着马进城时，从大门到城堡要塞，他的马一直是踏着尸体前进的，都没有碰到过地面。他的胜利之路由对手的尸体铺就。两天后，那些可怜的仅存的穆斯林被聚集在一起，男女老幼一共大约两千人，以妇女和儿童为主。他们被赶到邻近山区的一个峡谷里，在那里被像牲畜一样屠杀了。

随着的黎波里陷落，希腊独立战争的第一个阶段完成。纳夫普利亚、佩特雷和其他几座堡垒仍然在顽强抵抗。然而实际上，在起义开始后的六个月内，希腊人控制了科林斯地峡以南的所有国土。

的黎波里陷落

与此同时，在希腊北部，战争的走向各有不同。继最初取得的一系列成功后，希腊人很快就品尝到失败的苦涩。在莱瓦迪亚被击败后，阿萨纳西奥斯·迪亚科斯和萨洛纳大主教已经逃往塞莫皮莱。1821年5月5日，他们在塞莫皮莱被库尔西德帕夏的另一位副手奥马尔·维里奥尼和科塞·穆罕默德帕夏击败。遭到抓捕的阿萨纳西奥斯·迪亚科斯和萨洛纳大主教都被处决，而获胜的帕夏们则沿着奥塔山下的峡谷继续前进。在格拉维亚的"可汗"号上，他们遭到著名的阿尔马托利船长奥德修斯·安德鲁斯拦截。由于力有未逮，在顽强抵抗后，奥德修斯·安德鲁斯被迫撤退。土耳其人收复了利瓦迪亚，将它烧成平地，并在斯克里乌再次击败奥德修斯·安德

奥德修斯·安德鲁斯

鲁斯。然而,土耳其人没有立即挺进雅典卫城实施救援,而是无所作为地浪费了一个月时间,给了希腊人喘息的机会。希腊起义军久攻卫城而不下。如果不是因为缺水,要塞原本牢不可破。就这样,由于守军在一直坚守,这座要塞坚不可摧,直到传来的谣言称,奥斯曼帝国大军正在朝卫城推进。围城的希腊起义军闻讯惊恐万状,很快就散去。1821年6月30日,奥马尔·维里奥尼率领一支大约两千人的部队打败了围城的希腊军,终于解救了被围困长达八十三天的雅典卫城。

与此同时,在进入摩里亚半岛前,穆罕默德帕夏一直在底比斯等待强大的增援部队到来,计划对的黎波里发动围攻,继而从希腊人手里夺回的黎波里。在这段时

奥马尔·维里奥尼

间，土耳其人的懒散不作为让希腊人能够有时间不受干扰地制订他们的计划。奥塔山和帕纳塞斯山的通道都被奥德修斯·安德鲁斯和其他有名的鲁米利亚首领占领。1821年8月月底，在拜拉姆、梅米什和沙欣·阿里三位帕夏的领导下，一支大约五千人的土耳其军队穿过塞莫皮莱的山口，计划于1821年9月4日在通往莱瓦迪亚的路上袭击瓦西利卡的希腊人，而希腊军队早已经设好埋伏。直到土耳其军队进入奥塔山的峡谷中，起义军从两翼包围土耳其人后，希腊军才让子弹像急雨冰雹一样射向对手。拥有骑兵、大炮及各种武器的土耳其人惊慌失措、气急败坏。希腊军队取得了完全的胜利。受到奥德修斯·安德鲁斯要来的传言鼓舞，希腊起义军举起手中的剑，击溃了土耳其人，而他们为这次战役只付出了八百人丧生的代价[①]。

瓦西利卡战役

[①] 托马斯·戈登：《希腊革命史》，第1卷，第279页。——原注

经历了这次失败,再加上的黎波里陷落的消息,奥马尔·维里奥尼无奈开始从阿提卡撤退,而土耳其人则越过山脉撤退到塞萨利。

在希腊西部和伊庇鲁斯,几乎在同一时期,战争主要集中于正在约阿尼纳背水一战的约阿尼纳的阿里帕夏和苏利亚人之间。目前这里的斗争还不能被认为是真正的希腊和基督教起义。勇敢的马尔科·波扎雷斯手下的苏利亚人已经组成了反抗奥斯曼帝国统治的联盟,不仅与希腊的阿尔马托利军官们结盟,而且与那些阿尔巴尼亚穆斯林酋长们结盟。他们都致力于约阿尼纳的阿里帕夏的事业。在共同对抗土耳其人方面,他们取得了很大的进展,一直向前推进,几乎攻陷了重镇阿尔塔。然而,

马尔科·波扎雷斯

当希腊人在弗拉乔里对穆斯林展开大屠杀的消息传到阿尔巴尼亚酋长们耳中时,他们意识到起义的残酷性,并将自己的命运与穆斯林的紧密联系在一起,共同投入战斗,抵抗希腊人。这样一来,虽然对土耳其人的任何积极的打击策略都难以获得预期效果,但在约阿尼纳的阿里帕夏和苏利亚人被打败前,希腊西部仍然掌握在希腊人手中。

直到1821年年底,希腊人的起义在处处取得胜利。当然,土耳其人仍然占领着重要的埃维厄岛,并在大陆占领了雅典卫城和勒班陀要塞。然而,在伯罗奔尼撒半岛,无论希腊人如何努力,依然无法夺取纳夫普利亚、佩特雷、科林和莫登,而科林斯湾入口处的城堡也仍然留在土耳其人手中。幸运的是,除了这些地方,塞萨利边境以南所有的希腊人都已经从宗教枷锁中被解放出来了。

为了取得独立战争的胜利,希腊人在海上的斗争也发挥了极其重要的作用。早在1821年4月7日,地理位置重要的斯皮齐亚岛就已经宣布支持希腊的独立战争,并立即装备了一支由八艘双桅船组成的海军中队在伯罗奔尼撒海岸巡航。在米洛斯岛附近,他们突袭并捕获了一艘土耳其护卫舰和一艘双桅横帆船。船上的穆斯林被带到斯皮齐亚岛,遭到公开拷打和处决①。这是海上的第一战。在海上,陆地战的英勇及残酷再次上演。1821年4月23日,普萨拉岛效仿了斯皮齐亚岛事件。土耳其人的船遭到突袭。这是一个对希腊独立战争来说具有重大战略意义的事件,因为普萨拉岛的海上力量足以阻止小亚细亚的土耳其人向他们在摩里亚半岛的同胞派遣增援部队。然而,占据着最重要"海战"位置的伊兹拉岛,却由于岛上长官的胆怯犹豫而踌躇不前。直到1821年4月28日,在政客埃科诺莫斯的鼓动下,岛民们奋起反抗,推翻了岛上的独裁政权,升起了希腊国旗。现在这些岛屿的舰艇都合并成一支舰队。尽管当时可敬的雅科纳基·通巴茨只是一位地位不高的海军上将,却担负起统领这支舰队的重任。然而,即使是英国海军名将霍雷肖·纳尔逊②也不可能在这样一支由各岛屿组成的杂牌舰队中维持良好的纪律,因为舰队中每一艘船都相当于一个独立团体。海员们桀骜不驯,冲动狂暴,遇事就喜欢大吵大嚷。事实上,希腊海军并没有

---

① 乔治·芬利:《希腊革命史》,第1卷,第209页。——原注
② 霍雷肖·纳尔逊(Horatio Nelson, 1758—1805):英国著名海军将领及军事家。

比海盗好多少。此外，由于缺乏有效的计划，加上恐怖屠杀事件时有发生，海上战争的情形与当时陆地战争的情形极其相似。一个实例足以说明这种情况。由萨奇提斯和皮诺兹指挥的两艘伊兹拉岛船捕获了一艘装载有贵重货物的土耳其船，船上还有许多乘客。其中一位是最近被罢免的伊斯兰教领袖，据说他此行是在家人的陪同下前往麦加朝圣。这个伊斯兰教领袖属于奥斯曼帝国政府里一个政策相对宽容的派别。事实上，当加尔茨、雅西和摩里亚发生屠杀的消息传来时，正是他在君士坦丁堡努力克制土耳其人实施残酷报复的冲动，而这使他招人痛恨并最终被流放。船上还有其他一些土耳其家庭。伊兹拉岛民冷酷地杀害了所有人。在甲板上，无助的老人、贵族夫人、相貌好看的奴隶和小孩子都被像牲畜一样屠杀。脆弱无助的伊斯兰教领袖的罪名是对希腊人过分热心，却被迫眼睁睁地看着自己的家人遭到侮辱和屠杀。而最让他难以忍受的是，他是最后一个被杀的。后来，有人试图通过表明这次屠杀是报复行为来为这种残酷行径开脱。当然，这个说法是错误的。直到杀害了他，那些犯下这些暴行的人才听说自己的大牧首被处决的消息。事实是，无论在陆地上还是海上，从一开始这场战争就是一场灭绝战争。狂热的学究们认为重拾古典时代的荣耀和残忍手段是希腊获取自由不可避免的结果。他们讲述了雅典人如何消灭了迈洛斯的居民，以及雅典战争时期，在伊哥斯波塔米取得胜利后，斯巴达人是如何处死所有雅典囚犯的[①]。

海上的胜利对希腊的独立事业并没有太大帮助，因为这其中的残酷滥杀行为已经令希腊独立事业蒙尘。在返回伊兹拉岛后，水手们拒绝按照国家的规定分享战利品，并坚持将所有的战利品都留给自己。当时，联合起义舰队已经瓦解，因此难以对土耳其人采取有力的联合行动。与此同时，由于岛屿叛乱，奥斯曼帝国政府陷入了最大的困境：土耳其人需要组建一支舰队来对付岛上的起义者，而迄今为止招募的海军新兵恰恰就是来自这些岛上的居民。土耳其人原本不擅长水战。作为陆地上的士兵，土耳其人所向披靡，在海上却无计可施。现在，土耳其人被迫给战船配备了没有经过训练的渔民和船夫，以及一群阿尔及利亚海盗、马耳他人和热那亚冒险家。在种种恶劣的情况下，尽管1821年4月30日爆发的萨莫斯岛起义已经使他们再次

---

① 乔治·芬利：《希腊革命史》，第1卷，第215页。——原注

意识到采取行动的必要性，但直到1821年6月3日，奥斯曼帝国舰队才离开达达尼尔海峡出征打仗。现在只有两艘战列舰、三艘护卫舰和三艘单桅纵帆战船。然而即使是这些船都无法配备足够的人手，更不必说驾船海员们只有基本的航海技术。

与此同时，希腊舰队被分成两个中队，其中规模较大的一队由三十七艘船组成。在雅科纳基·通巴茨上将领导下，这个中队在群岛中巡航，准备拦截奥斯曼帝国舰队。另一个中队由安德烈亚斯·米奥里斯指挥，乘船封锁佩特雷，监视伊庇鲁斯的海岸。安德烈亚斯·米奥里斯注定是一个会在战争史册中熠熠发光的名字。

安德烈亚斯·米奥里斯

良好的性格使安德烈亚斯·米奥里斯在品格上远远高于那些自私自利的同僚，而当时周围大多是这样的人。他是现代希腊的卡利克拉提达斯①，完美展现了乔治·格罗特描绘的斯巴达人高贵的品格："除了勇气、精力和清廉，他还有两种其他品质，这两种品质即使在杰出的希腊人身上都非常罕见，那就是绝对正直的处事方式，以及仁慈的、泛希腊式的爱国主义。"②大多数起义的领导人只考虑如何才能获得财富和权力，而安德烈亚斯·米奥里斯却将他的全部私人财产都献给了希腊的独立事业。安德烈亚斯·米奥里斯用自己无私的爱国主义来激励他的同僚和手下。这不禁让人想起公元前216年8月2日，在阿普利亚发生的坎尼战役中，执政官们即使经历了惨败，也并没有对罗马感到绝望。后来罗马参议院为此向他们授予奖赏。即使安德烈亚斯·米奥里斯的这份努力最终失败，他决不服输的态度也应该为他赢得一个类似这样的奖赏。即使是面对最刻薄的希腊人，他也是个例外，而不像大多数希腊人那样会遭到谴责。有一个故事很好诠释了他的品格③。面对自己中队的士兵在岸上抢劫掠夺，安德烈亚斯·米奥里斯根本没有能力阻止他们。当有人向他投诉时，他为自己无力阻止这些暴行而感到遗憾，问及所遭受的损失有多大，得到的回答是"六百皮亚斯特"。于是，安德烈亚斯·米奥里斯从自己的口袋里掏出一笔数量相当的钱作为赔付。在战争的肮脏诡诈和骇人听闻的恐怖事件中，这些温情的画面总能让人们短暂地忘却战争的恐怖。

雅科纳基·通巴茨手下的舰队和土耳其舰队狭路相逢。虽然在数量上希腊人占据优势，但由于武器装备规模小、质量差，他们不敢过分靠近土耳其舰队，因此只能利用娴熟的航海技术在土耳其船舰的大炮的射程外等待机会发动攻击。机会很快就出现了。1821年6月5日清晨，希腊人发现在希俄斯岛以北，一艘土耳其战舰在茫茫黑夜里与同伴失散，正全力向萨莫斯方向航行。希腊人立即展开追击。不久，他们的轻型船就赶超了航行缓慢的土耳其船舰。

---

① 卡利克拉提达斯（Kallikratidas，前451—前406）：曾经将一支由科农指挥的雅典船队封锁在密提林港，随后火袭击了雅典人的救援船队，但被击败，最终在阿尔吉努撒埃战役中溺亡。
② 乔治·格罗特：《希腊历史》，1883年版，第7卷，第403页。——原注
③ 法国船长佩罗奈补充道："我对这个人的钦佩之情，是他对同胞们的热情，甚至是对希腊人的热情。"M.阿尔弗雷德·莱梅特：《穆斯林和基督教教徒：关于希腊独立战争的笔记》，第68页。——原注

眼见没有机会重返中队，土耳其舰长只好改变航向，沿着米提利尼的西北海岸向埃雷索斯湾进发。在那里，他抛下铁锚，为战斗做好准备。紧接着，希腊人就发起了进攻。为了避开土耳其舰长的舷侧，希腊人潜伏在土耳其舰艇的后面航行，将雨点般的子弹射向土耳其人。然而，由于枪炮口径太小，大部分子弹都射在了土耳其战舰的实木舷上，并没有对船上人员造成伤害。

僵持了一段时间后，雅科纳基·通巴茨意识到这种攻击方法是徒劳的，于是下令停火，并在指挥舰上召开了一次军事会议。1770年的特克里斯梅战役中，在与土耳其舰队的战斗中，俄国人利用火船取得巨大成功。想到这一点，与会的各位决定使用火船。一位普萨拉岛船长同意为了这个计划将自己的双桅船奉献出来。作为补偿，他得到四万皮亚斯特币。现在，这艘仓促准备的火船由一支二十人的队伍把守着。他们奉命夜袭对手，事成后每人将得到一百美元奖金。然而，由于胆怯和慌乱，士兵们过早地点燃了战船，任其熊熊燃烧着漂向大海。这艘燃烧的战船根本没有来得及靠近奥斯曼帝国的船。

这次失败后不久，又有两艘火船从普萨拉岛开过来，希腊起义军又做了一次尝试，但还是以失败告终。最后，一个叫帕帕潘尼科洛的普萨拉岛人成功地将他的"布吕洛"号驶近了土耳其人的船，用自己的船艏斜桅撞向土耳其人的船头。点燃导火索后，帕帕潘尼科洛和他的船员们跳上了另一艘船，迅速划开。这时火船燃起大火，大火在土耳其人的船上空的狂风吹拂下熊熊燃烧，很快就将它烧成一个火球。一些土耳其水手成功地逃离了燃烧的船，许多会游泳的船员跳下船游上岸。尽管如此，在这艘注定要沉的船上，依然至少有三四百人丧生[1]。希腊人发现了"海战的秘密"，而这场大火就是希腊海军在大海上为自由而战的指路明灯。

的黎波里陷落前不久，在科林斯湾繁荣的海港加拉西迪，土耳其人在海战中的劣势得到扭转。1821年10月1日，利用兵器的更远射程，伊斯梅尔·德耶贝尔·阿赫达尔领导的一个土耳其中队压制了加拉西迪的大炮并不断炮轰全镇，而这个中队却躲在希腊炮火打不到的地方。在这种情况下，希腊人根本不可能做任何有效抵抗。土耳其人大获全胜。整个市镇、海滩上的小船和搁浅的船都被烧毁。更不幸的是，

---

[1] 托马斯·戈登：《希腊革命史》，第1卷，附录第25页。——原注

希腊人的战船

在袭击发生时,整个加拉西迪海军人员都在港口,他们全部落在了土耳其人的手中,还被抢走至少三十四艘双桅船和纵帆船①。德米特里乌斯·希普西兰蒂就驻扎在对面海岸上,目睹了加拉西迪海军的惨败命运。德米特里乌斯·希普西兰蒂尽管实力强大,却毫无办法阻止加拉西迪海军的惨败。

  附注:希腊海员被指控懦弱和残忍。有人指出,极少有希腊海员敢在敌人炮火的射程内大胆冲向敌人。即使有人能在战斗中勇敢地面对对手,也从来没有幻想过将船靠近在哪怕是被打得七零八落敌舰旁边,顺势将土耳其人打落船下。对于第一条批评,希腊海员在埃雷索斯湾采取的行动就是回应,因为这证明了面对土耳其重型船舰,希腊人的旧弱兵器不堪一击。当参加战斗的士兵在更势均力敌的条件下正面对抗时,希腊人证明了自己的勇气,这从他们在弗兰克·阿布尼·黑斯廷斯上尉的领导下,与

---

① 乔治·芬利:《希腊革命史》,第1卷,第273页;托马斯·戈登:《希腊革命史》,第1卷,第250页。然而,他称伊斯梅尔·德耶贝尔·阿赫达尔为伊斯梅尔·直布罗陀。参阅M.阿尔弗雷德·莱梅特:《穆斯林和基督教教徒:关于希腊独立战争的笔记》,第157页。——原注

撒罗纳湾的奥斯曼帝国船舰中队的对战，以及后来在战争中英勇的攻击就可见一斑。为了保证士兵的战斗力，登船时的战斗人员的人数必须达到一定比例。对希腊人来说，将他们的小帆船和单桅纵帆船放在土耳其人的战舰旁边，看上去很壮观。然而，这不是战争。战争的目的不是显示自己的威力，而是尽快打败对手，并将战争对自己的伤害降到最低。这一事实解释并证明了使用战舰的理由。希腊人使用这些船被认为只是由于太懦弱，无法使用其他攻击手段。说到他们在战斗中所需的勇气，这么说真不算夸张。对驾驶木船的海军来说，布鲁洛特船相当于我们这个时代的鱼雷艇。任何海军军官都不会否认，为了在战争时期有效地处理鱼雷艇，钢铁般的意志和迅速而准确的判断是绝对必要的。的确，火船上的船员几乎无一例外地能够在战斗中逃生，但这并不是由于使用了火船这种战斗工具，而是由于奥斯曼帝国海军极其糟糕的海上瞭望警戒，以及希腊人的布鲁洛特船靠近所引发的恐慌。

第 5 章

希腊无政府状态的开始与终结

精彩看点

土耳其人报复——消息对欧洲舆论的影响——俄罗斯帝国的抗议——镇压塞莫皮莱北部的叛乱——希腊的无政府状态——试图组成政府——阿尔戈斯第一次代表大会——《埃皮达鲁斯宪法》——亚历山德罗斯·马夫罗科达托斯当选总统

起义爆发时，希腊人虽然犯下了那些令自己及独立事业蒙羞的罪行，但为此付出了沉重代价。的黎波里大屠杀后，大量未埋葬的尸体引发瘟疫，殃及了成千上万的希腊人，而苏丹马哈茂德二世的复仇又给了希腊人重重一击。

当希腊人在摩里亚半岛犯下的恶行传到君士坦丁堡时，原本沉默忍耐的穆斯林胸中燃起难以遏制的熊熊怒火。虽然施暴者远在天边，他们鞭长莫及，但在整个奥斯曼帝国，分散居住着大批希腊人，土耳其人可能会对他们施行报复，不过这种制裁手段难以区分无辜者和罪人。苏丹马哈茂德二世本人既证明了他性格中蕴含的强大力量，也证明了他愤怒的强烈程度。他不满足于下命令逮捕他能抓到的所有希腊游击队员，决心采取报复行动，向整个希腊世界发动袭击。根据奥斯曼帝国政府的规定，国家高级官员要对自己治下官员的行为负责。1821年4月16日，土耳其宫廷里穿着长袍的希腊议员穆苏里被执行死刑。接着发生了一件更可怕的事。正如已经解释过的，君士坦丁堡大牧首是希腊公民和宗教的领袖。作为公民领袖，他必须为希腊的行为对奥斯曼帝国政府负责。而作为宗教领袖，他是教徒们最尊敬和最神圣的代言人。从一开始这场战争就被宣布为一场十字军运动和灭绝战争。现在苏丹马哈茂德二世希望通过一个有代表性的事件来证明他已经接受了挑战。1821年4月22日清晨，和往常一样，大牧首格雷戈里奥五世在牧师的簇拥下举行了庄严的弥撒，仪式结束后又召集了一个宗教会议。宫廷的一个信使宣读了土耳其苏丹马哈茂德二世的敕令，他罢免了格雷戈里奥五世，并命令与会的主教们立即开始选举一位新的大牧首。惊恐的主教们泪流满面，但别无选择，只好服从。当东正教的新领袖接受任命时，仍然穿着神圣长袍的、受人尊敬的格雷戈里奥五世正被带出去吊死在宫殿的大门前。尸体在那里挂了几天后被放下来交给了犹太人，他们将尸体拖过街道扔进海里。后来，大牧首格雷戈里奥五世的尸体被一艘希腊船捞了起来，确认身份后运往敖德萨，并被俄罗斯帝国当局尊为殉道者，予以厚葬①。

有一段时间，这种野蛮的复仇行为似乎只会阻碍自己实现目标，因为土耳其人的行为不仅破坏了欧洲诸国的和谐，同时也挑起了反土耳其战争。整个基督教世界都弥漫着恐惧和愤慨。对奥地利皇帝弗朗茨一世来说，这件事几乎就像教皇本人被杀

奥地利皇帝弗朗茨一世

① 自古以来，君士坦丁堡就凭借神学文化而闻名。据说希腊的"天主教教徒"曾经为庆祝异教徒的教宗之死而唱过庄严的圣歌。门德尔松·巴托尔迪：《希腊历史》，第1卷，第214页。——原注

害了一样。特别是在俄罗斯帝国，所有人都深感震惊。然后，他们团结起来为遇害的东正教大牧首格雷戈里奥五世报仇。如果沙皇亚历山大一世当时在国内，受到臣民情绪的影响，对土耳其的战争就可能立刻爆发。事实上，由于对克莱门斯·冯·梅特涅侯爵的政策深信不疑，在犹豫了一段时间后，沙皇亚历山大一世命令他的大使谢尔盖·格里戈里耶维奇·斯特罗加诺夫向苏丹马哈茂德二世提出强烈抗议，同时离开君士坦丁堡。对克莱门斯·冯·梅特涅侯爵来说，比起欧洲的和平及他所主导的反对

谢尔盖·格里戈里耶维奇·斯特罗加诺夫

卡斯尔雷子爵罗伯特·斯图尔特

革命复古政策，在奥地利东部边界外的大屠杀只是小事一桩。对卡斯尔雷子爵罗伯特·斯图尔特①来说，在拿破仑战争结束后，一段时间的休养生息似乎对欧洲很有必要。由于英国大使斯特兰福德勋爵珀西·斯迈思的强烈反对，一项为了保护基督教教徒的关于在君士坦丁堡联合示威的提议失败了。那段时间，土耳其和希腊都摆脱了欧洲列强的干涉。

---

① 卡斯尔雷子爵罗伯特·斯图尔特（Robert Stewart, Viscount Castlereagh, 1769—1822）：英国政治家和外交大臣，后来的伦敦德里第二侯爵。

与此同时，斗争本身的过程再次证明了尼科洛·马基雅维利格言的智慧："绝不折中。"在希腊本土和群岛外，苏丹马哈茂德二世无情、严厉的政策产生了效果。1822年年初，已经爆发的几次地方起义都遭到镇压。约阿尼纳和皮立翁山以北的区域恢复了对奥斯曼帝国的效忠。在这条线以南，希腊人所奉行的同样的"绝对政策"也取得了巨大成功。除了纳夫普利亚、莫登和佩特雷等要塞，现在整个摩里亚半岛都掌握在希腊人手中。从科林斯湾往北，远至阿尔塔湾和塞莫皮莱山口的区域都归希腊人管辖。希腊已经从一个原本的附属国变成一个独立国家。

如今摆在希腊人面前的问题是，如何从叛乱的无政府状态滋生出一种新的政府体制。对希腊人来说，不幸的是，他们解决这个问题的能力远不如他们进行游击战的能力。掺杂了私欲的爱国主义，再加上见证了古希腊文明毁灭的由来已久的地方争斗和嫉妒，恰好构成现代希腊人的典型特征。奥斯曼帝国的打击让整个希腊民族几乎处于分崩离析的状态。实际上，一个没有受到独立战争影响的公共组织仍然起着维持社会秩序的作用。然而，没收土耳其人的财产并充公的做法使起义者掌握了大量财富。由于当时还没有中央集权的财政体制，这些财富就落入了主教和军事领袖们手中。他们常常利用这些财富来满足私欲或实现野心，这导致当时整个希腊呈现出完全混乱的状态。在当时的情况下，只有民众对地方政府的服从，他们共同的宗教热情及对土耳其人的仇恨，才可以挽救希腊的独立事业。每一个大主教、主教或军事首领都以为在自己的地盘成功取得了相当于苏丹统治时的君主特权。在他们的权威统治之下，目前为止各地区的军队、财政部门和政府还没有效忠于任何更高的权威部门。此外，他们也没有做出丝毫的努力来改革奥斯曼帝国体制中那些最令人痛心的弊端。显然，农民的反抗是由宗教而不是政治不满引起的。在他们的起义获得成功后，国家的财政安排、征税的方法都既没有得到任何改善，也没有采取任何措施来保证财产的安全。国家既没有设立法院，也没有安排公布财政账目。事实上，在一些地方中心，公众舆论监督着最严重的暴行。然而，在一个更广泛的领域里，由于没人会考虑纯粹地方性的爱国主义，腐败和欺诈在全国横行。这一时期的政治史就是一个对令人厌恶的嫉妒、阴谋、无耻的贪婪和卑劣无能的记录。只有广大人民的英勇、耐心及不屈不挠的坚韧意志，才能减少这整个画面的污浊肮脏。

似乎没有人知道如何正确地制定宪法。英格兰的宪法起源于"地方机构的集中"。如果希腊宪法同样以现有的社区制度为基础，成功的可能性会更大。事实上，虽然历届国民议会屡屡尝试制定宪法，但每次他们开会时，只是提出一些合理的计划，并且大多是出于他们自己的主观意识提出的迂腐的教条计划，因此往往并不成功，难以实施。

  同时，民众对中央行政人员的需求也不容忽视。1821年6月7日，首先建成了元老院，或称为伯罗奔尼撒参议院①。这是一个纯粹的寡头委员会，并没有经过普选，而它的权力将一直扩张到起义军攻陷的黎波里。在与大主教盖尔曼诺斯的合作中，元老院获得了特殊的力量。起义开始时，他的雄辩、神圣及旺盛的精力大受欢迎。然而在后来的职业生涯中，这位主教并没有实现开始时激起的希望。很快他的声望下降，因为人们识破了他的宗教热情只是掩饰自己骄傲、野心和贪图享乐的假面具。不久他就抛开了自己的虚假的神圣面具，整日穿着华丽的装束，如同一个蛮族王子。他根本不具有足以维持他的位置的必要品质。很快他就遭到排挤，尽管那些人同样地肆无忌惮，但比他更有能力②。

  1821年6月22日，德米特里乌斯·希普西兰蒂的到来给局势带来了一个新契机。由于他的哥哥亚历山大·希普西兰蒂担任着希腊游击队首领，德米特里乌斯·希普西兰蒂觉得自己完全有资格担任总督，随后宣布自己代表哥哥担任副总督。在公国，亚历山大·希普西兰蒂早已经由于起义失败而声名狼藉，因此德米特里乌斯·希普西兰蒂这样装腔作势极其愚蠢。然而，当时希腊民众认为他已经得到俄罗斯帝国的支持，因此德米特里乌斯·希普西兰蒂的到来意外地受到士兵和平民的热烈欢迎。由于不喜欢外界对希腊事务的干涉，德米特里乌斯·希普西兰蒂遭到以大主教盖尔曼诺斯为首的寡头们的强烈反对。随后德米特里乌斯·希普西兰蒂导演了一场充满阴谋和批评的争斗，并采取了大胆的行动，促使民众积极地向他表态。在的黎波里陷落前，德米特里乌斯·希普西兰蒂突然离开营地并发布了一份公告，声明他为希腊所做的一切努力都因为主教们和参议员的自私反对而化为乌有。这个战略非常成

---

① 伯罗奔尼撒参议院握有十分重要的权力。
② 托马斯·戈登：《希腊革命史》，第1卷，第237页。——原注

功。听到德米特里乌斯·希普西兰蒂离开的消息，士兵们举行了武装起义。这时，那些寡头们正面临着生命危险。只有当他们承诺服从德米特里乌斯·希普西兰蒂的命令后，秩序才重新得以恢复。这时，德米特里乌斯·希普西兰蒂从莱昂达里凯旋，已经拥有着无可争议的权力。

如果能力出众，德米特里乌斯·希普西兰蒂有机会成为希腊的乔治·华盛顿。然而，事实是他太无能了，甚至无法维持他赢得的权威。权力逐渐被他的副官们篡夺，而那些主教们也重新拥有了权力。在普通人眼中，既然德米特里乌斯·希普西兰蒂拥有至高无上的地位，那么人们就有理由将他手下的恶行都归咎于他本人。因此，随着权力逐渐丧失，德米特里乌斯·希普西兰蒂的声望也在下降。

1821年8月3日，在这些争斗和阴谋引发的混乱中，一个希腊法纳尔人亚历山德罗斯·马夫罗科达托斯也抵达希腊。在这之前，亚历山德罗斯·马夫罗科达托斯早已经在瓦拉几亚的总督约翰·卡拉贾的政府获得了十分大的政治声誉，然而，在亚历山德罗斯·马夫罗科达托斯长期为希腊服务的职业生涯中，这并没有得到证实。此外，亚历山德罗斯·马夫罗科达托斯还被认为是一个可敬的人和真诚的爱国者。遗憾的是，亚历山德罗斯·马夫罗科达托斯的名誉和诚实都无助于解决他所面临的混乱局面。在混乱中斗争了一段时间后，亚历山德罗斯·马夫罗科达托斯通过计谋让自己提名为希腊西部的行政长官，并前往迈索隆吉。在没有中央政府进一步授权的情况下，亚历山德罗斯·马夫罗科达托斯在这里召开了一次代表来自阿卡纳尼亚省、埃托利亚、西洛克里斯，以及伊庇鲁斯加入希腊事业的那部分省份的会议。西奥多·内格里斯是希腊东部的行政首脑，他在萨洛纳召集了一次类似的会议，来自阿提卡、维奥蒂亚、梅格里斯、福西斯和东洛克里斯的代表参加了会议。在迈索隆吉，参议院受命领导执政府。萨洛纳的参议院获得了最高法院的称号。

与此同时，德米特里乌斯·希普西兰蒂还试图努力为自己争取名声，因此决定于1821年12月在阿尔戈斯举行公民会议。从一开始，这个计划就遭到主教们和军事首领的强烈反对。在阿尔戈斯，他们通过自己的部队完全控制住事态，并将集会转移到离古老的埃皮达鲁斯不远的皮亚达。在这段时间，寡头们仍然留在阿尔戈斯，开始重建伯罗奔尼撒参议院。实际上，中央政府仍然没有实权。因此，在1821年年底，希腊被分成三部分，每个部分都实际上隶属于自己的参议院，而在名义上隶属于中央政府。议会在皮亚达公布的"宪法"，也就是《埃皮达鲁斯宪法》仍然是一纸空文。与此同时，各参议院所能行驶的权力仅限于在掌握了大多数人和金钱的派系范围内。大多数情况下，参议员们所提出的空洞无用的讨论都遭到粗暴的起义首领们的轻蔑对待。

1822年1月22日，新宪法颁布，亚历山德罗斯·马夫罗科达托斯当选为希腊总统。他的能力和素质不足以令他胜任如此具有挑战性的工作。不过说实话，在文化和经验上，同他纯粹的动机一样，比起希腊独立战争的大多数领袖，亚历山德罗斯·马夫罗科达托斯更优秀。尽管如此，由于缺乏力量和坚忍的品质及开阔的眼界，亚历山德罗斯·马夫罗科达托斯无法胜任日常烦琐的行政管理事务并了解政府所涉及的更广泛的问题。此外，在与约翰·彼得·爱克曼①的谈话中，德国作家约翰·沃尔夫冈·冯·歌德②提到扬尼斯·安东尼奥斯·卡波基斯迪亚斯伯爵。约翰·沃尔夫冈·冯·歌德说："从长远看，扬尼斯·安东尼奥斯·卡波基斯迪亚斯伯爵将无法维持自己的希腊领导人地位，因为他缺乏这样一种地位所必需的气概。他不具备军人的素质。迄今为止，我们还没有任何一位外交家能够建立一个革命政府，或有能力保证士兵和军官们服从其命令。"这种说法在扬尼斯·安东尼奥斯·卡波基斯迪亚斯伯爵身上非常正确，而对于亚历山德罗斯·马夫罗科达托斯来说也是一样。此外，扬尼斯·安东尼奥斯·卡波基斯迪亚斯伯爵是一个有尊严和威严的人，从没有过当兵的念头。亚历山德罗斯·马夫罗科达托斯尽管戴着眼镜，身材矮小，却不止一次试图当将军，这十分可笑。这给亚历山德罗斯·马夫罗科达托斯本人和希腊都带来了灾难性后果。事实上，早在亚历山德罗斯·马夫罗科达托斯走马上任时就有了不祥的预兆。为了巩固地位，亚历山德罗斯·马夫罗科达托斯一心想通过给自己的外交声望增加军事荣誉。在从迈索隆吉出发的路上，亚历山德罗斯·马夫罗科达托斯试

---

① 约翰·彼得·爱克曼（Johann Peter Eckermann, 1792—1854）：1823年前往魏玛，留在约翰·沃尔夫冈·冯·歌德身边工作，并成为他生活的忠实记录者。他辑录的《歌德谈话录》记录了约翰·沃尔夫冈·冯·歌德晚年关于文艺、美学、哲学、自然科学、政治、宗教等方面的言论和活动，是约翰·沃尔夫冈·冯·歌德成熟的思想和实践经验的体现。

② 约翰·沃尔夫冈·冯·歌德（Johann Wolfgang von Goethe, 1749—1832）：德国最伟大的思想家、作家、科学家之一。

约翰·沃尔夫冈·冯·歌德

图攻击土耳其人在佩特雷的驻军，但这次行动只是证明了老天并没赋予他成为一个将军的能力。土耳其人突袭并包围了亚历山德罗斯·马夫罗科达托斯，将他击败并抢走了所有东西，只给他留下身上穿的衣服。亚历山德罗斯·马夫罗科达托斯狼狈不堪地逃到政府驻地。

人们或许会怀疑，在那个时候，即使是最强大和最聪明的统治者也不一定能够将陷入混乱的希腊管理得井然有序。从这件事情中需要吸取的教训是，在共同的恐惧和群情激昂的复仇情绪驱动下，希腊人应当暂时忘记他们个人的野心及相互间的嫉妒。

第6章

土耳其镇压希腊独立战争的行动

精彩看点

伊莱亚斯·马夫罗迈克尔斯之死——伊萨卡岛的奥德修斯·安德鲁斯——希俄斯岛大屠杀——卡纳利斯的复仇——苏丹马哈茂德二世夺回希腊的计划——奥德修斯·安德鲁斯在希腊东部——雅典卫城的陷落——土耳其人大屠杀——穆罕默德·德拉马利入侵——阿尔戈斯的土耳其人——穆罕默德·德拉马利在德维纳基的山口和阿吉奥诺里的失败——土耳其军队的覆灭——亚历山德罗斯·马夫罗科达托斯的远征以拯救苏利亚人——佩塔的失败——奥马尔·维里奥尼在希腊西部的推进——第一次围攻迈索隆吉

1822年年初希腊所遭遇的一连串灾难,似乎就是为了证明这个国家还是充满希望和自豪的。有传言称,为了镇压摩里亚半岛的叛乱,马哈茂德二世正准备开始一次伟大的远征。希腊政府决定先发制人,通过在希腊东部推进战争来阻止马哈茂德二世的计划。雅典卫城仍然被土耳其驻军占领。最高法院邀请彼得罗斯·马夫罗迈克尔斯的长子伊莱亚斯·马夫罗迈克尔斯前来助战。然而在雅典,伊莱亚斯·马夫罗迈克尔斯收到埃维厄岛民的邀请,希望帮助他们进攻卡里斯托斯。看上去这个任务比围堵卫城更富有冒险性也更刺激,于是他答应了埃维厄岛民的邀请。在伊莱亚斯·马夫罗迈克尔斯抵达埃维厄岛民的营地前,库米人已经选出了一个叫瓦索斯的黑山人担任队长。伊莱亚斯·马夫罗迈克尔斯表现得极其谦逊,同意与这个相对缺乏经验的黑山人共同指挥战斗。他们决定一起攻击斯图拉村的土耳其驻军。在斯图拉村,土耳其人收集了大量粮食供卡里斯托斯驻军使用。不幸的是,由于希腊人没有及时掌控住迪亚科夫蒂的山口要道,从而阻断土耳其人从卡里斯托斯前来支援的可能性,致使这次攻击失败了。斯图拉村的守军一直坚持到奥马尔贝伊带着增援部队到达。希腊人被击溃了。伊莱亚斯·马夫罗迈克尔斯被围在一座老磨坊里,勇敢地抵抗了一阵。最后,伊莱亚斯·马夫罗迈克尔斯发现几乎无法逃脱,于是想拼命杀出一条血路,但最后不幸被杀。1822年,伊莱亚斯·马夫罗迈克尔斯的死引起了巨大悲痛,是对希腊独立事业的第一次打击。因为除了起义首领们通常具有的勇敢精神,伊莱亚斯·马夫罗迈克尔斯还拥有无私的爱国主义精神,而这种爱国主义精神在当时是非常宝贵的。

在伊莱亚斯·马夫罗迈克尔斯死后不久，伊萨卡岛的奥德修斯·安德鲁斯带着七百人从阿提卡来到斯图拉村。自从阿萨纳西奥斯·迪亚科斯死后，伊萨卡岛的奥德修斯·安德鲁斯在希腊东部便有着至高无上的权威。现在希腊人又一次向斯图拉村进发，却发现对手已经撤离并带走了所有储备物资。希腊人顺势包围了卡里斯托斯。然而，奥德修斯·安德鲁斯没有向任何人透露他的意图，就突然带着所有士兵走了。这一行动让同行的希腊起义军陷入惊慌。人们怀疑奥德修斯·安德鲁斯一直都是个两面派：既参与希腊独立战争，又偷偷地保持对奥斯曼帝国的忠诚，因此希腊人停止了围攻。

奥德修斯·安德鲁斯是战争中最著名的领袖之一。他的性格同他的名字一样，带有浓浓的荷马式①特征，而他的体力和耐力与那位神话英雄奥德修斯②不相上下。据说，奥德修斯·安德鲁斯可以一跃跳过七匹并排的马背。1822年11月13日，奥德修斯·安德鲁斯在格拉维亚被科塞·穆罕默德帕夏击败。随后，他在这个被对手占领的崎岖山区跑了大约二十四英里，其间几乎没有停顿，却依然神采奕奕，精神十足③。即使不具备勇敢和狡诈等阿尔马托利人首领普遍具备的特质，单是这样的壮举就足以使他在野蛮的山地人中声名大噪，成为英雄。在力量和勇气方面，奥德修斯·安德鲁斯声名远扬。至于其他方面，和许多起义领袖一样，他也在约阿尼纳的阿里帕夏的政府里接受过训练，并在那里染上了阿尔巴尼亚人和希腊人最糟糕的恶习。奥德修斯·安德鲁斯既虚伪又小气，是最不诚实的希腊人，也是最残忍的阿尔巴尼亚人④。奥德修斯·安德鲁斯之所以参加起义，不是为了将希腊从奥斯曼帝国的统治中解放出来，而是希望在可能的情况下，在希腊东部永久建立自己的统治。此外，如果依靠土耳其人会对实现这个目标更有利，奥德修斯·安德鲁斯一定会毫不犹豫地背叛希腊独立事业。

奥德修斯·安德鲁斯本人声称，是由于食物短缺，他才被迫从卡里斯托斯撤

---

① 荷马式：指鲁莽且充满激情的男性形象，满腔的盲目、愤怒与复仇情绪。
② 奥德修斯是《荷马史诗》中的人物。
③ 门德尔松·巴托尔迪：《希腊历史》，第1卷，第283页。——原注
④ 乔治·芬利：《希腊革命史》，第1卷，第305页。托马斯·戈登：《希腊革命史》，第1卷，第405页。——原注

扬尼斯·科莱提斯

退。然而,这并不能解释为什么他离开时没有知会同伴。希腊人认为,在和奥马尔贝伊交流时,奥德修斯·安德鲁斯有叛国迹象。或许真正的原因是他知道他的对手们,特别是战争大臣扬尼斯·科莱提斯,正在阿提卡试图破坏他的权力,同时也怀疑对手们趁他不在的时候策划了对他不利的阴谋。然而与此同时,从爱琴海群岛传来噩耗,甚至在这之前希腊所有的不幸都无法和它相比。这时,在共同的恐惧和复仇欲望的影响下,各派系暂时停止争斗。在所有的爱琴海岛群中,希俄斯岛是其中最繁荣、最怡人的。比起其他动荡混乱的岛屿上的居民,富裕而爱好和平的希俄斯岛民素以憨直淳朴而闻名,以至于有句谚语说:"找一匹绿色的马都比找一个机灵的希俄斯岛民容易。"希腊起义组织第一次游说希俄斯岛起义的尝试失败了。然而,希俄斯岛的富饶和重要地位令希腊人觉得有必要确保它对希腊独立事业的支持。德米特里乌斯·希普西兰蒂同意授权一个叫拉利的希俄斯冒险家，以及一位来自士麦那的行政官员莱考戈斯一起上岛。

1822年3月，莱考戈斯带着一支约两千五百人的兵力在库塔里登陆，并呼吁希俄斯岛民提供援助，一起围攻土耳其驻军，但希俄斯岛民并不热情。从一开始，莱考戈斯就暴露了自己能力的不足。莱考戈斯不仅完全没有能力在岸上组织进攻，甚至彻底忽视了掌握海洋控制权这一最重要的事。

希俄斯岛遭到袭击的消息再次令马哈茂德二世勃然大怒，连他宫廷里的女人们也对叛乱分子破坏岛上种着乳香黄连木的园子感到愤慨，叫嚷着要镇压叛乱。于

马哈茂德二世

是，镇压起义的准备工作迅速开始。1822年4月11日，在一路畅通，没有遭遇希腊人任何抵抗的情况下，卡皮坦帕夏及卡拉·阿里带领七千名士兵登岛。在这之前，莱考戈斯和他率领的乌合之众已经展现了他们所谓的"勇猛"。这些人冷血地杀害了一艘靠岸的土耳其船上的船员，并屠杀了所有落入他们手中的穆斯林俘虏。然而现在，当奥斯曼帝国军队逼近时，他们却飞快地驾船逃跑了，只留下可怜的希俄斯岛民听天由命。接下来土耳其人在希俄斯岛上的"血洗事件"是历史上最恐怖的一幕。

也许不是为了希俄斯岛民众的利益，而是为了奥斯曼帝国的利益。在当地穆斯林的帮助下，土耳其指挥官做出了一些努力来遏制军队过度疯狂的行为。然而，奥斯曼帝国的士兵受到成群的狂热分子鼓动。这些狂热分子是从大陆拥过来分享战争成果的，他们唯恐天下不乱。大屠杀局面已经失控。少数岛民成功地乘船逃跑了。在逃命时，他们从毁坏的家园中抢救出的仅有的财物遭到船夫的觊觎。为了安全，岛民们交出了所有财物①。至于其余的岛民，据说约有两万七千人被处死，四万三千人被抓捕并卖为奴隶。这个曾经繁荣昌盛、拥有十万民众的岛屿，最后只剩下区区两千人。

很快，痛苦的希俄斯岛民就举起了复仇的旗帜。1822年4月10日，在安德烈亚斯·米奥里斯上将的带领下，希腊舰队出海。1822年4月月末，在希俄斯岛附近，两军开战，但胜负未分。于是希腊人决定使用他们最喜欢的火船装置。1822年6月18日，土耳其舰队的重要成员都聚集在指挥舰上，与舰长卡皮坦帕夏一起举行盛宴，庆祝穆斯林的拜兰节②。夜色漆黑，而这位舰长的船从船头到船尾都挂满了彩色灯笼做装饰，成为漆黑海面上难得一见的亮光。在船上，大约有三千人又唱又跳，庆祝伟大的伊斯兰节日。大家都在尽情欢笑，只保留了一个瞭望哨。突然，黑暗中有阴影划过，两艘希腊战舰在土耳其船的航线上急速前行。其中一艘由卡纳利斯熟练地驾驶着，直奔舰长卡皮坦帕夏的指挥舰。这个头脑冷静的希腊人悄悄冲向土耳其指挥舰旁边的一个空当，将铁链抛向对手的船。点燃火船后，卡纳利斯悄悄地和伙伴

---

① 托马斯·戈登：《希腊革命史》，第1卷，第362页。在普萨拉岛上，亲希腊人士目睹了许多这种"残酷的投机买卖"的受害者。——原注
② 伊斯兰教的两个重要节日，分别是标志斋月结束的小拜兰节和七十天后标志伊斯兰年结束的大拜兰节。

一起溜上一艘小船。就在火船起火时,卡纳利斯划着船离开了。刹那间,被松节油浸透的船帆和绳索熊熊燃烧起来。海风吹过,卡皮坦帕夏的船迅速陷入火海中。土耳其人在熊熊烈火中大声号叫,惊慌失措,根本无暇自救。慌乱中,附近的几艘船都被引燃最后沉入海底。为了避免与海军上将卡皮坦帕夏落得同样下场,同时也为了躲避希腊人的枪林弹雨,舰队中的其他船仓皇开走。在船上的大约三千人中,只有很少一部分人幸存下来。卡拉·阿里本人被倒塌的帆桁砸倒,奄奄一息,被人抬上岸。相比之下第二艘希腊战舰就没有那么幸运。也许是驾船者技术不够熟练的缘故,这艘战舰并没有取得好的战果。这时,

> 二十个无私忘我的希腊人接连发动两次进攻,
> 亚洲的主要海军基地被一把火焚毁,
> 灰飞烟灭,希腊获得自由。①

　　这一战事使卡纳利斯声名远扬。在希腊人中,只要有人还珍藏着关于英雄们的记忆,这好名声就会被传扬下去。
　　幸存的希俄斯岛民没能分享这一大获全胜的消息带来的疯狂喜悦。他们中的几百人被绑在土耳其船上,与它一同在大火中沉没。作为奥斯曼帝国报复的对象,悲惨的希俄斯岛再次暴露在土耳其人面前,遭遇第二次血洗。这一次比第一次更残酷。即使对苏丹马哈茂德二世宫廷里的妇女来说,乳香不可或缺,那些长满了乳香树的小村庄这一次也没能幸免,悉数损毁殆尽。报仇雪恨后,土耳其人乘船逃跑,并最终在达达尼尔海峡的枪炮掩护下,从卡纳利斯和火船的进攻下逃脱。
　　希俄斯岛大屠杀的消息使希腊人意识到战争形势的严峻。然而,这段时间,当希腊人一直在忙着相互争斗、搞政治阴谋的时候,马哈茂德二世第一次非常努力地为重新征服希腊做准备。由于谋杀大牧首格雷戈里奥五世而引发的与俄罗斯帝国的摩擦已经平息。最重要的是,约阿尼纳的阿里帕夏政权的毁灭使库尔西德帕夏军队有机会腾出手来镇压希腊起义。

---

① 作者为沃尔特·萨维奇·兰多(Walter Savage Landor, 1775—1864):英国散文家和诗人。

看到塞萨利、马其顿和伊庇鲁斯等各处起义都被轻松镇压，马哈茂德二世误认为在镇压整个希腊的叛乱中他的军队不会遇到太多困难。因此他设计了一项很不错的行动计划，只要执行得当就会成功。

纳夫普利亚是摩里亚半岛最重要的要塞，它有两个坚不可摧的城堡，分别是帕拉米蒂城堡和伊奇卡来城堡。几个月来，纳夫普利亚一直被希腊人封锁，因此当前奥斯曼帝国战斗的首要目标是解除封锁。到目前为止，希腊人虽然多方努力，却依然没办法攻取这个地方。1821年12月，德米特里乌斯·希普西兰蒂试图猛攻并占领帕拉米蒂城堡，却不幸失败。城堡里的驻军长期忍饥挨饿，这时已经无法承受。1822年6月30日，土耳其人签署了有条件投降协议。协议中称如果不能在二十五天内解围，土耳其人就同意投降。这样一来，如果苏丹马哈茂德二世要实现战略目标，就没有多少时间可以浪费了。

在拉里萨，担任鲁米利亚总司令的库尔西德帕夏已经召集了一大批部队，而奥马尔·维里奥尼手下还有一支军队，正在伊庇鲁斯集结。根据安排，奥马尔·维里奥尼将率军从希腊西部向迈索隆吉推进，计划先夺取迈索隆吉，再从那里穿越到佩特雷。与此同时，在库尔西德帕夏的指挥下，主力部队将沿地峡推进，解救纳夫普利亚，并在那里与奥斯曼帝国舰队会合，然后向的黎波里进军。土耳其军队打算在阿卡迪亚平原的中心建立军事总部。据判断，如果舰队将补给送进科林、莫登和佩特雷湾的要塞，那么建立与这些堡垒的通信就会毫不费力。因此，摩里亚半岛将被分割成几个部分，由于无法相互支持，希腊人势必将在冬天来临前屈服。

随着春天的到来，穆罕默德·德拉马利帕夏被授予了远征的指挥权。库尔西德帕夏命令他推进到斯佩基奥斯山谷，穆罕默德·德拉马利帕夏将在那里检阅他的部队。在这之前，在奥德修斯·安德鲁斯的领导下，希腊军队曾经试图在资土尼摧毁土耳其部队。这个计划由最高法院制订，由于各种原因最终失败，导致最高法院与精明的希腊游击队组织之间的关系趋于紧张。有人试图解除奥德修斯·安德鲁斯在希腊东部的指挥权，于是奥德修斯·安德鲁斯立即辞去在希腊军队的职务，只担任自己军队的首领。现在他指挥的军队成了奥斯曼帝国中央行政机关摧毁希腊东部奥德修斯·安德鲁斯权力的首要目标。亚历克西斯·努塔萨斯和赫里斯托斯·帕拉斯卡斯是希腊游击队队员和扬尼斯·科莱提斯的朋友。亚历克西斯·努塔萨斯被派来担任文官，而赫里斯托斯·帕拉斯卡斯则取代了奥德修斯·安德鲁斯在部队的最高指挥权。原本这些职位的任命一直是保密的，但奥德修斯·安德鲁斯非常清楚他们此行的目的。此外，由于生性多疑，奥德修斯·安德鲁斯相信他们是奉扬尼斯·科莱提斯的命令前来暗杀他的，毕竟他们以前的经历似乎表明他们是这种任务的合适人选。奥德修斯·安德鲁斯决心挫败这个阴谋。他尽可能礼貌地接待二人，并向他们表示热烈的欢迎。在招待他们用完晚饭后，奥德修斯·安德鲁斯领他们来到路边的小礼拜堂。这个小礼拜堂是为他们休息准备的。在道过晚安后，奥德修斯·安德鲁斯就离开了。第二天早上，人们发现亚历克西斯·努塔萨斯和赫里斯托斯·帕拉斯卡斯遭到谋杀。

不久，由于希腊军队攻陷雅典卫城的消息传来，而这对希腊独立事业具有极其重要的意义，上述罪行引起的恐怖效应及造成的无政府状态就被公众渐渐淡忘。然而紧接着，这胜利的荣耀又被希腊起义军在卫城的背叛和残忍玷污。1822年6月21日，由于极其缺水，土耳其驻军选择投降。根据投降协议，土耳其驻军将乘中立国的船抵达小亚细亚半岛。土耳其驻军需要放下武器，但可以保留一半的贵重物品。雅典主教品格高尚，同时也担任最高法院的院长，他让希腊领导人手持《圣经》发誓会遵守投降协议。

一千零五十名土耳其人中只有一百八十人能携带武器。依据谈好的条件投降，希腊人为他们安置了住所，就在以前被总督占领的哈德良柱廊①的废墟中，让他们在那儿等待转移。与此同时，穆罕默德·德拉马利帕夏的军队经过塞莫皮莱的消息传到雅典。一个叫尼卡斯的阿尔巴尼亚野蛮人发誓永远不会屈服于土耳其人，鼓动民众屠杀手无寸铁的囚犯。克莱弗特和阿尔马托利这些希腊游击队员，外加新涌入雅典的乌合之众，随时准备以嘲弄英雄主义为借口来满足自己征服本土的欲望，也心甘情愿参与屠杀已经放下武器的土耳其人的行动。这个恐怖的杀戮场景在这场可怕的战争中重现了太多次。整整一天，雅典的街道上回荡着遭受折磨的妇女和儿童的尖叫和哭喊声。游击队的领袖们以他们最神圣的名义发誓要看到土耳其人按计划

---

① 哈德良柱廊是为纪念罗马皇帝哈德良而在雅典建立的。

投降,由于既不在乎也不担心,因此没有过多干涉。为了制止这狂暴的屠杀,外国领事们已经竭尽所能。然而暴民们已经杀红了眼,而且外国领事们的干涉对他们自己来说也非常危险。最后,随着两艘法国战舰抵达比雷埃夫斯,这场屠杀终于停止。在海军陆战队的安全护送下,大约有三百九十个在法国、奥地利和荷兰领事馆寻求庇护的土耳其人被带到港口,登船离开。途中到处有野蛮暴徒和雅典市民,他们挥舞着武器,像魔鬼一样对着这些逃跑的俘虏大喊大叫①。

在土耳其人心里,血债还需血偿。希腊起义领袖之间的争斗为穆罕默德·德拉马利帕夏率军向希腊推进提供了便利。穆罕默德·德拉马利帕夏率领两万四千名步兵和六千骑兵。在行经维奥蒂亚和阿提卡时,他们并没有遇到希腊人的激烈反抗。接下来,雅典和卫城也一一落入他的手中。土耳其人为同胞遭到屠杀而发起疯狂的报复行动。

谣言夸大了土耳其士兵的人数。自1715年阿里·库马吉率兵跨过斯佩基奥斯河,从威尼斯人手中夺回摩里亚半岛后,这样的军事盛况就再也没有出现过。当穆罕默德·德拉马利帕夏逼近时,希腊人停止了所有抵抗。地峡没有挡住奥斯曼帝国军队的脚步。阿克罗科林斯坚不可摧的岩石倒下了。懦弱的希腊驻军一枪未发就弃城而逃。如果穆罕默德·德拉马利帕夏像往常一样谨慎行事,希腊独立战争的胜利就会毫无希望。克莱门斯·冯·梅特涅侯爵和他的盟友们已经开始为希腊独立战争迅速失败的希望感到高兴。然而,穆罕默德·德拉马利帕夏挥军直入,所向披靡。这一路的顺利让他自然而然也同样致命地低估了对手的实力。他幻想自己在任何地方都能像他迄今为止所经历的那样顺风顺水,而整个摩里亚半岛只听到他要来的消息就都会屈服。有人建议穆罕默德·德拉马利帕夏将阿克罗科林斯作为基地,以此为中心,有条不紊地逐步征服希腊,但他轻蔑地拒绝了这个谨慎的建议。相反,穆罕默德·德拉马利帕夏决定全力向前推进,从而尽快解救被围困的纳夫普利亚。

命运似乎终于眷顾了穆罕默德·德拉马利帕夏。通往纳夫普利亚的直通道路就在德维纳基的险峻山口上,但希腊人忽略了这一点,没有派兵把守。土耳其人对

---

① 对这一可怕事件的描述,乔治·芬利的《希腊革命史》(第1卷,第348页)与M.阿尔弗雷德·莱梅特的《穆斯林和基督教教徒:关于希腊独立战争的笔记》(第108页)有所不同。前者认为希腊人应该为自己感到羞愧。另参阅托马斯·戈登的《希腊革命史》(第1卷,第413页)。——原注

这样的对手甚是蔑视。他们向前冲过群山,来到阿尔戈利斯平原,甚至没有想过通过占领后方峡谷来保障通信安全。土耳其人要到来的传言令聚集在阿尔戈斯的只知道争辩的希腊立法者们慌乱不堪。部长、代表、官员和机会主义者们四散而去。他们刚一离开,这个小镇就被野蛮的游击队洗劫一空①。只有少数人,尤其是塞奥佐罗斯·科洛科特罗尼斯伯爵和德米特里乌斯·希普西兰蒂拒绝跟他们一起逃跑。

在马伊纳人卡瑞扬尼的带领下,一小群希腊人占领了中世纪城堡拉里萨。这是座位于古代阿尔戈斯的中世纪拱顶城堡。德米特里乌斯·希普西兰蒂率领七百人来到拉里萨,与这群希腊人会合。然而,由于装备不足,武器供应短缺,他们无法坚持很长时间。不过,他们实现了牵制土耳其人的目的,为塞奥佐罗斯·科洛科特罗尼斯伯爵召集一支军队预留出足够时间。穆罕默德·德拉马利帕夏被他们孤注一掷的勇气推入尴尬境地,因为他无法留下一座没有攻克的城堡就前往纳夫普利亚。由于忽视物资和通信问题而引发的后果现在开始显现。按照计划,穆罕默德帕夏率领下的土耳其舰队将沿着海岸与穆罕默德·德拉马利帕夏并驾齐驱,为他补给物资。然而,穆罕默德·德拉马利帕夏太鲁莽冲动,不顾后果,宁愿独自在伯罗奔尼撒群岛四处游荡。因此,穆罕默德·德拉马利帕夏的军队既没有基地,也没有补给品。希腊人的愚蠢竟然带来了意外的好处,因为前有大海,后有高山,奥斯曼军队现在完全被困住了,这看起来好像是希腊人故意张网以待,引诱土耳其人走向毁灭。

很快穆罕默德·德拉马利帕夏就接受了建议。在补给完全耗尽前,他必须依照来路撤退。1822年8月6日,穆罕默德·德拉马利帕夏开始撤退。然而,在这期间,塞奥佐罗斯·科洛科特罗尼斯伯爵有所察觉,于是立即派一小支部队占领德维纳基峡谷。当土耳其军队到达山口时,发现希腊人已经捷足先登。撤退的先锋队由大约一千名阿尔巴尼亚的山里人组成。通过穿越弯曲险路,这支先锋队成功避开了希腊人。土耳其人的大部队试图强行穿过狭窄的峡谷。在这里,他们被一场熊熊大火淹没,很快前面死伤的人和马就堵住了狭窄的道路,令后面的部队无法前进。这是一

---

① 那些可怜的逃难者,被马伊纳人毫不留情地抢光了财物,好不容易逃离他们的视线,跑到勒纳的伊兹拉岛居民和斯皮齐亚岛居民的船上避难,却被船上的水手将最后的一点财物洗劫一空,然后被丢在摩里亚半岛周围的荒僻岛屿上因饥饿而死。托马斯·戈登:《希腊革命史》,第1卷,第422页。——原注

场屠杀，而不是一场战斗，但希腊人的疯狂抢掠令部分土耳其士兵幸免于难。几个骑术极佳的德里斯骑兵成功越过一堆死人和垂死的人群，逃往科林斯。然而，在损失了大约四千人及全数装备的情况下，土耳其军队的剩余人员被迫回到阿尔戈利斯平原，几乎失去了顺利撤退的机会。

穆罕默德·德拉马利帕夏似乎被这一打击惊呆了，整整一天都毫无行动。然而，阿尔戈利斯平原无遮无挡，他们无法停留更久，于是被迫转移。穆罕默德·德拉马利帕夏这次决定尝试通过阿吉奥诺里山口强行离开。希腊人的不守纪律和贪婪再次给土耳其人带来逃生机会。塞奥佐罗斯·科洛科特罗尼斯伯爵、尼基塔斯·斯塔马泰洛普洛斯和其他几个首领一起，计划切断敌人撤退的后路。遗憾的是，由于希腊

尼基塔斯·斯塔马泰洛普洛斯

第 6 章 土耳其镇压希腊独立战争的行动

游击队员们只等着掠夺土耳其人的营地,这一切都成了泡影,而那些及时到达入口处拦截土耳其人的人则更多地关注敌人的行李,而不是敌人。在这次战斗中,穆罕默德·德拉马利帕夏方面溃不成军,损失大约一千人。穆罕默德·德拉马利帕夏气喘吁吁,腿脚酸痛,浑身湿透,最后终于狼狈不堪地撤回科林斯。

然而,即使在科林斯,土耳其人也不安全。希腊人被他们意外的成功激起斗志,紧追不舍,从后面咬住不放。在奥德修斯·安德鲁斯的帮助下,塞奥佐罗斯·科洛科特罗尼斯伯爵占据了所有关口,并囚禁了科林斯的溃军。饥饿和疾病接踵而来。1822年9月9日,穆罕默德·德拉马利帕夏去世,手下只有少数残兵败将跟随一支土耳其舰队逃走了。

随着穆罕默德·德拉马利帕夏入侵希腊遭遇溃败,纳夫普利亚的命运已经有了定数。前进的土耳其军队曾经鼓舞了那些已经陷入绝境却仍然坚持的守军。穆罕默德帕夏的舰队在港口外出现也曾经为这些守军带来短暂的希望。然而,穆罕默德帕夏的懦弱和无能令这个希望破灭。这位海军上将什么也没有做就驶离了。因此,当听到穆罕默德·德拉马利帕夏战败的消息时,土耳其驻军失去了等待援军的希望。最后,由于饥饿和疾病,土耳其驻军被迫同意投降。1822年12月12日晚上,土耳其人无力控制的帕拉米蒂城堡已经被希腊人占领。此外,在这种情况下,塞奥佐罗斯·科洛科特罗尼斯伯爵给予驻军的条件也远不如1822年6月30日条约中商定的条件有

帕拉米蒂城堡

利。尽管如此,停泊在港内的一艘英国护卫舰确保了投降协议能被如约遵守。除了长官约穆罕默德·阿里帕夏由于拒绝在投降书上签字而被作为囚犯关押,其他土耳其人都被转移到小亚细亚。

希腊人已经在陆地上取得成功,而卡纳利斯的英勇又为他们赢得了海上的胜利。当土耳其海军少将的指挥舰停泊在忒涅多斯岛和特洛阿斯岛之间的奥斯曼帝国海军舰队中时,卡纳利斯成功将它摧毁。这一战绩令卡皮坦帕夏极其震惊。在达达尼尔海峡的炮火掩护下,他率奥斯曼帝国海军撤退,将希腊人留在了海上。

与此同时,在希腊西部,库尔西德帕夏的侵略计划同样有着看似顺利的开端,最终却也以失败告终。在向南行军以实施他和穆罕默德·德拉马利帕夏在摩里亚半

卡纳利斯摧毁土耳其战船

岛的会师前，指挥官库尔西德帕夏有必要先征服阿尔巴尼亚山地部落中最勇敢和最著名的苏利亚部落。这些部落居民对约阿尼纳的阿里帕夏不顾一切的抵抗曾经激起了整个欧洲的同情与钦佩，而现在他们则正与奥斯曼帝国的强权作战。虽然还没有正式投入希腊人的阵营，但之前在佩特雷的惨败并没有令亚历山德罗斯·马夫罗科达托斯意识到自己军事能力的欠缺，因此他决心向希腊进发去解救苏利亚部落。由塔雷拉上校指挥的一个团及由丹尼亚上校指挥的全部由外国军官组成的菲尔兰军团共同构成了希腊军队中唯一一支纪律严明、力量强大的部队。亚历山德罗斯·马夫罗科达托斯率领这支部队穿过迈索隆吉，向阿尔塔进发。

在阿尔塔的奥斯曼帝国军队由瑞希德·基乌塔耶夫帕夏（也称瑞希德帕夏）统领，他被希腊人和阿尔巴尼亚人称为基乌塔耶夫①。与亚历山德罗斯·马夫罗科达托斯相反，瑞希德帕夏既经验丰富又能力超群。亚历山德罗斯·马夫罗科达托斯将总部设在科伯提，而希腊军队则向前推进了大约十五英里，并在佩塔占据了一个阵地。1822年7月16日，在没有站稳脚跟的情况下，希腊军队在佩塔被土耳其人以压倒性的力量袭击。由于亚历山德罗斯·马夫罗科达托斯还在科伯提，没有人有足够的权威来组织希腊军队开展统一行动。事实上，外国军团的士兵是带着决一死战的勇气战斗的。然而，接受安排镇守要害位置的戈果斯酋长背信弃义，致使希腊军队遭到土耳其人前后夹击，只有大约二十五人冒险逃脱。与此同时，塔雷拉上校倒下了，而他的团也被歼灭了。②

除了让土耳其人有机会腾出手去攻击苏利亚部落，这场战斗还有几个重要的影响。首先，这场战斗破坏了亚历山德罗斯·马夫罗科达托斯的威望，以及所有人对在他的领导下组建一个强大中央政府的希望。此外，这场战斗也激发了狂野的希腊士兵的强烈信念，使他们坚信比起欧洲常规训练的方法，自己的非常规作战方法更有优势。然而比这个信念更致命的是，马哈茂德二世正计划按照西方模式重组他的军队。

希腊人在佩塔和斯普兰加的战败令苏利亚人陷入绝望的境地。然而，即使在

---

① 他曾经在小亚细亚半岛担任基乌塔耶夫的帕夏。他的父亲是一名格鲁吉亚牧师，而他本人也信奉伊斯兰教。——原注
② 托马斯·戈登：《希腊革命史》，第1卷，第388页。书中有关于这场战斗的详细描述。——原注

这样的困境中，苏利亚人也以无畏的勇气闻名。这使奥斯曼帝国军队的指挥官非但不愿将他们逼到绝境，反倒为他们争取到有利的投降条件。苏利亚人又一次撤离了坚不可摧的山间堡垒，并得到二十万皮亚斯特的补偿，跋山涉水进入爱奥尼亚群岛。从这以后，苏利亚人与希腊人同甘共苦。无论结果是好是坏，他们都是希腊独立战争中耀眼的一分子。

与此同时，由于苏利亚人的防守，在短暂的休战中，希腊人和往常一样陷入内讧。马克里诺若斯的险峻关隘是任何从伊庇鲁斯进入希腊西部的军队必经的地方，但希腊人根本没有设防。因此，当最后向南进军时，库尔西德帕夏的副手奥马尔·维里奥尼毫不费力地向迈索隆吉推进。

迈索隆吉这个不起眼的小镇坐落在浅水潟湖的岸边，就在阿斯普洛波塔莫斯河和菲达里海峡之间，看起来似乎不会对奥马尔·维里奥尼的进一步前进造成任何障碍。迈索隆吉镇上只有六百人驻守，它唯一的防御工事是一堵低矮的土墙和一条浅而泥泞的沟渠，而守军仅有的可用的武器就是一些老旧的枪支。因此如果土耳其人立即发动进攻，这个地方肯定已经沦陷了。事实上，奥马尔·维里奥尼更愿意发起常规围攻。1822年11月16日，奥马尔·维里奥尼在城镇前驻扎下来。

奥斯曼帝国军队中加入了一群阿尔巴尼亚安纳托利人，他们渴望分享战斗俘获的战利品。在亚历山德罗斯·马夫罗科达托斯的领导下，守卫将士们充满了勇气和激情。没有任何困难能抑制这些守卫将士们的激情。约瑟夫帕夏从佩特雷派来的一支土耳其船队打算用海上战略封锁迈索隆吉，却被伊兹拉中队驱散。在彼得罗斯·马夫罗迈克尔斯的领导下，来自摩里亚半岛的一千名士兵横越海湾，为驻军增援。土耳其人的轰炸没有产生任何效果，因为炮弹飞快地掠过低矮房屋的屋顶，落在还没铺砌的街道和庭院的杂物中，没有爆炸。最后，奥马尔·维里奥尼决定发起进攻。考虑到每年1月6日①希腊人都会去教堂，奥马尔·维里奥尼就将进攻时间定在1823年1月6日晚上。然而，驻军已经收到这次行动的情报，因此当进攻开始时，被突袭的是发起围攻的土耳其人，而不是被围攻的希腊人。阿尔巴尼亚人在泥泞的沟渠里挣扎着，一场熊熊大火向他们扑来。土耳其人战败逃跑，大约造成两百人死亡，而获胜

---

① 希腊的圣诞日。

的希腊人损失不超过四人。现在，奥马尔·维里奥尼决定停止围攻并率军撤退。他们穿过马克里诺若斯的山口，混乱中丢盔卸甲，扔下了一些攻城用的战车和弹药。听到这个消息后，上了年纪的库尔西德帕夏服毒自杀了。1823年1月9日，从君士坦丁堡传来对上了年纪的库尔西德帕夏的处决令。

第 7 章

欧洲列强与希腊独立战争的走向

精彩
看点

欧洲列国的态度——乔治·坎宁爵士的政策——俄土战争推迟——威胁要解散神圣同盟——希腊人之间的分歧——希腊东部的奥德修斯·安德鲁斯——奥德修斯·安德鲁斯——在阿斯特罗斯召开第二届国民议会——军民之间的不和——塞奥佐罗斯·科洛科特罗尼斯伯爵不服从大会决议——约瑟夫帕夏在希腊东部的行动——科斯鲁帕夏的巡游——马斯泰帕夏入侵希腊西部——成功防守阿纳托利科——内乱重新爆发——政府迁往克兰迪——第一次内战——塞奥佐罗斯·科洛科特罗尼斯投降

对希腊人而言，1822年的战争状况是有利的。从外交角度看，新的一年也是充满希望的。克莱门斯·冯·梅特涅侯爵努力消除日益增长的希腊情结①在欧洲造成的影响，但希俄斯岛大屠杀的消息给他造成了沉重的打击。此外，也没有迹象表明欧洲大国的亲希腊态度会发生改变。沙皇亚历山大一世的确仍然忠于神圣同盟。他不仅拒绝接见派往维罗纳的希腊使者，还免了自己的希腊部长扬尼斯·安东尼奥斯·卡波基斯迪亚斯伯爵的职。目前看来，克莱门斯·冯·梅特涅侯爵的外交手段已经取得胜利。然而，有一段时间，令克莱门斯·冯·梅特涅侯爵恐惧的俄罗斯帝国与奥斯曼帝国之间的战争几乎一触即发。一些挂着俄罗斯帝国旗帜航行的伊兹拉岛船舰已经被奥斯曼帝国政府下令扣押在达达尼尔海峡，而奥斯曼帝国政府不能容忍挂着中立国旗子的希腊船在自己家门口公然挑衅这种事的发生，因此下令拦截和搜查所有通过海峡的船。这一行动进一步加剧了两国政府之间的紧张关系。两国剑拔弩张，战争一触即发。面对俄罗斯帝国提出的抗议，奥斯曼帝国用一种礼貌而坚定的态度回答道，这是自己的权利。一段时间以来，形势极其紧张。事实上，克莱门斯·冯·梅特涅侯爵非常焦虑。为了阻止俄罗斯帝国和奥斯曼帝国之间出现新的争端，克莱门斯·冯·梅特涅侯爵打算不惜任何代价。最重要的是，防止希腊问题与纯粹的俄罗斯问题纠缠在一起②。现在克莱门斯·冯·梅特涅侯爵竭尽全力劝说土耳

---

① 希腊情结指以乔治·戈登·拜伦为代表的欧洲浪漫主义者以各种方式表达出的对希腊深爱。
② 门德尔松·巴托尔迪：《希腊历史》，第1卷，第307页。——原注

斯特兰福德勋爵珀西·斯迈思

其接受俄罗斯帝国的要求。在这件事上，克莱门斯·冯·梅特涅侯爵得到英国驻君士坦丁堡大使斯特兰福德勋爵珀西·斯迈思的大力支持，因为他的政策始终只是照搬克莱门斯·冯·梅特涅侯爵的政策。他们团结一致，终于成功地说服了奥斯曼帝国，并在此基础上签署协议，暂时推迟了俄土战争的爆发。根据这一条约，所有国家的船都获得在达达尼尔海峡自由航行的许可，只有美国人例外，"因为苏丹马哈茂德二世不喜欢共和主义者"。[①]

现在沙皇亚历山大一世同意与奥斯曼帝国政府重新商谈。不过，就目前而言，只是非正式的商谈。作为俄罗斯帝国的代表，M.德·蒙西亚克先生被派往君士坦丁堡。他的任务是监督条约的执行，并解决一些与航行有关的悬而未决的问题。与此

[①] 冯·普罗克施–奥斯滕男爵：《奥斯曼土耳其帝国统治下的希腊发展史》，第1卷，第306页。——原注

同时，在感谢土耳其做出让步的同时，俄罗斯帝国外交部部长卡尔·内塞尔罗德伯爵暗示了某些还没有得到满足的索赔要求①。因此矛盾只是缓和了一些而已，依然没有得到解决，而俄土战争爆发也只是推迟了。

与此同时，神圣同盟本身也面临瓦解的威胁。随着卡斯尔雷子爵罗伯特·斯图尔特去世，克莱门斯·冯·梅特涅侯爵失去了最忠实的追随者。至于英国外交大臣的继任者乔治·坎宁爵士，他的政策对希腊的事业非常有利。早在1823年2月，乔治·坎宁爵士给斯特兰福德勋爵珀西·斯迈斯的信就显示英国政策发生了完全逆

卡尔·内塞尔罗德伯爵

---

① 冯·普罗克施–奥斯滕男爵：《奥斯曼土耳其帝国统治下的希腊发展史》，第1卷，第225页。——原注

转，而英国也第一次成为被压迫的基督教教徒起义的支持者①。1823年3月25日，英国正式承认希腊是交战国。从这以后，希腊独立战争具有了新的意义②。因为从那时起，即使是最反动的神圣同盟大国，也不可能像对待西班牙或那不勒斯的人民运动那样对待希腊独立战争。外交游戏在新的基础上再次展开，希腊的独立主张开始得到承认③。

1823年10月，为了欧洲的利益，沙皇亚历山大一世和奥地利皇帝弗朗茨一世在齐诺维茨会面，准备应对各国的干涉④。观点的分歧立刻显现出来。和现在一样，当时的俄罗斯帝国不愿意看到任何真正强大的国家建立在奥斯曼帝国废墟之上，也不愿意鼓励泛希腊运动，就像反对泛斯拉夫运动一样。因此俄罗斯帝国提议召开会议，在奥斯曼帝国作为宗主国的统治下，将希腊及周围岛屿划分为三个公国实施治理，并由欧洲各国担保⑤。然而，考虑到俄罗斯帝国在多瑙河公国的侵略政策，俄罗斯帝国提出这一建议的动机太明显了。奥地利帝国无法接受俄罗斯帝国对整个巴尔干半岛的影响。见状，克莱门斯·冯·梅特涅侯爵也开始疑虑，将希腊建设成一个独立的国家究竟是否更符合奥地利帝国的真正利益。

与此同时，希腊人并没有从战争中吸取足够教训。眼前的危机刚刚解除，过去的无政府状态就再次出现了。亚历山德罗斯·马夫罗科达托斯在战争指挥上的惜败，以及政府在穆罕默德·德拉马利帕夏进攻阿尔戈斯时表现出的怯懦，使勇猛的阿尔马托利官兵对这些起义领袖们充满蔑视。双方之间已经非常明显的裂痕因此进一步加深了。除了嫉妒，截然不同的政策、原则也是造成双方分裂的重要因素，而这些迟早会引发他们之间的冲突。一派是法纳尔人及那些接受过欧洲教育的希腊人，

---

① 冯·普罗克施−奥斯滕男爵：《奥斯曼土耳其帝国统治下的希腊发展史》，第1卷，第196页。"乔治·坎宁爵士从宗教的角度来探讨这个问题，认为一百年以来基督教教徒的苦难早已经是英国政治中难以忽略的问题。因此，他特别强调了和平解决最困难的问题的每个方面。沙皇亚历山大一世极有可能采取这种观点。这在两年前曾经令内阁极其不安，而英国也成功地与其他列强联合起来，将他从这种观点中拉了出来。"——原注
② 门德尔松·巴托尔迪：《希腊历史》，第1卷，第306页。——原注
③ 英国承认希腊是交战国，也就是承认希腊是一个独立的国家。
④ 冯·普罗克施−奥斯滕男爵：《奥斯曼土耳其帝国统治下的希腊发展史》，第1卷，第227页。——原注
⑤ 冯·普罗克施−奥斯滕男爵：《奥斯曼土耳其帝国统治下的希腊发展史》，第1卷，第243页。——原注

他们希望看到希腊依照欧洲模式建成一个法治国家。由于在海上所从事的商业活动使岛民接触到欧洲的先进思想，这些建议也获得了他们的支持。另一派由大牧首、主教们和军事首领等组成，他们唯一的想法就是驱逐土耳其人，然后坐上因此获得的位置，配备先进的武器，穿着华丽的衣服，装扮成帕夏的样子，不劳而获，最后再与普通百姓建立良好的关系，分享他们的快乐和信仰，以及风俗和迷信[①]。

事实上就目前而言，1823年年初，教会派、岛民和立宪主义者开始共同反对军事首领。目前这些军事首领的权力压过了希腊所有的其他派别。希腊西部仍然在亚历山德罗斯·马夫罗科达托斯政府手中，尽管亚历山德罗斯·马夫罗科达托斯的统治岌岌可危。然而，在希腊东部，奥德修斯·安德鲁斯现在仍然凭借无可争议的权威实施统治。在摩里亚半岛，塞奥佐罗斯·科洛科特罗尼斯伯爵也有着至高无上的地位。

早在1822年夏天，阿提卡就陷入无政府状态。最后，一些损失惨重的雅典公民恳求德米特里乌斯·希普西兰蒂来管理这个国家。然而，当德米特里乌斯·希普西兰蒂抵达阿提卡，卫城的驻军却拒绝接受他，同时选举奥德修斯·安德鲁斯为他们的将军。德米特里乌斯·希普西兰蒂别无选择，只好放弃，而奥德修斯·安德鲁斯则急切地利用机会继续巩固权力。为了供应部队日常所需，加强卫城的防御，奥德修斯·安德鲁斯卖掉了从土耳其那里缴获的战利品。随后，奥德修斯·安德鲁斯解散了最高法院，召集了另一个大会，并让它完全服务于自己的个人利益。然而，接下来的一次厄运几乎摧毁了他的新权力。

在穆罕默德·德拉马利帕夏惨败后，库尔西德帕夏派穆罕默德帕夏率八千人去驻守斯佩基奥斯河的防线。在萨洛纳经过格拉维亚的山口，奥斯曼帝国的指挥官库尔西德帕夏率队向前猛冲。在烧毁了该镇的部分地区后，库尔西德帕夏原路返回。1822年11月13日，在格拉维亚的一个酒馆，库尔西德帕夏被一支由奥德修斯·安德鲁斯指挥的希腊军队拦截。经过一场激烈的战斗，希腊人被击溃，而奥德修斯·安德鲁斯自己艰难逃脱。由于担心土耳其人现在进入阿提卡，同时唯恐在这种危机面前雅典人会重新选出一位总司令，因此奥德修斯·安德鲁斯与土耳其人

---

① 冯·普罗克施–奥斯滕男爵：《奥斯曼土耳其帝国统治下的希腊发展史》，第1卷，第275页。——原注

达成停战协议。与此同时，他提出向奥斯曼帝国投降，并确保希腊东部的其他首领也同样归附土耳其，条件是他继续担任阿尔马托利游击队的首领。虽然土耳其人并不信任奥德修斯·安德鲁斯，但出于自己的目的，他们接受了停战协议并撤退到资土尼过冬。从眼前的危机中解脱出来后，维奥蒂亚和阿提卡的农民现在能够安稳地种地。出于奥德修斯·安德鲁斯将他们从土耳其人手里救出来的感激，加上对停战协议的条款一无所知，维奥蒂亚和阿提卡的农民将奥德修斯·安德鲁斯看作是心目中的英雄。

然而，正是塞奥佐罗斯·科洛科特罗尼斯伯爵的力量引起了其他党派的嫉妒和忧虑。在摩里亚半岛，自从土耳其人投降后，塞奥佐罗斯·科洛科特罗尼斯伯爵的女婿科利奥普洛斯一直替他占据纳夫普利亚，这使塞奥佐罗斯·科洛科特罗尼斯伯爵在这里拥有至高无上的地位。因此，摆脱他的统治成了主教们和岛民的主要目标。政府要求进入纳夫普利亚，却徒劳无功。此外，由于塞奥佐罗斯·科洛科特罗尼斯伯爵明显不打算放弃他的"有利地位"，政府只好退回到阿斯特罗斯。1822年12月，政府开始发出令状召集新的国民议会。代表从四面八方涌来，甚至连克里特岛的代表也来参会。前任大会的成员代表认为他们有权作为代表参加新的国民大会，不需要再发起新的选举。许多代表假装只代表他们自己，而不属于任何派别。出席会议的主要领导人包括彼得罗斯·马夫罗迈克尔斯、安德烈亚斯·伦道斯、安德烈亚斯·泽米斯和许多其他杰出主教。此外，亚历山德罗斯·马夫罗科达托斯和德米特里乌斯·希普西兰蒂也出席了会议，甚至连奥德修斯·安德鲁斯都"屈尊"出席了会议。

当然，在这些乱糟糟的议会讨论中，几乎没有人讨论有用的立法问题。自古以来希腊人就喜欢演讲和辩论，喜欢制定法律胜过遵守法律。现在希腊的新自由派或正淹没于滔滔不绝的空谈中，或陷入一系列的阴谋诡计中。的确，在会议上代表们试图建立一种法典，并讨论公布预算，而最重要的是，代表们普遍认识到通过外国贷款筹集资金的必要性。然而到目前为止，议会中最重要的事就是成立新政府，其次是试图将塞奥佐罗斯·科洛科特罗尼斯伯爵赶下台。

事实上，正是军方和平民之间的不和导致所有立法工作都无法开展。然而，战士们的口才远不如剑法，于是他们愤愤地停止了舌战，建立了自己的上议院。在吵吵嚷嚷中制定下来的措施总是遭到这个不走寻常路的上议院的轻蔑拒绝，但上议院本身也没有采取任何有用措施。因此，在如此需要强权管理的情况下，如果能够建成一个强有力的管理部门，那么是否立法就无关紧要。然而就是在这里，派系之间的斗争最激烈，也最具杀伤力。

政府将像从前一样，由两个理事会或委员会组成。其中一个是立法委员会，在休会期间代表议会，而另一个则代表行政机构。因此，从这些委员会中排除军方人员就成了平民政党的目标。他们在大会中的地位举足轻重。在大会中产生的行政委员会由彼得罗斯·马夫罗迈克尔斯担任主席，另外有三位大陆的主教：安德烈亚斯·泽米斯、卡拉兰波斯和迈塔克瑟。第五个位置本来是保留给岛屿的一名代表的，现在空缺。然而，塞奥佐罗斯·科洛科特罗尼斯伯爵用暴力威胁占据了这个位置。此外，塞奥佐罗斯·科洛科特罗尼斯伯爵还试图确保他的手下德利亚尼当选为立法委员会主席。当发现亚历山德罗斯·马夫罗科达托斯已经选人填补了这个空缺时，塞奥佐罗斯·科洛科特罗尼斯伯爵愤怒不已。亚历山德罗斯·马夫罗科达托斯这个法纳尔人，戴着眼镜，穿着燕尾服，摆出一副欧洲贵族做派及他对宪政的高谈

安德烈亚斯·泽米斯

阔论，令野蛮的老游击队员塞奥佐罗斯·科洛科特罗尼斯伯爵极其厌恶。塞奥佐罗斯·科洛科特罗尼斯伯爵喊道："我不会同意让你当总统的！如果你接受这个职位，我就会一步一步地跟着你，往你那套漂亮的欧洲打扮上扔垃圾！"①

现在塞奥佐罗斯·科洛科特罗尼斯伯爵发现，除非使用武力，否则他将失去在政府中的影响力。实际上，有一段时间，虽然颇有怨言，但他和其他军事首长都屈服了。不过，1823年4月10日，平民的新一轮挑战加速引发了这场危机。大会现在决定剥夺塞奥佐罗斯·科洛科特罗尼斯伯爵的最高军事指挥权，并将这项权力交给一个由三人组成的委员会。这是另一个不明智的举动。这种无礼的提议根本不可能被执行。看到他们打算直接剥夺他的权力，塞奥佐罗斯·科洛科特罗尼斯伯爵卸去伪装，公然蔑视国民议会的决议。在他信赖的希腊游击队的支持下，塞奥佐罗斯·科洛科特罗尼斯伯爵强迫执行委员会陪他到纳夫普利亚。那个地方完全在塞奥佐罗斯·科洛科特罗尼斯伯爵的掌控之中，而立法委员会则无助地在各地辗转，并不断受到塞奥佐罗斯·科洛科特罗尼斯伯爵狂热追随者们的骚扰和恐吓，还被剥夺了一切权力②。

这一时期的希腊，除了可以利用土耳其的"准备不足"，以挽救希腊免遭毁灭，再没有其他可以利用的了。一丝好运气确实再次帮助了希腊人，因为早在1823年，托帕纳的奥斯曼帝国的弹药库就被炸毁了。即使在君士坦丁堡当局看来，那场大火③也算是史无前例的了。大量的战争物资，外加六千所房子和五十座清真寺，都被大火烧毁了。

尽管这次事故造成了巨大的损失和不便，穆罕默德·德拉马利帕夏仍然希望发起一场大战。因此他再一次计划入侵摩里亚半岛。马斯泰帕夏计划入侵希腊西部，向迈索隆吉进发。与此同时，为了准备和掩护这一行动，约瑟夫帕夏则沿着维奥蒂亚和阿提卡向萨洛纳和勒班陀行进，期望越过那里，到达佩特雷。无论从海上还是陆上，都对奥斯曼帝国非常有利。在摩里亚半岛，各党派之间一直存在暴力冲突。此外，岛上的居民们也在海上因为私利而大打出手。伊兹拉岛民和斯皮齐亚岛民剑

---

① 门德尔松·巴托尔迪：《希腊历史》，第1卷，第311页。——原注
② 冯·普罗克施–奥斯滕男爵：《奥斯曼土耳其帝国统治下的希腊发展史》，第1卷，第237页。——原注
③ 1823年，托帕纳的奥斯曼帝国弹药库被炸毁后燃起的大火。

拔弩张。萨莫斯岛民还存有与希俄斯岛大屠杀有关的可怕记忆。在莱考戈斯的带领下，萨莫斯岛民用武力保卫自己，抵抗普萨拉岛民的邪恶入侵。希腊舰队已经完全变成一支海盗舰队，无组织无纪律，随时准备将朋友当作对手发起攻击，即使是海军上将安德烈亚斯·米奥里斯也无法让他们遵守秩序。

1823年5月底，由科斯鲁帕夏指挥的奥斯曼帝国舰队驶出达达尼尔海峡，准备攻击希腊舰队，不过他并不能够充分利用当时的情势。在任何情况下，比起驾驶战船在海上战斗，科斯鲁帕夏都更适合进入议会会议厅办公。此外，科斯鲁帕夏生性胆小，因此前任卡拉·阿里的命运更使他对希腊火船充满了一种特别的恐惧[1]。目前科斯鲁帕夏的巡航并没有实现任何明显的目标，他驶过米提利尼海岸和希俄斯岛，在切斯梅部署了一些部队，并驶向埃维厄岛。由于到达及时，在岛上科斯鲁帕夏为当时被格里西奥蒂斯围困的卡里斯托斯解了围。从那里科斯鲁帕夏驶过伊兹拉岛，为科林和莫登提供了补给品。1823年6月20日，科斯鲁帕夏在佩特雷留下了一部分部队，还留下了一大笔钱。然而，他并没有留在希腊的西海岸支持马斯泰帕夏的行动，而是急急忙忙赶回达达尼尔海峡。

这时，约瑟夫帕夏在希腊东部发起了一场战役。他带着六千人从塞萨利向福基斯进发，占领了萨洛纳，将希腊人赶出赫利肯和帕纳塞斯山的山口，来到莱瓦迪亚。同时，埃维厄岛的科斯鲁帕夏带着八百名骑兵，向底比斯的方向冲去，如疾风扫落叶般迅速获胜。现在奥德修斯·安德鲁斯委托他的中尉扬尼斯·古拉斯去护卫卫城，自己则带兵攻占赫利肯的峡谷。然而，扬尼斯·古拉斯最近娶了一个来自利迪里基的美丽姑娘，正在温柔乡里享乐。这时雅典人在萨拉米斯岛避难。土耳其人入侵的消息暂时结束了摩里亚半岛上的内斗。现在塞奥佐罗斯·科洛科特罗尼斯伯爵和尼基塔斯·斯塔马泰洛普洛斯带着摩里亚半岛的军队进入迈加拉。其他军队也迅速聚集起来，随后又发动了一场大规模的游击战争，成功将土耳其人赶回克菲斯平原。约瑟夫帕夏自己也进入了埃维厄岛。如果奥德修斯·安德鲁斯没有采取任何阻止措施，约瑟夫帕夏能将希腊人从摩里亚半岛的北半部赶走。然而，奥斯曼帝国在希腊东部的战役计划被粉碎了。

---

[1] 乔治·芬利：《希腊革命史》，第2卷，第14页。——原注

与此同时，为了入侵希腊西部，马斯泰帕夏在奥赫里德集结了一支完全由阿尔巴尼亚部落成员组成的军队。其中，有五千名盖格穆斯林和三千名罗马天主教教徒。这些罗马天主教教徒对希腊东正教教徒的仇恨使他们成为穆斯林的亲密盟友。像往常一样，希腊人忙于自己内部的争斗，却忽略了把守关隘。马斯泰帕夏的军队一直挺进到卡尔派尼西都没有遇到任何真正的抵抗，却在这里遭遇了一场劫难。对希腊人来说，这是战争中最辉煌的战绩之一。

1823年8月21日晚上，苏利亚人的英雄马尔科·波扎雷斯带着三百五十个族人突袭土耳其先锋杰拉雷丁贝伊的营地。营地里有四千名盖格穆斯林和天主教教徒。然而令人惊讶的是，当苏利亚士兵冲向他们的对手并开始烧杀抢掠时，惊慌失措的土耳其人没来得及做出任何抵抗。马尔科·波扎雷斯径直冲向杰拉雷丁贝伊的帐篷。帐篷的外围是一堵墙。马尔科·波扎雷斯从墙上探头望过去，思考怎样才能打进去。在明亮星空的衬托下，马尔科·波扎雷斯的脸变得清晰可见。这时，一颗子弹

马尔科·波扎雷斯带领族人突袭土耳其人营地

马尔科·波扎雷斯之死

射入他的头部。对苏利亚军队来说，这位敬爱的领袖的死亡是一个可怕的打击，虽然苏利亚军队停止了进攻，但在这之前他们还是杀死了大约两千名对手。他们抱起马尔科·波扎雷斯的尸体，满载着战利品，悄悄撤退。如果按照预先的安排，埃托利亚的阿尔马托利游击队也同时参加进攻，杰拉雷丁贝伊的部队肯定会被彻底消灭。然而，出于对马尔科·波扎雷斯及阿尔巴尼亚军队的嫉妒，埃托利亚的阿尔马托利游击队选择了坐山观虎斗。事实上，奥斯曼帝国的指挥官仍然指挥着陆地的战斗，而马斯泰帕夏入侵的脚步几乎没有延迟。

1823年9月月底，在伊拉科里，马斯泰帕夏与奥马尔·维里奥尼发起了一次联合行动。马斯泰帕夏指挥着大约由四千名托斯克穆斯林组成的军队。这是一个阿尔巴尼亚部落，讲着一种与盖格人语言不同的方言，与盖格人之间的关系并不友好。在这杂牌军的帮助下，1823年10月，马斯泰帕夏开始围攻阿纳托利科。这是一个位于迈索隆吉以西约五英里的托利亚潟湖上的小镇。这个地方有大约六百人驻守，而且完全不设防。然而，这里驻有一个由六门老式大炮组成的小炮队，指挥的任务交给了英国海员威廉·马丁。威廉·马丁指挥士兵在一艘战舰上成功卸下唯一的土耳其炮。现在帕夏们只能用几门迫击炮轰炸这个地方了,尽管无法造成严重的破坏。事实上,因为缺水,相比土耳其人的炮弹带来的伤害,希腊驻军更要忍受口渴之苦。在这海峡里,好像大天使迈克尔①也要来帮助他们。一枚来自土耳其迫击炮的炸弹落入大天使教堂,炸碎了人行道。被炸开的洞里立刻涌出了水。②受这个意外事件鼓舞,希腊人发起了顽强的抵抗。1823年12月11日,马斯泰帕夏停止围攻阿纳托利科。苏丹马哈茂德二世计划的后半部分因此遭遇挫败。1823年年底,希腊人大获全胜。

刚化解土耳其人带来的危险,希腊人就重新开始了自相残杀的斗争,他们似乎只有面临共同的危险时才能暂时放下这种斗争。亚历山德罗斯·马夫罗科达托斯在主教们和岛民的支持下,决心再一次试图推翻塞奥佐罗斯·科洛科特罗尼斯伯爵的势力。现在执行委员会完全掌握在军方手中。事实上,安德烈亚斯·泽米斯已经放弃了,并将自己的命运与其他主教们联系在一起。然而,在犹豫了一段时间后,彼得罗斯·马夫罗迈克尔斯明确宣布支持塞奥佐罗斯·科洛科特罗尼斯伯爵。目前彼得罗斯·马夫罗迈克尔斯的权威至高无上。被剥夺了一切权力的立法委员会已经解散,而已经在阿尔戈斯建立起来的残部,则正通过向行政部门发出要求公布账目的声明来进行斗争。为了确保得到答复,彼得罗斯·马夫罗迈克尔斯派了一些马伊纳人,让他们就像奥利弗·克伦威尔③处理议会问题一样处理立法委员会的冲突问题。于是,立法委员们逃到伊兹拉岛对面的克兰迪,将自己置于伊兹拉岛民的保护之下。1823年年底,希腊被分为三个部分。在希腊东部,奥德修斯·安德鲁斯是最高统帅,希腊西部由亚历山德罗斯·马夫罗科达托斯在克兰迪建立了政府,而塞奥佐罗斯·科洛科特罗尼斯伯爵则在纳夫普利亚和阿克罗科林斯建立政府。1823年11月7日,阿克罗科林斯投降,目的是让摩里亚半岛服从军事统治④。

到目前为止,塞奥佐罗斯·科洛科特罗尼斯伯爵的暴力似乎已经取得胜利。不

---

① 源自犹太教圣典《旧约全书》中的大天使圣米迦勒。他被罗马天主教会、东正教会认为是圣人。
② 托马斯·戈登:《希腊革命史》,第2卷,第36页。——原注
③ 奥利弗·克伦威尔(Oliver Cromwell, 1599—1658):英国政治家、军事家、宗教领袖。
④ 令人高兴的是,在这种情况下,尼基塔斯·斯塔马泰洛普洛斯坚决阻止了违反投降协定的行为。穆斯林登上一艘奥地利船并允许带走武器和一小笔钱。托马斯·戈登:《希腊革命史》,第2卷,第71页。——原注

过,克兰迪政府拥有很多力量,现在,来自军事首领恐吓的直接危险已经解除,克兰迪政府也开始展示自己的力量了。首先,克兰迪政府具有合法性的威望,并拥有像亚历山德罗斯·马夫罗科达托斯这样一个被欧洲认为是希腊宪法领袖的人。此外,在科莱塔斯,希腊首领中也只有亚历山德罗斯·马夫罗科达托斯能将旧的野蛮精神和新文化的精神结合起来[①]。最重要的是,克兰迪政府将独立处置目前在欧洲筹集的贷款,且国外早有传言说这些贷款已经筹到。最后一点确实是最终决定它胜出的重要因素,因为在希腊,掌握钱袋子的人掌握着更多的权力。

  政府现在决心做出积极努力,重新树立权威。这场斗争的序幕已经揭开,要求纳夫普利亚投降,并公开指责塞奥佐罗斯·科洛科特罗尼斯伯爵贪污。现在政府审判了彼得罗斯·马夫罗迈克尔斯和卡拉兰波斯,并罢免了迈塔克瑟,剥夺了塞奥佐罗斯·科洛科特罗尼斯伯爵对军队的最高指挥权。新的执行委员会成立了。伊兹拉岛的乔治斯·昆图里奥特斯担任总统,而精明的扬尼斯·科莱提斯则在幕后出谋划策。

  对于政府的这一决定,塞奥佐罗斯·科洛科特罗尼斯伯爵做出回应。他召集了大约三十五名议会成员,在的黎波里成立了一个反对派政府。同时,他开始在埃利斯和阿卡迪亚集结部队,加强了阿克罗科林斯的防御,并将纳夫普利亚的指挥权交给了自己的儿子帕诺斯·科洛科特罗尼斯。与彼得罗斯·马夫罗迈克尔斯的关系让他确信麦西尼亚的马伊纳人对自己的支持。另外,在摩里亚半岛,政府只能依靠由诺塔拉斯掌管的科林斯、阿加亚及阿卡迪亚的一部分民众支持。在阿卡迪亚,主教安德烈亚斯·伦道斯和安德烈亚斯·泽米斯的影响极其深远。希腊东部仍然被奥德修斯·安德鲁斯控制着,但克兰迪政府和塞奥佐罗斯·科洛科特罗尼斯伯爵的临时政府都不信任他。与此同时,在亚历山德罗斯·马夫罗科达托斯的领导下,希腊西部仍然忠于政府。

  由于新总统乔治斯·昆图里奥特斯的升职完全归功于他的巨大财富的支持,这使他的影响力与能力完全不成正比。在私下里,乔治斯·昆图里奥特斯是个快乐的人,脾气很好。作为一个政治家,乔治斯·昆图里奥特斯的财富使他摆脱了腐败的嫌

[①] 冯·普罗克施-奥斯滕男爵:《奥斯曼土耳其帝国统治下的希腊发展史》,第1卷,第274页。——原注

疑。然而，乔治斯·昆图里奥特斯并不精明，固执且无知。最重要的是，他充满了固执、粗野的伊兹拉式的偏见。对此，乔治斯·昆图里奥特斯毫不掩饰①。扬尼斯·科莱提斯曾经是约阿尼纳的阿里帕夏的医生，吸收了一定的欧洲文化，非常了解对付野蛮或未开化的民族的最佳方法。同时，扬尼斯·科莱提斯也是新政府中唯一有能力的人。正是在他的影响下，为了对抗在摩里亚半岛的塞奥佐罗斯·科洛科特罗尼斯伯爵的军事优势，政府引进了一批鲁米利亚和保加利亚的雇佣军。他们通过地峡进入了伯罗奔尼撒半岛，并将其当作是敌人的领土一样残忍对待。1824年3月，政府已经全面占了上风。塞奥佐罗斯·科洛科特罗尼斯伯爵开始感受到压力。纳夫普利亚备受关注。在安德烈亚斯·米奥里斯的领导下，一支伊兹拉岛部队进入阿尔戈利斯，占领了莱尔纳山的磨坊及阿尔戈斯。不久塞奥佐罗斯·科洛科特罗尼斯伯爵自己就在的黎波里被保加利亚人哈吉·赫里斯托斯和摩里亚半岛的联合部队击败。此外，经过几次零星交战后，塞奥佐罗斯·科洛科特罗尼斯伯爵不得不与主教安德烈亚斯·泽米斯和安德烈亚斯·伦道斯展开谈判。通过调解，一项协议最终达成：塞奥佐罗斯·科洛科特罗尼斯伯爵将纳夫普利亚交给政府，并得到一大笔金钱作为赔偿。

　　表面上政府处处占了上风，实际上却埋下了隐患。安德烈亚斯·泽米斯和安德烈亚斯·伦道斯被指控与塞奥佐罗斯·科洛科特罗尼斯伯爵暗通款曲②，而岛民和摩里亚半岛主教之间破裂的迹象也逐渐显现出来。令伯罗奔尼撒人厌恶的是，苏利亚的弗托纳如斯被任命为纳夫普利亚的州长。这是乔治斯·昆图里奥特斯政府即将向希腊大陆和岛民提供的一次不适当的优惠条件，但这冒犯了安德烈亚斯·伦道斯和安德烈亚斯·泽米斯一派，以至于他们非常气愤地从纳夫普利亚撤退了。

---

① 托马斯·戈登：《希腊革命史》，第2卷，第191页。——原注
② 托马斯·戈登：《希腊革命史》，第2卷，第100页及102页。——原注

第 8 章

乔治·戈登·拜伦勋爵

精彩看点

乔治·戈登·拜伦勋爵抵达希腊——对欧洲意见的影响——希腊第一批贷款——乔治·戈登·拜伦勋爵对希腊人的看法——乔治·戈登·拜伦勋爵去了迈索隆吉——乔治·戈登·拜伦勋爵之死——乔治斯·昆图里奥特斯总统——新的分歧——第二次内战——政府的彻底胜利——塞奥佐罗斯·科洛科特罗尼斯伯爵遭到监禁

1823年秋天，希腊内部各种纷争愈演愈烈。这时，乔治·戈登·拜伦勋爵来到希腊。在公开宣布加入希腊独立战争前，乔治·戈登·拜伦勋爵就已经在激发欧洲人的亲希腊热情方面发挥了巨大影响，激发了欧洲亲希腊派的热情。现在这位天才在基督教世界声名鹊起。他宣称为了实现他的自由希腊的理想，甘愿奉献健康和财富，如果有必要的话，甚至愿意献出生命。因此欧洲文明世界的目光对希腊的事务产生了新的兴趣。

　　在乔治·戈登·拜伦勋爵的影响下，为希腊筹集的最新两笔贷款的活动在伦敦开展。这是当时英国亲希腊情感真实性的最确凿的证据。这两笔贷款，一笔是八十万英镑，另一笔是两百万英镑，应该在几天之内就可以轻松筹集到。然而，内部争斗不断、混乱不堪的希腊政府无法提供令人满意的安全保障。当时乔治·戈登·拜伦勋爵自己也拿出了第一笔四万英镑的款项。此外，当他意识到希腊的实际情况时，他对呼吁人们投资如此可疑不稳定的事业感到非常不安。实际上，这笔钱还没有交给希腊政府，而是存在桑特岛的银行。乔治·戈登·拜伦勋爵死后，根据爱奥尼亚群岛当局的命令，这笔钱又被冻结了一段时间。当这笔钱最终移交给希腊政府时，对于这笔钱会怎么使用或者后期的款项应该交付给什么部门的问题，亲希腊人士托马斯·戈登说过的话给出了一些线索。他说："也许除了安德烈亚斯·泽米斯，行政机关的其他成员也不比那些抢劫犯好多少。"[①] 为了希腊的国家利益，在

---

① 托马斯·戈登：《希腊革命史》，第2卷，第72页。——原注

将这么一笔数目可观的钱送到希腊政府手上前,明智的举动是尽力避免这笔钱被一些贪婪的希腊人滥用①。托马斯·科克伦勋爵是著名的水手。在南美的海战中,托马斯·科克伦勋爵声名显赫。虽然希腊政府以三万七千英镑的聘用定金留用托马斯·科克伦勋爵,但直到1827年他才出现在希腊。此外,政府还耗费十五万英镑订购了四艘汽船,但在这些汽船中,只有"卡特里亚"号抵达希腊水域。当法国骑兵军官拉勒曼德上尉被派往美国为希腊海军购买两艘护卫舰时,只有一艘"希腊"号到

托马斯·科克伦勋爵

---

① 然而,根据门德尔松·巴托尔迪的说法,高达一百万英镑在伦敦和纽约被贪污。乔治·芬利:《希腊革命史》,第2卷,第44页。——原注

达希腊水域，耗费十六万英镑。然而到目前为止，希腊内部各派争相夺取大部分贷款。作为欧洲慷慨资助的对象之一，获胜党派的游击队员们在纳夫普利亚的街道上大摇大摆地走来走去。他们的衣服上有金色的刺绣，连腰带都宣示着他们得到了英国的支持①。可以肯定的是，不管发生了什么，不幸的债权人从没有拿回过本金中的一分钱，当然也没有得到"担保"利息的一分钱。

至于乔治·戈登·拜伦勋爵自己，从他踏上这片土地起，对他所服务的这个民族的性格就没有抱过任何幻想。1823年秋天，乔治·戈登·拜伦勋爵一直待在当时飘着英国国旗的爱奥尼亚群岛的一个叫凯法洛尼亚的岛屿上。他在那收集信息，看看能在什么地方为希腊独立事业提供最好的帮助。与此同时，对希腊人来说，这位富有的英国"老爷"很有趣。因此，希腊人像利用一座可以满足自己私欲的金矿一样利用乔治·戈登·拜伦勋爵。乔治·戈登·拜伦勋爵在岛上居住期间，几乎所有的政治家和将军都写信给他请求帮助，有的想要利用他的影响，有的想要他的钱。在萨拉米斯的塞奥佐罗斯·科洛科特罗尼斯伯爵、伊兹拉岛的亚历山德罗斯·马夫罗科达托斯及迈索隆吉的迈塔克瑟都竞相发出邀请，因为只要乔治·戈登·拜伦勋爵在，他们就能得到帮助。彼得罗斯·马夫罗迈克尔斯则天真坦率地说，拯救希腊的最好办法是给马伊纳总督一千英镑。乔治·戈登·拜伦勋爵写道："关于希腊人，我不能说他们好，也不能说他们坏，尽管他们互相诋毁。"②

面对如此多的幻灭和沮丧，乔治·戈登·拜伦勋爵的态度充满了一丝奇异而可悲的味道。在这样的情况下，一个缺乏同情心的人对希腊的热情会破灭，而乔治·戈登·拜伦勋爵则表现得非常宽容，有着坚定的目标和丰富的常识，这在他狂放不羁的个性中不太寻常。他梦中的辉煌的希腊，在肮脏、残酷的现实面前早已经褪色。然而，在乔治·戈登·拜伦勋爵的眼中，希腊是充满人性的并且可怜的。这个国家身上的许多伤口都在流血，而他不能拍拍自己的诗人长袍转身离去，见死不救。许多人站出来为希腊的独立事业而战。在他们看来，希腊是一个有着英雄情结的古老国家。然而当他们发现这里有的只是一群贪婪的劫匪时，就厌恶地离开了。还有

---

① 乔治·芬利：《希腊革命史》，第2卷，第40页。——原注
② 托马斯·穆尔：《乔治·戈登·拜伦勋爵的一生》，1846年版，第601页。——原注

更多的人留在这里,他们的眼睛被亲希腊情绪的偏见蒙蔽,满足于用典故掩盖希腊人的罪行。乔治·戈登·拜伦勋爵不属于这两种类型。他知道未开化的民族充满恶习,而获得解放的奴隶也成不了真正的英雄。乔治·戈登·拜伦勋爵清楚地看到希腊人的虚伪、卑鄙和自私,但并没有对希腊感到绝望。1823年10月7日,乔治·戈登·拜伦勋爵在凯法洛尼亚岛写道:"我来这里真是太傻了!但既然到了这里,我就不得不做些什么。"①

走出幻想,面对现实,乔治·戈登·拜伦勋爵为希腊所做的一切显示出了他良好的判断力和慷慨。在抵达希腊前为他制造的三顶漂亮的古典头盔现在已经不知所踪,但他时刻准备提供明智的建议和实际的物质帮助。乔治·戈登·拜伦勋爵确

身着希腊服饰的乔治·戈登·拜伦勋爵

---

① 托马斯·穆尔:《乔治·戈登·拜伦勋爵的一生》,1846年版,第601页。——原注

实拒绝将钱浪费在没有价值的物品上，或者像许多亲希腊的人所做的那样成为自私派欺骗的对象或工具。他写道："我提议每月预支一千美元来帮助迈索隆吉和马尔科·波扎雷斯生前手下的苏利亚人。但政府回复我表示想跟我商量一下，这实际上是说对方希望我将钱花在别的地方。我会小心。这笔钱是为了公众事业，否则我不会预支的。反对党说政府想用甜言蜜语哄骗我，当权者说其他人想引诱我，因此在这两者之间，我左右为难。然而如果可能的话，我情愿与各派毫无关系，除非我能促使他们和解。"①

乔治·戈登·拜伦勋爵为停止内乱所做的努力并没有产生效果。他曾经说，在这个世界上，希腊人最可怕的对手不是别人，而是他们自己。②乔治·戈登·拜伦勋爵恳求政府让各党派之间实现和解，并威胁说，如果联盟不能恢复，贷款的支付将被无限期推迟。在给亚历山德罗斯·马夫罗科达托斯的信中，乔治·戈登·拜伦勋爵写道："希腊现在面临三种选择：要么建立自由国家，要么成为欧洲主权国家的一个附属品，要么回到土耳其成为其中一个省。内战只不过是通向后两者的一条途径。如果希腊想要拥有同瓦拉几亚和克里米亚的一样的命运，轻而易举。而如果想要效仿意大利，就需要稍长点的时间。不过，如果它想成为真正自由并独立的希腊，今天就必须下定决心，否则将永远没有机会。"③然而，乔治·戈登·拜伦勋爵所有的祈祷和告诫都没有得到回应。希腊各派想要他的钱，而不是他的建议。因为得不到钱，希腊各派就轻蔑地拒绝了他。

1824年1月，乔治·戈登·拜伦勋爵决定积极参与战争，并乘船驶向迈索隆吉。尽管朋友们对他发出了恳求和警告，乔治·戈登·拜伦勋爵还是选择了希腊最危险的地方作为活动地点，这也正是他性格乖僻之处。对于一个健康状况已经不好的人来说，去阿卡纳尼亚海岸周围生活无异于自寻死路。那里又湿又热，蚊虫众多，极易感染病毒，甚至丢掉性命。乔治·戈登·拜伦勋爵从容地迎接他的命运。他曾经公开表示愿意为希腊的事业献出自己的生命。或许在乔治·戈登·拜伦勋爵看来，他

---

① 托马斯·穆尔：《乔治·戈登·拜伦勋爵的一生》，1846年版，第596页。——原注
② 托马斯·穆尔：《乔治·戈登·拜伦勋爵的一生》，1846年版，第604页。——原注
③ 1822年12月3日，从凯法洛尼亚岛。托马斯·穆尔：《乔治·戈登·拜伦勋爵的一生》，1846年版，第604页。——原注

死后比他在世时能更好地为他热爱的希腊服务。他自己做过一个这样的比喻:他认为自己不过是一片涌上沙滩继而破碎的浪花。在涨潮之前,他和其他浪花一次次冲击海岸,最终达到高潮。

去迈索隆吉的旅程果然危险重重。有两次这位古怪天才的冒险行动险些被中断。有一次,海上浓雾重重,他乘坐的希腊双桅船差点撞上一艘土耳其护卫舰。然而,由于土耳其护卫舰将乔治·戈登·拜伦勋爵的双桅船当作一艘救火船,他才得以趁乱逃走,但差点儿就被抓了。几天后,由于他的船两次撞上礁石,乔治·戈

乔治·戈登·拜伦勋爵面对旅途中的重重危险

乔治·戈登·拜伦勋爵抵达迈索隆吉

登·拜伦勋爵几乎在阿卡纳尼亚海岸遇难。然而,尽管那艘载有钱和物品的船被土耳其人拖进了佩特雷,最终他还是安全地抵达了迈索隆吉。船在这里停留了几天,最终约瑟夫帕夏慷慨地将船归还给了乔治·戈登·拜伦勋爵①。

由于乔治·戈登·拜伦勋爵在迈索隆吉停留的时间不长,还不足以改变战争的命运。他将因马尔科·波扎雷斯之死而群龙无首的苏利亚人带来照顾。其中五十人

---

① 乔治·戈登·拜伦勋爵自己也说,在修复他那艘悬挂着英国国旗的船时,土耳其人所做的事不过是迫不得已。船上装满了用来对付土耳其人的物资和金钱。无论如何,这些物资和金钱他们是可以留下来的。可以肯定的是,在类似的情况下,希腊人会这么做。事实上,奥斯曼帝国当局还回了整条船。这让驻君士坦丁堡的英国大使斯特兰福德勋爵珀西·斯迈思极其吃惊,甚至认为有必要向土耳其人抗议。斯特兰福德勋爵珀西·斯迈思认为这是一个坏的开头。毫无疑问,在战争期间,英国国旗的保护作用遭到英国亲希腊人士的滥用。在托马斯·科克伦勋爵成为希腊的海军上将后,虽然他自己也曾在希腊军旗下航行,但他的私人游艇经常挂着英国国旗。为了安全,托马斯·科克伦勋爵将所有的钱和贵重物品都放在船上。在目前的情况下,基斯·埃芬迪在回答斯特兰福德勋爵珀斯·斯迈思的劝说时说:"约瑟夫帕夏已经明白苏丹马哈茂德二世的意见。受苦总比向不公正敞开大门要好。如果允许约瑟夫帕夏搜查欧洲船舰,不公正就会发生。"见冯·普罗克施–奥斯滕男爵:《奥斯曼土耳其帝国统治下的希腊发展史》,第1卷,第246页。——原注

成了他的私人保镖，另外约有五百人组成一个团，由他亲自指挥。然而，这些士兵无法无天，既贪婪又傲慢。乔治·戈登·拜伦勋爵很快就不得不解散了他们，但他始终留着几个精心挑选的做他的保镖。他将大部分金钱和精力用于加固城镇的防御工事。这份工作得到工程师帕里的协助。此外，乔治·戈登·拜伦勋爵还计划袭击勒班陀。然而，由于苏利亚人不听调遣，命令无效。乔治·戈登·拜伦勋爵生命中最后的几个星期都被希腊人那些争斗和争吵折磨，而他被迫成了无助的争斗和争吵的见证人。阿纳托利科和迈索隆吉之间爆发了一次大战。乔治·卡赖斯卡基斯带着三百人从原来的地方出发。为了报复受到的伤害，乔治·卡赖斯卡基斯从迈索隆吉带走了两位主教。由于瓦西拉迪堡能从潟湖控制迈索隆吉，解散的苏利亚人回来占领了瓦西拉迪堡。

乔治·卡赖斯卡基斯

乔治·戈登·拜伦勋爵疾病缠身，痛苦难耐，但他想将这些痛苦藏在心里，依然保持着坚定不移的意志和不屈不挠的精神。即使他在临终前躺在床上，当苏利亚战士挥舞着刀子、叫嚣着冲进了他的房间时，他的勇气和不屈不挠的意志也将凶猛的苏利亚士兵吓得一言不发，愣在原地。也许有人猜测，如果事实证明乔治·戈登·拜伦勋爵是一位真正有实力的将军，他是否会像以前很多次一样，在希腊人再次遭受共同的不幸并因此团结在一起前，重新让希腊人团结起来。不过可以肯定的是，他的死是他能为心中的事业做出的最好贡献，因为所有欧洲人都觉得他是死于对希腊未来的信仰。而且无论什么身份，没有一位殉道者是白白献身的。

1824年4月19日，听到乔治·戈登·拜伦勋爵去世的消息，希腊人都感到十分遗憾。然而，对于他托管的那笔贷款的命运，人们很快就感到十分焦虑。事实上，正是这笔即将放款的贷款为确保希腊政府在第一次内战中取得胜利起到最大的作用。为了不耽误瓜分这笔即将放款的贷款，争论不休的各派系都急急忙忙地争取和平。只有奥德修斯·安德鲁斯有着周密的安排，才对这笔钱十分冷淡。乔治·戈登·拜伦勋爵在迈索隆吉的出现让这位狡猾的老游击队员产生了将乔治·戈登·拜伦勋爵收为己用的想法，并计划通过精明的外交手段，为自己获得最大份额的贷款。奥德修斯·安德鲁斯利用了哈林顿伯爵查尔斯·斯坦霍普上校的亲希腊主义的感情，使其成为自己实施阴谋诡计的工具①。实际上，乔治·戈登·拜伦勋爵和奥德修斯·安德鲁斯曾计划在萨洛纳进行会面。诗人乔治·戈登·拜伦勋爵的离世让这个计划落空了。现在奥德修斯·安德鲁斯担心自己会完全得不到贷款，因此突然放弃了所有独立行动的计划，急忙跑到纳夫普利亚向政府献殷勤。

当初乔治·戈登·拜伦勋爵存在桑特岛银行的第一笔贷款共计四万英镑。令希腊人感到惊愕和厌恶的是，乔治·戈登·拜伦勋爵去世后，这笔钱被爱奥尼亚群岛的英国行政当局扣押。然而，1824年7月2日，在土耳其人摧毁普萨拉后，这笔钱被

---

① 为了哈林顿伯爵查尔斯·斯坦霍普上校的利益，奥德修斯·安德鲁斯假装是一个狂热的自由党派。他谈论的是报纸和学校，人民的权利，以及一座古物博物馆。一天早晨，当上校和奥德修斯·安德鲁斯一起坐在后者的房间里时，索菲诺普洛走进来，向将军报告了医院的情况，回答了关于医院的各种问题。其实根本没有医院存在。见托马斯·戈登：《希腊革命史》，第1卷，第121页及附注。——原注

移交给了希腊政府。听到这个消息,不仅奥德修斯·安德鲁斯,还有塞奥佐罗斯·科洛科特罗尼斯伯爵、尼基塔斯·斯塔马泰洛普洛斯和所有其他大大小小只要有一点儿权力的首领,都急忙赶到纳夫普利亚分享这笔贷款。在政府看来,既然得到了好处就要担负起责任。因此其决定组建一个中队,为普萨拉的灾难报仇。由于这对其主要支持者,也就是那些伊兹拉岛船主们有利,政府做出这个决定非常容易。因此任何一笔可能留下的资金,政府都决心存起来备用。对那些失望的首领和主教们来说,这就等于给政府恶行的大厦最后盖上了压顶石①。因为如果纵容政府继续作恶,这些留下来的资金会助长政府官员贪污腐败之风。自始至终,乔治斯·昆图里奥特斯都利用总统的权力偏袒岛民而不惜以牺牲其他希腊人的利益为代价。乔治斯·昆图里奥特斯将他的朋友们,那些伊兹拉岛船长们,都安插进最重要的军事和

乔治斯·昆图里奥特斯

---

① 冯·普罗克施-奥斯滕男爵:《奥斯曼土耳其帝国统治下的希腊发展史》,第1卷,第295页。——原注

民事指挥部。而现在,从英国来的真金白银也将落入他们肮脏的手中。就连那些怀有无私的爱国主义的摩里亚半岛的主教们和希腊大陆的游击队员们也无法忍受这样的事。嫉恨及因贪婪引发的失望令他们狂怒,因此他们带着自己的部队离开了纳夫普利亚。奥德修斯·安德鲁斯是第一个离开的。接着塞奥佐罗斯·科洛科特罗尼斯伯爵离开了,而那些摩里亚主教们也跟着他离开了,尽管在上一次内战中,这些人曾经是他的主要对手。来自加斯图尼的西西尼斯是埃利斯的大地主,拥有大量财产,过着无比奢侈的生活①。安德烈亚斯·伦道斯是乔治·戈登·拜伦勋爵的朋友,他在阿加亚的影响力至高无上。还有安德烈亚斯·泽米斯,他一直拥有阿卡迪亚大部分人的支持。希腊有可能再次陷入内战,而这一次是一场摩里亚人针对岛民的战争。

  1824年秋天,整个摩里亚半岛都燃起了战火。然而,这一次的战争并没有持续太久。扬尼斯·科莱提斯是唯一一位有坚定意志或能力的政府成员。在这之前,为了破坏乔治斯·昆图里奥特斯总统的权威,扬尼斯·科莱提斯试图让其愚蠢和无能充分展现于人前。而现在,面对严重的战争威胁,扬尼斯·科莱提斯将政府的权力掌握在自己手中。目前希腊政府拥有英国的资金援助,更重要的是,第二笔或更大数额的贷款有望迅速到达,而这成了政府的力量之源。凭借丰厚的回报,扬尼斯·科莱提斯诱使鲁米利亚人来协助政府。在扬尼斯·古拉斯和乔治·卡赖斯卡基斯的带领下,三千人越过地峡进入摩里亚半岛。由于力量分散,摩里亚人难成大事。不到十四天,叛乱就结束了。鲁米利亚人烧杀抢掠,就好像他们在对抗土耳其人,而不是自己的同胞。安德烈亚斯·伦道斯和其他主教在乡间的房屋被烧毁,他们被迫逃跑②。由于儿子帕诺斯·科洛科特罗尼斯在的黎波里的一场小冲突中战死,塞奥佐罗斯·科洛科特罗尼斯伯爵崩溃了。他向政府投降,随后被关押在伊兹拉岛的一座修道院里。在这座修道院里,很长一段时间,塞奥佐罗斯·科洛科特罗尼斯伯爵十分憔悴。他既不洗脸也不理发,还对同情他的访客说,不久这个忘恩负义的国家就会屈膝乞求他的帮助了。

---

① 乔治·芬利:《希腊革命史》,第2卷,第35页。无论什么时候,只要农民们同他说话,哪怕是回答一个简单的问题,也不得不跪下。——原注
② 冯·普罗克施–奥斯滕男爵:《奥斯曼土耳其帝国统治下的希腊发展史》,第1卷,第297页。——原注

与此同时，奥德修斯·安德鲁斯再次通过地峡回来了。趁着中尉扬尼斯·古拉斯和乔治·卡赖斯卡基斯缺席，奥德修斯·安德鲁斯与土耳其人达成和平协定。1824年12月，奥德修斯·安德鲁斯提出，作为背叛希腊的回报，奥斯曼帝国政府必须确保他担任希腊东部的领袖。然而，由于公开叛国，奥德修斯·安德鲁斯的新职业生涯并没有持续太久。1825年4月，扬尼斯·古拉斯回到希腊东部，在道利斯袭击了他的前长官奥德修斯·安德鲁斯和阿巴斯帕夏手下的一队土耳其人。奥德修斯·安德鲁斯和他的盟友被击败，并被赶往切罗尼亚。追随者们都抛弃了他，土耳其人又不信任他，现在奥德修斯·安德鲁斯的力量完全被摧毁。1825年4月25日，奥德修斯·安德鲁斯被迫有条件地向他的前中尉投降，并听凭处治[1]。奥德修斯·安德鲁斯曾经宣称自己不仅是政府的对手，而且是希腊的对手，因此几乎没有得到宽恕的希望。作为被判有罪的叛徒，身负无数罪行，只有判处他死刑才足以彰显法律的尊严。事实上，奥德修斯·安德鲁斯被监禁在雅典卫城长达几个月。1825年7月16日，奥德修斯·安德鲁斯被扬尼斯·古拉斯杀害。扬尼斯·古拉斯接手了那些由于奥德修斯·安德鲁斯的叛国罪而被没收的地方[2]。

　　早在1825年年初，乔治斯·昆图里奥特斯政府和扬尼斯·科莱提斯就处处获胜，所向披靡。在岛屿、欧洲舆论和法纳尔的支持下，乔治斯·昆图里奥特斯政府的实力现在正是最强的时候。所有挑战乔治斯·昆图里奥特斯政府权威的行动都被打败了。希腊似乎终于在一个强大政府的领导下团结起来。然而与此同时，一场风暴正在希腊上空酝酿。这场风暴不爆发则已，一旦爆发，它将比这个自私的政府更能摧毁自己的根基。

---

[1] 门德尔松·巴托尔迪：《希腊历史》，第1卷，第331页。——原注
[2] 乔治·芬利：《希腊革命史》，第2卷，第94页。由于乔治斯·昆图里奥特斯政府日益不受欢迎，扬尼斯·古拉斯担心奥德修斯·安德鲁斯会逃跑并重新获得权力。谋杀的动机已经不只是为了伸张正义。——原注

第 **9** 章

穆罕默德・阿里帕夏的武力干涉

精彩看点

马哈茂德二世呼吁埃及人穆罕默德·阿里帕夏提供援助——克里特岛起义——侯赛因·贝·杰里提里平定克里特岛——穆罕默德·阿里帕夏为入侵摩里亚半岛做准备——卡索斯岛的毁灭——易卜拉欣帕夏驶往罗德岛——庆祝拜兰节的盛宴——科斯鲁帕夏对普萨拉岛的破坏——奥斯曼帝国对萨莫斯岛的进攻被击退——安德烈亚斯·米奥里斯在克里特岛的胜利——易卜拉欣帕夏到达苏达岛

当希腊人在欧洲拥有亲希腊情结的人中寻找盟友时，苏丹马哈茂德二世却将求援的目光转向另一个方向。带着他特有的敏锐，苏丹马哈茂德二世研究了奥斯曼军队失败的原因，并制订了一项新的行动计划。为了掌握起义信息，苏丹马哈茂德二世意识到获得海上指挥权的绝对必要性，以及可以通过训练提升部队的军纪从而对抗未经训练的、勇猛的希腊人。然而，由于苏丹禁卫军不允许任何人干涉他们的特权和豁免权，因此所有针对奥斯曼帝国军队的改革尝试都失败了。至于土耳其海军，由于其他一些原因，并没能证明自己在战争中的能力，尽管现在的情况比希腊独立战争之初要好得多。毫无疑问，随着时间的推移，奥斯曼帝国的巨大资源可能已经耗尽了希腊的海军力量。

在这种情况下，马哈茂德二世想到他的臣子——埃及的帕夏穆罕默德·阿里帕夏，决定向他求助。穆罕默德·阿里帕夏是个了不起的人。他从社会的最底层发迹，一直靠自己的努力掌握了最高权势，早就开始策划那些野心宏大的计划，因此与奥斯曼帝国摩擦不断。为了做好准备，穆罕默德·阿里帕夏依照欧洲模式组建了一支军队，并装备了一支出色的舰队。马哈茂德二世非常清楚现代作战方法在战争中的重要性，因此对他这位力量逐渐强大的臣子所做的准备有着极大的担忧。在提议请穆罕默德·阿里帕夏来协助镇压希腊独立战争时，马哈茂德二世无疑希望能达到一箭双雕的目的。就镇压希腊起义来说，目前穆罕默德·阿里帕夏及其武装是最有效的。此外，两虎相争，必有消耗，而这对马哈茂德二世极其有利，因为他知道养虎为

穆罕默德·阿里帕夏

患的道理，迟早穆罕默德·阿里帕夏的枪会反过来对付他。因此，奥斯曼帝国苏丹马哈茂德二世现在向穆罕默德·阿里帕夏提议使用这些刚刚训练好的部队镇压希腊独立战争，答应作为回报，会将克里特岛交给他，并将摩里亚半岛的帕夏领地交给他的儿子易卜拉欣帕夏管理。由于自己的宏伟计划还远没有成熟，穆罕默德·阿里帕夏仍然对他的宗主国抱有忠诚和尽职的态度，于是十分愉快地接受了苏丹马哈茂德二世的提议，因为这既满足了他的自尊心，又给他的未来提供了无限的可能。很快交易就达成了。

苏丹马哈茂德二世许诺，如果穆罕默德·阿里帕夏插手干预希腊独立战争，作为回报可以将克里特岛送给他，于是克里特岛就成了穆罕默德·阿里帕夏入侵希腊的第一个目标。到目前为止，岛上的起义取得了非凡的成功。在塞利森、克里帕和哈利雅基，起义都取得了胜利。起义者们将穆斯林从山丘和田野上赶进三个沿海城镇里。不过，胜利后，这些希腊人又习惯性地争斗起来。山民与居住在平地上的人相互争斗。随后，两部分人联合起来反抗俄罗斯帝国的阿芬图里斯。阿芬图里斯是德米特里乌斯·希普西兰蒂派来的代表。1822年11月，伊兹拉岛的雅科纳基·通巴茨到达，取代了阿芬图里斯。然而，争斗还在继续。即使这期间有短暂的平静，人们也都忙于讨论宪政中不切实际的理论问题。

当克里特岛民在口舌之争中浪费时间时，穆罕默德·阿里帕夏正在为占领克里特岛积极准备。1823年6月，他的女婿侯赛因·贝·杰里提里在苏达岛登陆。于是，穆罕默德·阿里帕夏立即开始平定苏达岛叛乱。面对纪律严明的埃及军队，克里特岛的游击队士兵毫无战斗力。凭借令人钦佩的手段及带着野蛮的残忍，埃及军队一步步占领岛屿。克里特岛民战败后被赶出村庄，藏到山洞里。然而，即使在山洞里也不安全。在梅拉托的洞穴里，约有两千人藏在那里。虽然其中有大约三十人携带了武器，但敌众我寡，战败后所有的老年妇女都被杀了，而其余的则被卖为奴隶。更可怕的是麦利多尼洞穴里发生的惨剧。大约有三百七十人藏在麦利多尼洞穴。这个洞穴的狭窄入口由武装人员把守，埃及军队虽然多次发起进攻但都以失败告终。最后，他们在山顶上发现了一个洞，这激发了他们的灵感，想出一个打败守军的绝妙办法。他们先堵住洞口，然后将大量燃烧的东西从山顶的洞塞进来。可怜的起义军们被浓烟熏得在洞里到处乱窜，企图逃离在烟雾中窒息的恐惧。原本的藏身之所现在成了可怕的死亡陷阱。洞穴的每一个出口都被堵得严严实实。过了一段时间，当埃及军士进入洞穴时，所有的起义军已经被烟呛死，无人生还①。

1824年4月，侯赛因·贝·杰里提里的雷霆手段成功使克里特岛屈服。只有在一些如马伊纳的偏远山区，当地人曾经藐视过土耳其人的势力。此外还有几个克里特岛民的组织仍然宣称他们是独立的。雅科纳基·通巴茨与一群难民一起乘着伊兹拉岛民的船逃走了。侯赛因·贝·杰里提里那残忍的征服目标已经实现。为了换取政治

---

① 克里特岛的基督教教徒似乎将这一事件当作最近在锡蒂亚发生的屠杀事件的先例。当时许多躲在山洞里的穆斯林也以同样的方式被杀害。欧内斯特·本内特在英国《19世纪》杂志1897年5月号上发表的论文《克里特岛起义侧记》。——原注

上的宽容，在解除人民武装的同时，侯赛因·贝·杰里提里提出了一项全面赦免的政策，并试图通过大幅减免税收来调和与克里特岛民的关系。

就这样，克里特岛落入了埃及手中。穆罕默德·阿里帕夏决心将它作为远征希腊的基地，并将它置于儿子易卜拉欣帕夏的控制下，而他自己则正准备对付摩里亚半岛。几个月来，亚历山大港的造船厂和兵工厂加班加点，干得热火朝天。1824年6月月初，地中海上所见过的最壮丽的舰队在港口集结。在城外，一支由一万五千名士兵组成的纪律严明的军队已经集结待发，准备出航镇压希腊独立战争。

船舰准备好之前，穆罕默德·阿里帕夏焦急地组建了一个海军中队，赶去打击希腊岛民。这个海军中队由三艘快速军舰和十艘轻巡洋舰组成，由伊斯梅尔·德耶贝尔·阿赫达尔指挥，载着侯赛因·贝·杰里提里手下的三千名阿尔巴尼亚士兵，接受命令驶向卡索斯岛。这个岛是海盗的巢穴，在群岛区域声名狼藉。卡索斯岛上海盗们的冷酷无情，令整个爱琴海群岛的岛民闻风丧胆。他们的邪恶活动导致公海上无数商人无故消失①。卡索斯岛是一片大约三英里长的嶙峋怪岩，四面八方都是悬崖峭壁，而所有的海滨要塞都固若金汤，易守难攻，因此岛民们觉得自己非常安全。基于这一点，卡索斯岛人不仅没有为防御做好充分的准备，甚至疏忽大意到连避免突袭的最基本的预防措施都没有。因此，1824年6月19日夜间，侯赛因·贝·杰里提里毫不费力地率领一支精干强大的阿尔巴尼亚部队从卡索斯岛西海岸登陆。顽强的登山者们轻松地爬上了陡峭的峭壁，占领了岛上的高地。对卡索斯岛民来说，这完全出乎他们的意料。他们分散生活在四面的村庄里，没有统一的组织，因此根本无法发起有效抵抗。屠杀从午夜开始，一直持续到黎明。每一个能携带武器的人都被无情地砍倒。1824年6月20日上午，年轻的妇女和儿童被带往埃及卖为奴隶。亚历山大港的奴隶市场中满是买卖奴隶的勾当。阳光和海洋的纯净空气不仅让他们看上去美得不真实，也让他们有了很高的价值。除了俘获数千个奴隶，侯赛因·贝·杰里提里还率军抢劫了商店、海盗的金银财宝保管地及十五艘装备齐全的船舰和四十艘没有装备的船舰。由于受到惊吓，邻近的岛屿也不得已送上了投降书。

与此同时，穆罕默德·阿里帕夏的准备工作已经就绪。1824年6月19日，侯赛

---

① 朱里安·德拉格拉维埃：《黎凡特站》，第1卷，第269页。——原注

因·贝·杰里提里在卡索斯岛登陆的同一天,易卜拉欣帕夏的舰队从亚历山大港启航。在地中海的水域上,很少出现比这更壮观的舰队。两百艘战舰和运输船,载着一万八千人,跟着易卜拉欣帕夏的指挥舰驶向大海。亚力山大港和罗德岛之间的海面上到处都是船,旌旗招展,极其壮观。由于当时北风呼啸,埃及舰队只能分批找寻合适的地点登陆海岸。如果希腊人能够被英国的弗朗西斯·德雷克和马丁·弗罗比舍的探险精神鼓舞,在当时的情况下,他们的轻型巡洋舰可能会对对手的舰队造成巨大破坏。然而,只要危险还没降临,这些希腊人就会为私利忙于争斗,而不去关注对手的行动。与此同时,易卜拉欣帕夏则毫不费力地将分散在罗德岛的舰队集结起来。

埃及总司令在马克里湾停泊。在那里,为了让士兵们记住他们即将开始的事业的宗教意义,他极其隆重地庆祝伟大的伊斯兰教拜兰节。全军沿着海岸列队。当太阳的红色边缘消失在地平线下,各色的灯笼在每个桅顶挂起,舰队枪炮齐鸣,拉开了庆祝活动的序幕,接着一阵又一阵的枪声从山上传来,然后突然归于寂静。当烟云消散的时候,士兵们看到一轮新月在黑暗的天空中漂浮,周围是闪闪发光的星星。约两万人里发出一声大吼。对于怀着虔诚宗教信仰的士兵们来说,这似乎是真主对自己所参与的事业的赞许。

易卜拉欣帕夏通过这次宗教活动有效地激发了部队的勇气和热情,而在科斯鲁帕夏的领导下,奥斯曼帝国舰队处处出击,活跃异常。1824年7月2日发生的又一次攻击,终于使希腊人意识到他们面临的危险。在整个爱琴海及周围岛屿中,普萨拉岛上的意志顽强的民众是最勇敢地参与到战争中来的。普萨拉岛民的大胆和残忍让土耳其人,尤其是亚细亚海岸的穆斯林极其厌恶。普萨拉岛上的岛民曾经骚扰过这些穆斯林,在多年前曾经烧毁了他们的城镇,因此穆斯林对普萨拉岛民恨之入骨。事实上,普萨拉岛民傲慢和专横的行为也令他们的希腊邻居遭受了诸多痛苦。然而,总的来说,普萨拉岛民应该在自己的国家里得到更好的对待,因为普萨拉岛民勇敢、大胆地参与希腊独立战争,而普萨拉岛的毁灭则是一场全国性的灾难。

在海上的接连胜利使普萨拉岛人对自己的能力过度自信。此外,他们对土耳其人也极其轻视。这些都让普萨拉岛民付出了昂贵的代价。普萨拉岛民从来没有想过要采取任何有效措施保护他们的岛屿免受狡猾对手的攻击。他们吹嘘说，就算卡皮坦帕夏的全部海军力量都登陆岛上，自己也能轻轻松松将他们扔进海里。夸夸其谈的普萨拉岛民很快就受到了考验。

1824年7月2日，骤变的风向为科斯鲁帕夏提供了可乘之机，他成功率领一支强大的部队在普萨拉岛北部登陆。那里的海岸易守难攻，因此当地人以为要保护这样的地方甚至连一座小炮台也用不着。因为突袭完全出其不意，所以在第一次进攻时普萨拉岛就已经被攻破。阿尔巴尼亚人开始攀登陡峭的山坡，最后终于到达了俯瞰普萨拉镇的高地，控制了普萨拉炮台的后方。与此同时，在岛的另一边，科斯鲁帕夏率舰队袭击了岛上的市镇和港口的船舰。普萨拉岛民遭到突然袭击，被四面包围，只能发起绝望的抵抗。然而，由于炮台位置不利，加上普萨拉岛民自己既不习惯在陆地上作战，也完全没有能力做出有效反击，因此只有少数人逃到港口的船上并成功逃走，而大多数人都被杀了。迪米特里·普拉扎诺手下的一小群人撤退到帕拉卡斯托堡，一直坚守，直到抵抗毫无希望。随后他们举行了圣餐仪式。当土耳其人蜂拥而至的时候，这位希腊领导人用手枪向火药库射击。在巨大的爆炸声中，全部守军和约两千名对手被埋在堡垒的废墟下[①]。

普萨拉岛沦陷的消息令希腊人感到错愕和气馁，同时也第一次引起了自私的纳夫普利亚政府的注意。起义领袖们同意团结起来对抗共同的对手。现在，爱奥尼亚群岛专员允许将第一笔贷款移交希腊政府。正如已经提到的，这笔钱将用于在伊兹拉岛和斯皮齐亚岛的港口装备一支舰队。现在安德烈亚斯·米奥里斯率领这支舰队到普萨拉岛，摧毁了科斯鲁帕夏留下的用于据守这个地方的船舰。然而，随着土耳其舰队重回普萨拉岛，安德烈亚斯·米奥里斯被迫撤退。普萨拉岛暂时仍然掌握在土耳其人手中。普萨拉岛再也没有恢复昔日的繁荣，而幸存的普萨拉岛民比以往任何时候都更加肆无忌惮地在海上进行抢劫。

受到在普萨拉岛的成功的鼓舞，随后科斯鲁帕夏决定尝试攻陷重要的萨摩斯岛。这座岛长期充当希腊的"防波堤"，抵御奥斯曼帝国侵略的浪潮。然而，受到普

---

① 冯·普罗克施–奥斯滕男爵：《奥斯曼土耳其帝国统治下的希腊发展史》，第1卷，第290页。——原注

萨拉岛灾难的警告，现在希腊人已经完全处于戒备状态。在安德烈亚斯·米奥里斯和萨克图里斯的领导下，一支强大的舰艇中队日夜绕岛巡航。1824年8月14日，安德烈亚斯·米奥里斯匆忙率队巡航，监视在罗德岛的埃及舰队。于是，趁安德烈亚斯·米奥里斯率队巡航，科斯鲁帕夏出现在萨摩斯岛南端。与此同时，一支共载有四千人的四十艘运输船从半岛大陆出发，试图登陆萨摩斯岛，却受到萨克图里斯率领的希腊舰队狙击。凭借天气优势，希腊人成功击沉两艘运输舰，另外又捕获了两艘运输舰，并击退了其余的对手。这样一来，土耳其人第二次穿越海峡的尝试也失败了。1824年8月16日和1824年8月17日，一艘来自普萨拉岛和九艘来自斯皮齐亚的舰船加入安德烈亚斯·米奥里斯的舰队，于是这位希腊海军上将率队成功击退了奥斯

萨克图里斯

曼帝国舰队。同往常一样,希腊人主要依靠火船作战。在这次战斗中,卡纳利斯成功地烧毁了一艘配有五十四门炮的土耳其护卫舰,还有另外两艘护卫舰也被用同样的方式摧毁。这次行动给对手造成约两千人死亡的后果。沮丧的科斯鲁帕夏放弃了进攻萨摩斯岛的打算。1824年9月1日,科斯鲁帕夏在布伦附近与易卜拉欣帕夏会合①。

现在土耳其和埃及的联合舰队应该能够轻松地在海上打败希腊人。联合舰队除了装配七十四门炮并挂着科斯鲁帕夏旗帜的战舰,另有二十艘快速军舰,二十五艘轻巡洋舰,四十艘双桅船和纵帆船,以及近三百艘大小和形状不一的运输船。此外,虽然奥斯曼帝国舰队的组织还远称不上井然有序,但与战争初期相比已经有了很大改进。不过,易卜拉欣帕夏与科斯鲁帕夏之间的关系一点儿也不融洽。易卜拉欣帕夏憎恨科斯鲁帕夏目空一切的态度。易卜拉欣帕夏既怀疑又轻蔑地发现,每当战斗开始时,埃及人总是被排在最前面冲锋陷阵,而科斯鲁帕夏这位奥斯曼帝国海军上将则总是找一些借口让自己的军队谨慎地躲在远处,与危险的地方保持距离。即使土耳其人真的开始行动时,由于他们的炮手太糟糕了,也几乎没给希腊人造成什么伤害②。

现在埃及和土耳其舰队联合在一起,目标是将他们庞大的运输队安全护送到克里特岛。为了阻止这次运输的成功,希腊人当然会不遗余力地拿出勇气和耐心。1824年9月5日,安德烈亚斯·米奥里斯率领的一支包括七八十艘船舰的希腊舰队出现在科斯岛和卡帕利岛之间的海面上。奥斯曼帝国舰队出来迎战。这场战斗持续了一整天,极尽惨烈,却难分胜负。最后,虽然遭到希腊人几艘火船的袭击,但土耳其人依然占据优势。在这一整天的炮火攻击中,双方都没有明显的损失③。希腊人沮丧地发现,他们的火船对乱作一团的土耳其人还有些恐吓作用,但对训练有素的埃及海军就没多大用处。当可怕的火船逼近时,土耳其人会陷入恐慌和混乱,而埃及人

---

① 冯·普罗克施–奥斯滕男爵:《奥斯曼土耳其帝国统治下的希腊发展史》,第2卷,第298页。——原注
② 乔治·芬利:《希腊革命史》,第2卷,第56页及70页。乔治·戈登·拜伦勋爵说:"这些土耳其人不经瞄准就开火。他们有很多枪炮,是很危险的敌人。"——原注
③ 比起希腊人,土耳其人似乎更受糟糕的航海技术之苦。他们最关心的是避免发生冲突。尽管如此,他们还是经常发生冲突。土耳其人几乎没有伤亡,但由于相互碰撞,他们的许多船已经被毁。托马斯·戈登:《希腊革命史》,第2卷,第153页及154页。——原注

只是简单地避开火船,让它们顺着风漂走。这样一来,火船根本无法对埃及舰船造成伤害。埃及军队的另一种对策是,如果对手的火船真的冲过来,在造成伤害前就将火船的缆绳切断,任其在海上漂流。从这以后,希腊人在海上作战时利用火船攻击敌舰的优势开始下降。至于希腊人在战争后期取得的成功,更多的是由于他们拥有"卡特里亚"号汽船。这艘汽船是在亲希腊派弗兰克·阿布尼·黑斯廷斯上尉的建议下购买的。在这艘汽船上,希腊人使用重武器和火药。

1824年9月10日,土耳其舰队再次从布伦出动。接下来的一场战役中,希腊人略微占据优势,敌人一艘护卫舰和一艘轻巡洋舰被希腊火船摧毁。土耳其人惊慌失措,驾驶船舰逃离。然而,希腊人虽然给对手造成了非常大的损失,却也付出了巨大的代价。他们自己的一些船被毁,包括许多火船也被烧毁。因此,这次成功并不足以消除1824年9月5日的战役给希腊人造成的挫败感。科斯鲁帕夏再次努力靠近萨摩

弗兰克·阿布尼·黑斯廷斯上尉

斯岛。这一次原本希腊人已经无力抵抗,后来不过因为碰巧有一场风暴驱散了土耳其舰队。于是,卡皮坦帕夏又退回到达达尼尔海峡,只有几艘土耳其船留在易卜拉欣帕夏的埃及舰队。

1824年11月月初,易卜拉欣帕夏再次试图抵达苏达岛。在那里,一支数目庞大的部队被从亚历山大港直接运达并已经集结。然而,1824年11月13日,当易卜拉欣帕夏的舰队驶近克里特岛时,安德烈亚斯·米奥里斯带着一支希腊中队向他们冲杀过来。埃及船长忘了按照土耳其人的命令去上风口护卫那些早就在战舰前航行的运输船。因此,就在战舰获得援救前,安德烈亚斯·米奥里斯发起了攻击。埃及舰队中有几艘战舰被摧毁,几艘被俘获,而其余的则被驱散在海上,甚至有一些返回亚历山大港。一艘土耳其护卫舰也差点落入希腊人的手中。之所以能在被五六艘伊兹拉岛双桅船包围的情况下逃脱,是因为希腊人不敢过于接近对手,这就给了这艘土耳其护卫舰可乘之机。1824年11月14日黎明时分,易卜拉欣帕夏觉得有必要再次推迟他的进攻计划,于是在斯卡潘托集结了他的残存舰艇。1824年11月16日,易卜拉欣帕夏的舰队在罗德西海岸的马莫利斯海湾抛锚驻扎。

希腊人认为,随着季节更替,易卜拉欣帕夏现在应该已经放弃了所有到达克里特岛的想法。伊兹拉岛海员的工资已经拖欠了一两个月,他们渴望回到家乡,享受战争胜利的果实。由于更清楚地认识到希腊面临的危险,以及内心怀有的更纯粹的爱国主义,安德烈亚斯·米奥里斯内心非常清楚,绝对不能忽视埃及舰队的进攻。他恳求那些桀骜的海员,要以他们对国家的热爱,他们的信仰,他们的祖先,以及他们在后代中的良好声誉为重,不要放弃自己的责任。伊兹拉岛海员们对他的祈祷和恳求置若罔闻。他们既不想得到荣耀,也不想得到后人的崇拜,只想要他们被拖欠的工资。他们不是奴隶,也不是土耳其人,不能什么也得不到。埃及舰船已经被从海上赶走,如果不立刻给伊兹拉岛海员们结清工资,他们就会回到自己的岛屿上,全然不顾命令。安德烈亚斯·米奥里斯被迫让步。希腊舰队开往纳夫普利亚。茫茫大海上无人据守①。

希腊人对他们现在必须对付的对手的性格还不够了解,也没有充分认识到易卜

---

① M.阿尔弗雷德·莱梅特:《穆斯林和基督教教徒:关于希腊独立战争的笔记》,第169页。——原注

在希腊的易卜拉欣帕夏

拉欣帕夏在战争中所表现出来的顽强意志，否则他们就不会在埃及舰队没有被完全摧毁的情况下幻想自己的处境已经安全，并轻率地放弃了对海洋的防御。1824年12月5日，易卜拉欣帕夏再次起航。这次他一路顺利抵达苏达岛，甚至没有撞见一艘希腊船。

为入侵摩里亚半岛做的精心准备耗费了埃及指挥官几个月的时间。易卜拉欣帕夏还对欧洲官员说，既然自己能在海上打败希腊人，在陆地上击溃他们应该也不会有什么困难[1]。当易卜拉欣帕夏在亚历山大港登船时，他发誓在到达摩里亚半岛前决不踏上干燥的陆地。然而，那些欧洲旅行者们现在看到易卜拉欣帕夏坐在后甲板

---

[1] 乔治·芬利：《希腊革命史》，第2卷，第62页。——原注

上,对下属又踢又打,甚至枪击他们,以此来发泄愤怒和不耐烦的情绪①。最后,一切都准备好了。1825年2月24日,易卜拉欣帕夏带着四千名正规军和五百名骑兵在伯罗奔尼撒半岛最南端的莫登岛登陆。运输舰被送回克里特岛。不久,在没有遇到任何来自希腊的抵抗的情况下,易卜拉欣帕夏及土耳其人派出第二支部队。这支部队包括六千名步兵和五百名骑兵,还有炮兵。战争不利的浪潮转而扑向了希腊人。

---

① 门德尔松·巴托尔迪:《希腊历史》,第1卷,第353页。——原注

第 10 章

易卜拉欣帕夏与希腊独立战争陷入低潮

精彩看点

易卜拉欣帕夏在摩里亚半岛登陆——希腊人的疏忽——在克罗迈迪击败希腊人——围攻纳瓦里诺——侯赛因·贝·杰里提里攻克斯法克特里亚——皮洛斯和纳瓦里诺的投降——塞奥佐罗斯·科洛科特罗尼斯伯爵被释放并当选总司令——乔治·迪米特里奥斯·迪凯奥斯在马尼亚克的英勇事迹——易卜拉欣帕夏向的黎波里开进——易卜拉欣帕夏摧毁了摩里亚半岛——希腊人陷入绝望

希腊人远没有意识到易卜拉欣帕夏入侵的全部意义。在战争中的节节胜利使希腊人对自己的能力过度自信,而那些经过训练的军队的不堪一击更是让他们对正规军充满蔑视。在佩塔的灾难性战役结束后,战场上的部队全都变得无法无天,肆意妄为。现在他们大声吹嘘说,由于敌人一看到大胆的希腊基督教游击队就会逃跑,所以他们总是能战胜敌人。而即使是在非常规战术方面,希腊人也没有做什么有效的军事准备。那些英国贷款,无论是其中没有被用于从伊兹拉岛船主手中为海军购买生锈腐坏的大船的部分,还是没有被政府成员贪污的部分,都被浪费在了维持一群贪婪冒险家的日常开销上。这群贪婪的冒险家们唯一被认为合乎士兵身份的行为就是穿着有华丽金色绣花的阿尔巴尼亚服装,带着镶银的武器,在纳夫普利亚的街上大摇大摆地走来走去。然而,在政府招募的三万名士兵中,当乔治斯·昆图里奥特斯总统决定向入侵者发起反击时,也不过只有大约八千人能够被召集起来。

　　乔治斯·昆图里奥特斯总统作为一个军事将领的短暂职业生涯就如同一幕滑稽剧。1825年3月28日,当乔治斯·昆图里奥特斯总统率队经过纳夫普利亚高耸的拱门下时,来自城墙和要塞的大炮发出响亮的问候声,而岸上的炮兵和港口里的船也都做出回应①。乔治斯·昆图里奥特斯总统身着华服,后面跟着一长队秘书、警卫、马夫和管道工。他的尊严在某种程度上唯独受到这样一件事的影响:那就是作为岛民的他不习惯骑马。因此,在马背上放好坐垫,乔治斯·昆图里奥特斯总统才翻身

---

① 塞缪尔·格里德利·豪:《希腊革命史概述》,第226页。作者当时就在现场。——原注

上马,一边还各有一个马夫拉着这张垫子。然而,这样轰轰烈烈开始的军事行动并没有取得什么战果。对手在南方,而乔治斯·昆图里奥特斯总统却继续向北行进。直到最后,听到易卜拉欣帕夏正在围攻纳夫普利亚的消息,乔治斯·昆图里奥特斯总统才转过身来,带领他的军队迂回重返纳夫普利亚。在赢得足够的军事荣誉后,乔治斯·昆图里奥特斯总统辞去指挥权,任命了一个叫斯库尔蒂的来自伊兹拉岛的人作为陆地部队指挥官。

与此同时,易卜拉欣帕夏一直在证明自己是一个与众不同的领导人。军队刚一登陆,他就立即向纳瓦里诺进发。1825年3月21日,易卜拉欣帕夏开始围攻纳瓦里诺及皮洛斯古堡。皮洛斯古堡控制着斯法克特里亚岛北边狭窄的河道。

为了援助这两座城堡,斯库尔蒂手下的一支希腊军队挺身而出。这支军队由七千人组成,被誉为希腊军队之花,其中包括贾维拉斯和康斯坦丁·波扎雷斯领导的一支苏利亚部队,乔治·卡赖斯卡基斯率领的一支鲁米利亚的阿尔马托利游击

康斯坦丁·波扎雷斯

队,还有一支由斯库尔蒂直接指挥的来自阿尔戈利斯平原的阿尔巴尼亚部队。此外,哈吉·赫里斯托斯手下还有一队保加利亚人和瓦拉赫的非正规联合马队。1825年4月19日,易卜拉欣帕夏率由三千名正规步兵、四百名骑兵和四门火炮组成的部队袭击了他们。

克罗迈迪战役是希腊人和对手方面正规军之间发生的第一次严重冲突。对后者来说,这是一场轻松的胜利。和往常一样,希腊人在自己选择的位置上,在浅浅的战壕后面严阵以待。经过短暂的侦察,易卜拉欣帕夏命令他的步兵向对手发起猛烈的攻击。事实上,这些所谓的正规军还都是新兵。在向希腊战壕前进的途中,尽管有许多人倒下了,但这些正规军丝毫没有动摇。当这些正规军接近对手时,军官命令他们加速前进,同时大声呼喝带领他们进攻。尽管希腊的老兵们精通各种非常规战争的技巧,却无法抵御纪律严明的正规部队的攻击。没有经过任何抵抗,希腊人就仓皇而逃,只在战场上留下了六百多具尸体。

现在易卜拉欣帕夏可以自由推进对纳瓦里诺和皮洛斯的围攻而不必担心希腊人在陆地上的进一步干扰。克罗迈迪战役后不久,克里特岛的征服者侯赛因·贝·杰里提里抵达埃及军队营地。敏锐的判断力令侯赛因·贝·杰里提里立刻注意到易卜拉欣帕夏性格上的缺陷。尽管既没有读过修昔底德①的著作,也不清楚斯巴达人和雅典人为占有斯法克特里亚岛而进行的不朽斗争,但侯赛因·贝·杰里提里一眼看出斯法克特里亚岛是攻陷纳瓦里诺的关键,而攻陷斯法克特里亚岛也就意味着为纳瓦里诺解困。当侯赛因·贝·杰里提里向易卜拉欣帕夏指出这一点后,这位埃及指挥官命令他占领斯法克特里亚岛。与此同时,希腊人也意识到这一位置的极端重要性。虽然有些晚,希腊人还是仓促地派几百名士兵占领了这一阵地,并立起几个威力不大的炮台。然而,希腊人忘记了两千年前斯巴达人付出的代价,即只有掌握海洋的力量才能控制斯法克特里亚岛。同往常一样,由于伊兹拉岛水手的自私和不服从,希腊舰队的海上几乎没有防御,在港口只有五艘双桅船。1825年5月8日,由九十艘船组成的埃及舰队进入海湾。这样一来,希腊人无论是想保住斯法克特里亚岛还是拯救纳瓦里诺的愿望都统统落空了。

---

① 修昔底德(Thucydides,前460—前400):古希腊历史学家,以对伯罗奔尼撒战争的研究闻名。

斯法克特里亚岛战役

在埃及船上大炮的掩护下,侯赛因·贝·杰里提里与一支由埃及正规军和摩里亚半岛穆斯林组成的部队在斯法克特里亚岛南端登陆,并立即进攻希腊阵地。希腊人又一次在敌人的刺刀前望风而逃。只有勇敢的伊兹拉岛船长察马道斯,以及包括英勇的皮埃蒙特流亡者圣罗萨在内的几个人,坚守岗位直到战死。至于其他人,亚历山德罗斯·马夫罗科达托斯和纳瓦里诺的省长萨克图里斯则成功地驾驶一艘希腊船逃跑。约两百名希腊人被俘,三百五十人被杀。这些被杀害的人多是阿纳诺斯塔斯的游击队员。

埃及军队占领斯法克特里亚岛不到三天后,皮洛斯投降。兵营的八百人放下兵器后,就获准离开。此外,易卜拉欣帕夏还向纳瓦里诺的驻军开出优厚的条件。埃及指挥官乔治·马夫罗迈克尔斯(乔治·马夫罗迈克尔斯是后来刺杀扬尼斯·安东尼奥斯·卡波基斯迪亚斯伯爵的凶手。易卜拉欣帕夏对皮洛斯驻军特有的仁慈产生了预期的效果)强烈反对投降,鲁米利亚的阿尔马托利游击队还是坚持投降并交出这个地方。鉴于几年前在纳瓦里诺发生的骇人听闻的场面,希腊人很可能对投降后的待遇是否会被严格执行有一些疑问。投降的希腊人必须穿过路边的人群前往他们将要登陆的船，而在路边站着的这些人中，很多都是父亲、丈夫和兄弟，他们的亲人在四年前遭到希腊人或者其同伙屠杀。希腊人因为做贼心虚而感到恐惧，尽管后来这些恐惧被证明毫无必要。易卜拉欣帕夏的正规部队在现场确保投降条约被遵守。在一支强大的骑兵护卫队的保护下，驻军士兵们被押送到码头，然后在一艘法国军舰和一艘奥地利军舰的护送下，通过中立国船舰被转移到卡拉马塔。

当一切结束时，一支由安德烈亚斯·米奥里斯率领的希腊船舰中队终于出现。此外，当他发现要救纳瓦里诺已经太迟，立即驶往莫登。在那里，安德烈亚斯·米奥里斯成功用火船摧毁了港口中包括"亚洲"号护卫舰在内的几艘埃及船舰，同时也烧毁了大量的储存物资。然而，希腊人的这次成功并没有拖延易卜拉欣帕夏大军的行动。

截至目前，到处都是关于胜利的虚假报告，而这大大助长了政府中希腊人的虚荣和自负。他们夸夸其谈地做出承诺，说会迅速将埃及军队驱逐出摩里亚半岛。然而对希腊人来说，纳瓦里诺的陷落真的是一种不幸，就连巧舌如簧的黎凡特人都无法将这粉饰为另一种成功。当纳瓦里诺陷落的消息传到纳夫普利亚时，当地民众感到既愤怒又恐慌。乔治斯·昆图里奥特斯总统的无能遭到猛烈的谴责。主教们和首领们强烈要求召回塞奥佐罗斯·科洛科特罗尼斯伯爵，因为他是唯一能够对侵略者实施有效抵抗的领导人。乔治斯·昆图里奥特斯总统被迫屈服，因为现在他的主要支持者——由于希腊人收到瑞希德帕夏进军希腊西部的报告——鲁米利亚的希腊基督教游击队被从摩里亚半岛抽调前去应对。现任内政部部长的大主教乔治·迪米特里奥斯·迪凯奥斯①也加入了群众的抗议，同时请求亲自上阵杀敌，声称只有召回塞奥佐罗斯·科洛科特罗尼斯伯爵才是胜利的保障。不堪其扰的政府并不是不愿意让混乱的教会下台。与雅典人曾经允许克里昂②指挥一样，希腊人希望通过召回塞奥佐罗斯·科洛科特罗尼斯伯爵除掉对手或对方军队将领。

乔治·迪米特里奥斯·迪凯奥斯带着三千名士兵向南行进，在马尼亚克的马

---

① 别称帕帕·弗莱萨斯（Pappa Phlesas）。——原注
② 克里昂是古希腊雕塑家，是安提法奈斯的学生。

利亚山的山坡上占据了一个位置,向纳瓦里诺方向俯瞰下面的平原,就在那里等待着埃及军队的到来。不久,平原上全是黑压压的埃及人。当希腊人见到不计其数的对手视死如归地向他们走来时,他们感到惊诧不安,甚至很多人因此失去勇气,转身逃跑。然而,大约有一千人依然坚守着阵地。凭借雄辩的口才,乔治·迪米特里奥斯·迪凯奥斯激发了希腊人的勇气,因此乔治·迪米特里奥斯·迪凯奥斯在起义中声名大振,力量大增。乔治·迪米特里奥斯·迪凯奥斯曾经说道:胜利总是有希望的,就算他们在战斗中倒下,土耳其人也必须付出惨重代价,而这场战役将与列奥尼达斯①和他的三百名斯巴达勇士的事迹一样在后人中流传,千古不朽。这一次,勇敢的言辞终于激发了勇敢的行动。埃及军队发起进攻,而希腊人则凭借顽强的勇气坚守着他们薄弱的堡垒。然而最终,对手的纪律和人数占了上风,至少有八百名希腊人和四百名穆斯林在战斗中牺牲。乔治·迪米特里奥斯·迪凯奥斯就像一头雄狮一样不断地砍杀对手。最后,他自己也英勇战死,头被砍下,只剩下魁梧的身躯,而周围是成堆的敌人的尸体。易卜拉欣帕夏派人找到乔治·迪米特里奥斯·迪凯奥斯的头颅并将它复原,随后将这位死去的领袖的完整遗体靠在一根柱子上。易卜拉欣帕夏默默地站在那里看了一会儿,最后说:"是个勇敢可敬的人!如果能救他,我宁愿牺牲两倍的人数!如果他能为我所用就好了。"这就是乔治·迪米特里奥斯·迪凯奥斯的结局②。尽管他被很多人认为是放荡的牧师和不诚实的政治家,但他更是一位英雄。

乔治·迪米特里奥斯·迪凯奥斯的经历让希腊人又一次丧失了勇气。在监狱里,塞奥佐罗斯·科洛科特罗尼斯伯爵被提升为最高统帅。虽然接受命令时,塞奥佐罗斯·科洛科特罗尼斯伯爵很有信心地做出了自己的决定,但作为将军,他并不是易卜拉欣帕夏的对手。埃及军队行动之迅速令那些习惯于土耳其人拖拖拉拉的希腊人感到困惑。塞奥佐罗斯·科洛科特罗尼斯伯爵占据了马克里普拉吉的关隘,挡住了对手前往的黎波里的道路。然而,易卜拉欣帕夏从侧翼包围了他,向城镇推进并夺取了城镇,沿途并没有遇到任何激烈的反抗。易卜拉欣帕夏希望以此为基

---

① 列奥尼达斯是斯巴达国王。公元前480年,他在塞莫皮莱战役中被波斯人杀死。
② 门德尔松·巴托尔迪:《希腊历史》,第1卷,第357页。——原注

卡里扬尼

地，通过迅速的行动，在纳夫普利亚进入防御状态前拿下它。令人意外的是，在卡里扬尼、康斯坦丁·马夫罗迈克尔斯和德米特里乌斯·希普西兰蒂的领导下，约有二百五十名希腊人占领了莱尔那山。在莱尔那山，易卜拉欣帕夏遇到异常顽强的抵抗，以至于他意识到，如果不发动规模性的围攻就不可能夺取纳夫普利亚。由于目前还不准备对纳夫普利亚发动大规模围攻，于是易卜拉欣帕夏带兵回到的黎波里。

现在塞奥佐罗斯·科洛科特罗尼斯伯爵希望在与易卜拉欣帕夏的对阵中再次使用曾经帮他有效对抗穆罕默德·德拉马利帕夏的战斗策略，通过占领山口，封锁在的黎波里的埃及军队，截断他们的物资供应，让他们缺吃少穿，最后不得不投降。然而，易卜拉欣帕夏意识到了这种风险。1825年7月6日，易卜拉欣帕夏提前猜到塞奥佐罗斯·科洛科特罗尼斯伯爵的计划，对他的所有阵地同时发动攻击，迫使他撤退。希腊人没有驻防的达利亚、赞利哥维亚、普拉纳等地的磨坊都落入易卜拉欣帕夏之手。这样一来，埃及军队就获得了充足的补给。

  从这一刻起，交战双方之间的力量就不再是平等的了。易卜拉欣帕夏以的黎波里为基地，到处袭扰和破坏，似乎他的政策是要用饥荒和疾病消灭那些从战火中幸存下来的可怜民众。这样做的目的是，如果摩里亚半岛的原居民全部被清除掉，信奉伊斯兰教的黑人和阿拉伯国家的农夫就可以过来居住。希腊人灰心丧气，不再冒险公开对抗对手，而是通过游击战切断对手的补给，骚扰对手的行军。为了得到有效的援助，希腊再也不能指望自己的民众了，而是将绝望的目光投向国外。这就是希腊当时的绝望境地。当穆罕默德·阿里帕夏向易卜拉欣帕夏发出命令时，他已经于1825年9月30日前往莫登的冬季营房，协助瑞希德帕夏。1825年1月到1825年9月，瑞希德帕夏一直在徒劳地围攻迈索隆吉。

第 11 章

迈索隆吉保卫战

精彩看点

瑞希德帕夏入侵希腊西部——科斯鲁帕夏随奥斯曼帝国舰队抵达——土耳其人被击退——安德烈亚斯·米奥里斯率领的希腊舰队击败科斯鲁帕夏——瑞希德帕夏的危险处境——再次解放迈索隆吉——埃及军队的攻击被击退——瓦西拉迪堡陷落——阿纳托利科投降——从克里索瓦岛上击退土耳其和埃及的进攻——对欧洲的影响

无论是在希腊独立战争中,还是在整个历史发展进程中,迈索隆吉保卫战都是最具英雄气概、最惊心动魄的事件之一。似乎希腊人的爱国精神,脱离了处处使希腊独立事业蒙羞的自私、阴谋和纷争,全部集中展现在了这个坐落于潟湖上的小城里。在那里,连续几个月来,一队由农民、普通市民及渔夫组成的守军共同抗击了奥斯曼帝国全部力量的进攻。

苏丹马哈茂德二世痛苦地回忆起三年前在进攻迈索隆吉时他的军队遭遇的失败。为了击败顽固的叛乱分子,苏丹马哈茂德二世现在决心再做一次努力。为了确保这次不会失败,苏丹马哈茂德二世将这个任务交给了约阿尼纳的瑞希德帕夏。瑞希德帕夏曾经在佩塔战役中指挥过奥斯曼帝国军队,是一位既能干又有着独特性格的将军。与此同时,苏丹马哈茂德二世认为应该给他下令,必须攻下迈索隆吉,否则就砍掉他的头。

瑞希德帕夏非常坚决地着手执行这项任务。野蛮的阿尔巴尼亚部落十分热衷于这项任务。1825年4月6日,瑞希德帕夏率领一支两万人的军队穿过马克里诺若斯的山口,即俗称为希腊西部的塞莫皮莱。和往常一样,希腊人没有在这里设防。1825年4月27日,瑞希德帕夏到达迈索隆吉。1825年5月7日,瑞希德帕夏正式开始围攻,在城外布置了第一道防线。

比起上次遭遇围困时,现在迈索隆吉的防御状况要好得多。在乔治·戈登·拜伦勋爵的努力下,当地修建了几座堡垒和其他防御工事,这样一来城镇的土墙就变得坚固。迈索隆吉守城卫士在沟外建造了一个有顶的长廊。在墙的另一侧，即在潟湖上，马莫拉岛也得到加固。从一开始，城内的大炮就比发起进攻的一方先进。事实上，在这方面，瑞希德帕夏的处境非常糟糕。起初他的部队甚至只能靠手里的铁锹逐步向前推进围困线，从而抵达更靠近城墙的地方。

迈索隆吉的驻军由四千人组成，由希腊最优秀的一些将领率领。除此之外还有一万两千名非战斗人员，这些人消耗了城内的大量资源。经验丰富的诺塔里斯·波扎雷斯指挥着城防部队。英勇的帕帕迪曼塔普洛斯是摩里亚半岛的大主教，主持迈索隆吉的事务。

1825年6月，虽然瑞希德帕夏得到一些增援的大炮，但由于缺乏弹药，大炮无法发挥威力。由于炸弹已经用完，迫击炮只能投掷石块。然而，枪手们的射击技术非常糟糕，因此几乎没有给对手造成什么伤害。对马莫拉岛的袭击被击退。1825年6月10日，一支由七艘伊兹拉岛船组成的船舰中队驶入港口，带来充足的补给。这是来

围攻迈索隆吉

自摩里亚半岛的援助，他们承诺更多的救援会迅速抵达。1825年7月，希腊瞭望哨报告说有一支舰队正从海上驶来，被压得喘不过气的迈索隆吉人就认为是摩里亚半岛许诺的救济到了。然而，他们高兴的为时过早，因为这支舰队是科斯鲁帕夏的。科斯鲁帕夏带来了瑞希德帕夏急需的物资，尤其是大量的弹药。与此同时，约瑟夫帕夏从佩特雷派了一队船底平坦的炮艇，可在潟湖的浅水里使用。土耳其人现在使用的这些炮艇是过去瑞希德帕夏用来围困海岸上的小岛的。那些小岛经常通过海路和陆路为这个城镇输送物资。

然而，每一次围攻者新的进攻，似乎只会让防守者更有勇气和决心。这座暴露在枪林弹雨下的小镇，很快就变成一片废墟。1825年7月23日，一次比平常更猛烈的轰炸似乎预示着一场全面的进攻即将开始。1825年7月28日，一枚地雷在波扎雷斯堡垒下爆炸，土耳其人向缺口逼近。他们接连两次在废墟的顶上插上绘有新月的旗帜，但两次都被扔回城外的壕沟里。最终，土耳其人无奈放弃攻击。

从1825年8月1日开始，时间一天天过去，土耳其人一次次努力冲进城镇，却依然徒劳无功。尽管这一战有五百人战死，但迈索隆吉依然屹立不倒。瑞希德帕夏将他的愤怒都发泄到令他恼怒的俘虏身上，下令将他们带到墙前斩首。

然而，尽管希腊人发起了顽强的抵抗，也艰难地守住了自己的城镇，但人们似乎已经深陷绝望。因为饥饿，守城部队的力量被大大削弱。更糟糕的是，弹药几乎耗尽。镇上只剩下两小桶火药了。如果瑞希德帕夏现在返回攻击，结果毋庸置疑。

在这个关键时刻，期盼已久的希腊舰队终于要来了。伊兹拉岛的海员们曾经声称：如果没有双倍工资，就拒绝出海征战。幸好一笔来自英国的贷款及时到来。仅凭这笔贷款就恢复了他们所谓的爱国主义精神，拯救了迈索隆吉。

1825年8月3日，希腊舰队袭击了科斯鲁帕夏的舰队。在两个小时的时间，敌对双方在恶劣的天气里对峙。最后，希腊人占了上风，将他们的火把抛到卡皮坦帕夏的船上。然而，科斯鲁帕夏对这种战争方式有一种特别的厌恶，因为这可能会使他与他的前任卡拉·阿里的命运一样。卡拉·阿里曾经落入卡纳利斯之手，在火船攻击下损伤惨重。一看到那艘令人讨厌的船向他袭来，科斯鲁帕夏就带着他的整个舰队，挺身出海，假装要与埃及舰队汇合。直到到达亚历山大港，科斯鲁帕夏才放松下来。然而，尽管如此，带着真正的自满，科斯鲁帕夏声称在与希腊的海战中自己取得了胜利，理由是他的船没有受到任何损坏。

然而，瑞希德帕夏并没有被命运之神眷顾。在迈索隆吉城外，形势已经发生转变。安德烈亚斯·米奥里斯上将摧毁了约瑟夫帕夏的炮艇船队，并向该镇提供了大量弹药和粮食。而乔治·卡赖斯卡基斯领导的一支驻军则成功夺回潟湖中的小岛，并摧毁了土耳其人的工事。现在封锁已经完全解除。希腊舰队留下七艘船驻守海域，而其他舰队则前去追赶科斯鲁帕夏。

瑞希德帕夏既没有弹药，也没有钱，还缺少食物，现在正处于困境中。然而，他的勇气和决心从没有动摇过。没有别的办法，他又一次命令士兵们拿起铁锹，堆起

乔治·卡赖斯卡基斯与他的军队

一个巨大的土堆,挡在堡垒前。尽管希腊人大声嘲弄这一围攻行动的原始,但这方法确实非常有效。只是这个堡垒刚被拿下,希腊人又重新将它夺了回去,于是三周的辛劳毁于一旦。1825年9月21日和1825年10月13日,守城驻军发动了两次突击。军队后面跟着一群拿着铁锹和铁镐的居民,他们紧跟着士兵们前进。士兵们在前面驱赶土耳其人,他们就用铁锹和铁镐摧毁敌人的土方工事。接着,秋雨帮忙做了希腊人没有做的事。瑞希德帕夏眼睁睁地看着一年的劳动成果就这样被摧毁了。在目前的条件下,已经无法再对这个城镇采取任何行动了。除去战死和逃跑的人,瑞希德帕夏的军队现在只有三千人左右。目前除了等待救援,没有别的办法。因此,瑞希德帕夏决定撤出该镇附近,一方面是因为容易引发疟疾的沼泽地极大地威胁到士兵们的健康,另一方面,撤出后他可以率军在齐戈斯山脚下站稳脚跟,从而采取严密的防御行动。

现在,土耳其人的处境极其严峻,但希腊人的愚蠢挽救了他们,使他们没有被彻底毁灭。在土耳其人的后方,山口由强大的希腊游击队把持,前面就是久攻不下的迈索隆吉。如果迈索隆吉的驻军与把守山口的游击队同时前后夹击,对敌营发起进攻,奥斯曼帝国军队就会被彻底歼灭。然而,游击队的首领们整日忙于为私利争斗。与此同时,迈索隆吉守军对他们迄今取得的成功十分满意。到目前为止,迈索隆吉守军并没有采取任何攻击性的行动,甚至忽略了给迈索隆吉居民提供食物补给,或者对未来做出任何安排。也许他们认为,按照通常的习惯,土耳其人会在冬天前撤军回家。

然而在这一方面,他们大错特错了,因为瑞希德帕夏是立了军令状的,要么征服迈索隆吉,要么在迈索隆吉城墙前战死。1825年11月18日,卡皮坦帕夏的舰队回来了,带来的食物供给将土耳其人从饥饿中解救出来。而希腊舰队根本无法抵抗土耳其人,因此土耳其人又一次恢复了海洋控制权。

就在这时,易卜拉欣帕夏接到命令,要赶去迈索隆吉阵前与瑞希德帕夏会合。他迅速从纳瓦里诺出发,强行前进,没有遇到任何抵抗就顺利穿过了克莱迪的重要关隘,最终在皮尔戈斯和加斯图尼夺取了原来为迈索隆吉准备的粮食存储。1825年11月27日,易卜拉欣帕夏与瑞希德帕夏和约瑟夫帕夏一起举行了一个战时会议。易卜拉欣帕夏和瑞希德帕夏之间根本无友善可言。易卜拉欣帕夏仅仅是出现在这里就足以重创瑞希德帕夏的自豪,而易卜拉欣帕夏又在他的伤口上撒了一把盐。当易卜拉欣帕夏来到迈索隆吉城前时,他叫道:"什么!你就在这篱笆旁待了八个月吗?我只用八天就攻下了纳瓦里诺!"①易卜拉欣帕夏夸口称,在没有瑞希德帕夏的帮助下,他能在两周时间内将这座城攻陷。听到此言,瑞希德帕夏恼羞成怒,并将他的怒气发泄到一些可怜的希腊妇女和男孩身上,将他们当作间谍在城墙前刺死。

易卜拉欣帕夏在迈索隆吉的出现使希腊政府陷入了恐慌。现在希腊的命运似乎已经不可避免地与英勇的迈索隆吉居民的命运紧密相连,因此希腊目前迫切需要采取措施来解除这个城镇的困境。然而,国库空虚,所有试图借贷的尝试都失败了。有人提议出售作为国债担保的公共土地,但这一建议摧毁了政府最后的信誉。现在,个人爱国主义精神起了作用。有人通过私人捐款筹集了一笔足够的款项,使安德烈亚斯·米奥里斯能够组建、装备一支救援迈索隆吉的舰队。

1826年1月21日,安德烈亚斯·米奥里斯抵达被围困的城镇,并成功地在瓦西拉迪岛卸下了一些物资。然而在这里,他遭到土耳其和埃及联合舰队的袭击,被迫撤离。1826年1月27日晚,希腊人成功地用一艘火船摧毁了敌军一艘护卫舰。1826年1月28日,在与土耳其和埃及舰队的战斗中,希腊人取得胜利,从而使安德烈亚斯·米奥里斯能够将两个月的粮食运送到镇上。1826年2月月初,迫于伊兹拉岛水手的反对,安德烈亚斯·米奥里斯不得不起航回家。

1826年冬天来临时,由于洪水和暴雨使迈索隆吉周围的沼泽地无法通行,易卜拉欣帕夏不得不停止军事行动。现在易卜拉欣帕夏已经开始认真计划如何夺取迈索隆吉。他首先决定发动攻击来占领迈索隆吉,并相信他那训练有素的兵团可能会成功,因为瑞希德帕夏纪律涣散的部队已经失败。1826年2月25日,一场猛烈的炮火揭开了攻击的序幕。连续三天,雨点般的子弹袭击了迈索隆吉这座忠贞不屈的城镇。1826年2月28日,易卜拉欣帕夏开始进攻波扎雷斯堡,士兵攻上城墙三次,但面对希腊人的坚强防守,他们又退下来三次,易卜拉欣帕夏气得发疯。瑞希德帕夏有点幸灾乐祸地问易卜拉欣帕夏,现在觉得这"篱笆"怎么样啊!

---

① 门德尔松·巴托尔迪:《希腊历史》,第1卷,第370页。——原注

现在易卜拉欣帕夏决心再一次通过海路和陆路双管齐下，夹攻迈索隆吉。在希腊方面，伊兹拉岛水手们非常自私，他们拒绝在不提前发放报酬的情况下继续留下打仗，这就迫使安德烈亚斯·米奥里斯任由土耳其人控制了海洋。现在土耳其人又准备了一队平底船，对潟湖的岛屿发起了全面攻击。1826年3月9日，瓦西拉迪堡被攻陷。1826年3月21日，经过七个小时的战斗，多尔玛的沙洲被占领。于是，到目前为止一直与迈索隆吉生死与共的阿纳托利科镇在接受优惠条件后投降了。按照投降的条件，阿纳托利科镇的三千名居民被运送到阿尔塔。

对希腊人和土耳其人来说，这似乎是预示结局的先兆。易卜拉欣帕夏抓住机会向迈索隆吉居民提供了体面的条件。允许驻军撤退，居民既可以选择跟随军队撤离，也可以选择在奥斯曼帝国政府的保护下安心生活。然而，不屈不挠的防守者决心坚持到底。他们回答道，只有上帝知道他们或他们的对手未来会发生什么，因此他们将不会接受任何条件，同时表示了决心：不自由，毋宁死①。

一次辉煌的胜利为希腊人黯淡凄惨的命运投进了最后一束亮光。在所有的潟湖上，只有克里索瓦小岛依旧由勇敢的贾维拉斯率领大约两百人驻守着，而现在这个小岛仍然牢牢地掌握在希腊人手中。1826年4月6日，大约两千名瑞希德帕夏手下的阿尔巴尼亚人袭击了克里索瓦小岛。然而，即使是阿尔巴尼亚人的平底船，也无法接近小岛，他们被迫跳入水中，在泥泞中涉水上岸，向希腊人进攻。然而在低矮的战壕后面，希腊人点燃了致命的大火，将来犯的对手烧成灰烬。很快水里就满是落水对手的尸体。幸存者爬回船上，狼狈地逃走了。

现在易卜拉欣帕夏想证明他的部队的优越性，于是率队攻击克里索瓦小岛。然而他并没有比阿尔巴尼亚人取得更大的成功。他发动了三次进攻。连续三次，希腊人用雨点般的子弹招呼他，将他打了回去。在指挥第三次进攻时，已经征服了卡索斯岛、克里特岛和斯法克特里亚的侯赛因·贝·杰里提里身受重伤。希腊人有

---

① 参阅M.阿尔弗雷德·莱梅特：《穆斯林和基督教教徒：关于希腊独立战争的笔记》。M.阿尔弗雷德·莱梅特认为迈索隆吉人之所以这样是因为对易卜拉欣帕夏承诺的不信任，迈索隆吉人认为这是一个陷阱。他说他们对被屠杀的恐惧是无意义的，这是对的。我发现在土耳其人的战争中，只有一个例子违反了投降的规定——关于赛高修道院被法马尔迪交出的事件，奥斯曼军官给予的承诺因为随后送达的苏丹的特殊命令而遭到推翻。当然，希腊人经常这样做，而且他们很可能以己度人。然而，我更愿意相信，在这种情况下，他们的动机是更纯粹的。——原注

三十五人阵亡，但他们仍然牢牢地占据着这个岛。而在土耳其人中，有上千人白白战死。

如果迈索隆吉居民充分利用这个机会，趁着围攻的对手因为失败而士气低迷，全力出动，切断他们的道路，也许这一次就有可能会取得成功。然而，虽然现在希腊人陷入了极大的困境，他们仍然满怀信心地期待着舰队来解救他们。1826年3月31日，安德烈亚斯·米奥里斯上将确实出现了，但他的舰队规模很小，装备薄弱，人手不足。土耳其和埃及的联合海军以压倒性的力量截断他的航线，压制了他的舰队。此外，在没有平底船的情况下，安德烈亚斯·米奥里斯上将也没有办法越过潟湖将物资投放到镇上。安德烈亚斯·米奥里斯上将不情愿地放弃了他的计划，带兵掉头而去，留下被围困已久的迈索隆吉听天由命。

已经不能再拖了。迈索隆吉陷入了最悲惨的困境。饥饿的居民在废墟中兜转徘徊，看上去更像是游荡的鬼魂而不像是活着的人。连续好几天，居民只能靠一些令人讨厌的老鼠、虫子维持生计，而那些东西根本就算不上食物。现在，就连老鼠也被抓光、吃光了。由于得不到照顾，病人和伤员只能躺在废墟中凄惨地等死。破碎城墙上的勇敢的守卫们，由于饥饿而异常虚弱，甚至连举起自己手中武器的力气都没了。现在就连那些最恶心的食物，配给也只剩下两天的量了。然而，没有人主张投降。迈索隆吉全体居民下定决心，无论怎样，都要信守他们的誓言：不自由，毋宁死。

眼下只剩一个机会。要获得生命和自由就必须穿越对手的防线。1826年4月22日晚，驻军和全城的居民全都按照突袭计划做了安排。人们希望在这次袭击引发的混乱中，被围困的人中至少有很大一部分可以通过战斗获取自由，而那些倒下的人至少能像自由人一样光荣地死去。

马尔科·波扎雷斯计划周详，胜券在握。马尔科·波扎雷斯与乔治·卡赖斯卡基斯秘密联系，请求对方派一队强壮的阿尔马托利游击队到齐戈斯山的山坡上，佯攻土耳其人营地后方，吸引围攻者的注意。枪声是突围开始的信号。迈索隆吉驻军被分成两队：一队攻击瑞希德帕夏的营地，而另一队与妇女儿童一起，试图切断敌人的道路。一旦越过对方的防线，他们就可以与齐戈斯山的阿尔马托利游击队携手合作，安全地躲进山里。

迈索隆吉废墟上的希腊人

不幸的是，马尔科·波扎雷斯的计划被一名保加利亚逃兵出卖给了易卜拉欣帕夏。乔治·卡赖斯卡基斯也无法履行他在这个方案中的责任。马尔科·波扎雷斯的信使发现他病倒在帐篷里，而阿尔马托利游击队的其他首领们则整日忙于自私的争斗，并不关心英勇的迈索隆吉人的命运。1826年4月22日下午，在诺塔里斯·波扎雷斯的领导下，只有大约两百人前往齐戈斯山，却毫无意外地落入了两千多名阿尔巴

第 11 章 迈索隆吉保卫战 | 163

尼亚人的埋伏中。这些人是易卜拉欣帕夏为了切断对手后路而特意安排的。隆隆的炮声传到希腊人耳中，这表示阿尔马托利游击队已经抵达预先安排的地方。不幸的是，这隆隆的炮声也同时告诉了易卜拉欣帕夏晚上即将发生的事情，而这一计划也被镇上那异乎寻常的骚动和喧嚣证实。易卜拉欣帕夏做了相应的安排。军队全副武装埋伏在战壕里。如果希腊人能成功突破这道防线，后备部队中还有强大的骑兵，而他们可以在营地外的空地上追击希腊人。

黄昏时分，马尔科·波扎雷斯的准备工作开始了。士兵们奉命躺在城墙前的浅沟里，直到信号发出为止。在这条护城河的另一边有三座桥，士兵身后是所有能走路的居民：外面是男人，中间是妇女和儿童。所有人都配有武器。妇女们都打扮成男人模样，而孩子们手里都握着枪。目前为止，还没有人出现动摇的迹象。所有人都怀着相同的英勇决心及无比坚定的耐心。然而，一个小时又一个小时过去了，齐戈斯山始终没有信号发出。最后，大约午夜时分，月亮高高地挂在天上。由于激动，士兵们变得神经非常紧张，似乎将这当成了突袭开始的信号。士兵们大喊一声，从沟里跳出来，进攻对手的防线。与此同时，男人、女人和孩子们也开始向桥上冲去。

希腊人的突袭遭到土耳其士兵的凶残回击。与此同时，土耳其人向桥上拥挤的人群开火。有一段时间，战斗有序地继续着。然而，当雨点般的子弹猛烈地落在向外突围的希腊人周围时，后面的人开始向前推搡。拥挤中，有些人被推进桥边的沟里。有人用一种可怕的声音大声喊道："撤退！撤退！"[①]大家一传十，十传百，恐怖的气氛愈发浓烈。大多数还没有过桥的人都惊慌失措起来，误认为败局已定，或者只是出于一种盲目的因恐惧而生的冲动。他们转过身，疯狂地冲回城里。穆斯林高喊着"真主！真主"从他们的战壕里跳了出来，跟着那些可怜的人一起冲进城里[②]。

随后，一场惨烈的屠杀开始了。月亮从晴朗的夜空中平静地注视着可怕的大屠杀场面。整个城镇变成了人间炼狱。春天的夜晚，寂静的空气中充满了尖锐的叫喊

---

① 乔治·芬利：《希腊革命史》，第2卷，第108页。这似乎是对恐慌最合理的解释。有人因为喊"撤退"被判叛国罪。——原注
② 勒梅特说穆斯林直到黎明才进入城镇，他们这样做只是为了可以找到温暖的房子。有人从窗户里冲他们射击，直到有几个人被打死，大屠杀才开始。不过，勒梅特先生的话有时并不能当真。——原注

希腊人与土耳其人激战

声、火焰的噼啪声,以及房屋倒塌坠落的梁木的撞击声。然而,这一夜骇人听闻的恐怖里也不乏温暖人心的情节。这些鼓舞人心的例子都展现了冷静的勇气和坚定的英雄主义。在波扎雷斯堡垒里,一个瘸腿的人坐在那里,手里拿着一条旧时放炮用的火绳杆,等待着土耳其人的到来。当对手蜂拥在城垛上时,他点燃了火药弹,将他们连同自己都炸成碎片。大主教卡普萨利斯就职于弹药厂。为了寻找财物,一大群土耳其人蜂拥而至。这位英勇的希腊人点燃火药,和这些土耳其人一起在爆炸中同归于尽。帕帕迪曼塔普洛斯出身高贵,品德高尚。当这座城镇沦陷时,为了给他所领导的政府和人民树立一个坚忍不拔的榜样,他故意回到迈索隆吉。后来,帕帕迪曼塔普洛斯在围困中壮烈就义。那天晚上,如果乔治·戈登·拜伦勋爵还活着,他也会承认,尽管从前他关于理想希腊的幻想破灭了,而现实也令他失望,但希腊的母亲们也孕育了真正的希腊英雄。

再说说那些没有被吓回城里的希腊人。他们的第一次狂暴的攻击就在这之前。在老将马尔科·波扎雷斯、马克里斯和克里索瓦的英雄贾维拉斯的带领下,他们跳进土耳其人的战壕,高举弯刀猛砍猛杀,用相对较少的损失在敌人防线上撕开了一个口子。战场上局面的混乱及灯光的昏暗帮助了他们。毫无疑问,在这个被毁灭的小镇上,对于残暴嗜血的土耳其士兵们来说,放肆的抢劫和杀掠远胜于跟这些拼死搏斗的希腊人拼杀。

在希腊人看来,一旦越过土耳其人的防线,自己就是安全的。然而,他们大错特错。希腊人刚一出现在空地,易卜拉欣帕夏提前埋伏在那里的骑兵就向他们冲过来,打散了他们本已经支离破碎的队伍。希腊人的确勇敢地面对了这一全新的、意想不到的危险,然而,一群又困又乏的步兵又怎么能对抗骑兵呢?这里出现了一幕令人难忘的个人的英勇画面。一个女孩抱着受伤的弟弟,被一名土耳其骑手袭击。女孩放下弟弟,拿起弟弟的枪,冷静地瞄准,将土耳其人打落马下,然后重新抱起弟弟,继续飞奔前行[①]。然而,影影绰绰的月光暴露了逃亡者们的一举一动,逃跑几乎没有可能。只有零零散散的少数希腊人到达了齐戈斯山崎岖的山地。那里地势艰险,骑兵根本无法追击。

---

① 托马斯·戈登:《希腊革命史》,第2卷,第265页附注。——原注

他们以为马上就能安全了。因为按照计划，乔治·卡赖斯卡基斯和他的阿尔马托利游击队将在这里援助他们。然而，援兵没有出现，而发出的信号也没有得到回应。这些希腊人由于战斗及被围困时所经受的困苦而疲惫不堪。最后，他们在森林中停下来休息，整合自己分散的力量。突然，四面八方茂密的灌木丛被火枪的闪光点燃，而在他们支离破碎的队伍中又落下了致命的铅弹。这些希腊人不仅没有找到友好的阿尔马托利游击队，而且跌跌撞撞地遇上了瑞希德帕夏率领的阿尔巴尼亚的伏击队。所有人都放弃了抵抗。许多人在第一次遭到袭击时就被击倒。在黑暗的掩护下，其余的人继续疲惫不堪地往山上奔逃，只有大约一千三百人，其中包括大约七名妇女和几个孩子，最终抵达一个安全的地方。许多人逃过了土耳其人的枪剑，却在山区因饥饿或在树林中暴露行踪而丧生。平原和森林里到处都是殉难者的尸体。在迈索隆吉，易卜拉欣帕夏打造了一个由三千颗头颅组成的可怕的纪念品。不过，无论是死是活，迈索隆吉民众都遵守诺言，并最终获得了自由。

在希腊独立战争的历史进程中，迈索隆吉保卫战具有划时代般的意义。即使在七十年后的1897年，当读到关于英勇守卫这座城镇和对它可怕命运的叙述时，人们依然会心潮澎湃。可见当时这件事的影响极其深远。整个欧洲都屏息以待，注视着这伟大斗争的每一个阶段。迈索隆吉既是乔治·戈登·拜伦勋爵浪漫主义活动的主要场所，也是他的葬身之处，即使没有这一点，迈索隆吉居民的英雄主义也足以赢得基督教世界的强烈同情。随后，迈索隆吉的防守和陷落极大地推动了在这之前就已经传遍整个欧洲的亲希腊情绪浪潮。希腊人的各种罪行、愚蠢和自私都被暂时遗忘了。在克莱门斯·冯·梅特涅侯爵反动政策的控制下，当时欧洲的公众舆论变得焦躁不安。现在，这些欧洲公众目睹勇敢的希腊人克服种种困难为自由奋斗，而争取自由是所有人与生俱来的权利。此外，不仅在英国，甚至在整个欧洲，为了支持希腊的独立事业，人们都积极地宣传迈索隆吉保卫战。在还没有承认希腊是交战一方的欧洲大陆上募集捐款，表面上是为了给希腊奴隶提供赎金，实际上是为了支援希腊独立战争。在法国、德意志地区和奥地利，出于这一目的而成立的组织随处可见。德意志地区年幼的王子、教授、诗人和商人，全部投身于在克莱门斯·冯·梅特涅侯爵看来是对他的反动政策的实际反抗的希腊独立事业中。然而，尽管克莱门斯·冯·梅特涅侯爵及手下的警察都对此提出了抗议，但就连普鲁士王储和巴伐利亚的路德维希国王也公开表示出对希腊独立战争的同情。克莱门斯·冯·梅特涅侯爵再也无法抑制这场运动。希腊政府亏空的国库继续由欧洲的捐款的填补，而希腊军队也得到欧洲志愿者的支持。最后瑞希德帕夏不得不略带苦涩但又实事求是地说："我们对抗的不再是希腊人，而是整个欧洲了！"

第 12 章

从扬尼斯·古拉斯之死到乔治·卡赖斯卡基斯之死

精彩看点

瑞希德帕夏占领希腊西部——挺进阿提卡——扬尼斯·古拉斯在雅典的统治——土耳其人占领雅典——包围卫城——乔治·卡赖斯卡基斯被任命为希腊东部的总司令——在查德利战败——乔治·卡赖斯卡基斯在阿拉霍瓦和迪斯托莫的胜利——圣斯皮迪翁修道院之战——希腊先于雅典战败——卫城陷落

迈索隆吉的陷落使希腊人失去了将奥斯曼帝国军队困在希腊西边的屏障。现在，战争的洪流一路冲向希腊东部。让瑞希德帕夏感到悲哀的是，易卜拉欣帕夏拒绝加入入侵希腊东部的行列。由于已经在战争中耗费巨大，穆罕默德·阿里帕夏不会愿意为对自己没有直接好处的事开支更多。随后，易卜拉欣帕夏回到自己的摩里亚半岛的帕夏领地。在那里，由于资金和增援不足，整个夏天易卜拉欣帕夏都在岛上蛰伏。

瑞希德帕夏摆脱了他那可恨的对手易卜拉欣帕夏，凭借他惯用的方法推动了这场战争。很快希腊西部就被征服了。在战争早期，包括瓦尔纳科特斯在内的许多著名阿尔马托利首领曾经参与对弗拉哈瑞的可耻屠杀，也提交了投降表。1826年7月，这位土耳其指挥官一路畅通地向希腊东部推进。他占领了山口关隘，沿途没有遇到什么比较严重的抵抗，还加强了底比斯的驻防，与埃维厄岛的奥马尔·维里奥尼的军队会师。奥斯曼帝国的联合军队，有八千人之多，此外还有大量的骑兵和充足的枪支弹药，在总攻发起前进入阿提卡。

奥德修斯·安德鲁斯是战功赫赫的大英雄。在独立战争的早期阶段，他曾经在希腊东部拥有至高无上的地位。现在他的荣耀已经不复存在。在卫城，奥德修斯·安德鲁斯的前中尉扬尼斯·古拉斯接替了他的指挥位置。

尽管扬尼斯·古拉斯现在以希腊国家的名义统治希腊东部，但事实上他更像一个强盗首领而不是一个文明的行政长官。扬尼斯·古拉斯的暴政、暴行比奥斯曼帝国更严重，以至于当土耳其人终于出现时，不幸的阿提卡农民居然向他们表示了欢迎，他们宁愿让土耳其人成为他们的救世主。瑞希德帕夏试图进一步给当地人加深这种印象，那就是为了抵抗希腊人的入侵①，他将分配土地，让阿提卡农民们安居乐业，甚至让他们加入有组织的警察部队。

　　凭借自己的聪明睿智和慷慨大方，瑞希德帕夏赢得了众多当地居民的支持。这位奥斯曼帝国指挥官率队毫不迟疑地向雅典进发并包围了雅典。当土耳其人逼近的时候，扬尼斯·古拉斯和他的追随者们逃离雅典，躲进卫城，还冷酷无情地拒绝了那些想要一起逃亡的市民。难民们只好听天由命，很快就投降了。1826年8月25日，土耳其人以暴风骤雨之势进攻并占领雅典。大批难民逃到卫城。这次扬尼斯·古拉斯再也无法拒绝接纳他们。

扬尼斯·古拉斯

---

① 托马斯·戈登：《希腊革命史》，第2卷，第231页。——原注

所有的目光都集中在卫城，就像曾经对迈索隆吉的关注一样。那块有着不朽历史印记的山石①，在它上面有一块纪念碑，这块纪念碑似乎是目前象征希腊自由的唯一标志。如果它倒下了，就再没有什么可以阻止土耳其人横穿地峡进入摩里亚半岛了，因为那里现在已经没有抵抗其进攻的力量了。然而只要卫城坚持下去，伯罗奔尼撒半岛就是安全的。因为瑞希德帕夏无法接受在征战过后，还有一座坚固的没有攻下的堡垒横亘在向前挺进的路上。

最后，愚蠢的希腊政府终于意识到危险迫在眉睫。希腊人诅咒他们那些让迈索隆吉为之献身的统治者们的自私和不作为。可是如果卫城被攻陷，就连能够诅咒的统治者也没有了。这个时候，在共同的危险面前，交战各派暂时放下了他们的争斗。

在希腊，有这么一个众望所归的人。只要他愿意，他应该有能力拯救希腊。然而，在乔治·卡赖斯卡基斯之前的职业生涯中，他从来没有这样的信心。在这位非凡人物的性格中，充斥着那种阴暗与阳光、卑鄙与高贵的奇怪而鲜明的对比，这使参与希腊独立战争的人们对其产生了极大的兴趣。据传乔治·卡赖斯卡基斯从小在伊庇鲁斯的野蛮部落中长大，凭借无畏的勇气和机智闻名。这些似乎为他赢得了穆罕默德·阿里帕夏的特别关怀。穆罕默德·阿里帕夏虽然不愿轻易饶恕他的罪行，但两次为这个年轻强盗减刑，甚至允许他加入自己的保镖队伍。除了在约阿尼纳的阿里帕夏那里受过这样的训练，这个天生凶猛而性格奇特的人没有受到过其他更高级、更高尚的影响。阿里帕夏倒台后，乔治·卡赖斯卡基斯又一次回到山里。作为希腊游击队员的首领，乔治·卡赖斯卡基斯最终投身于希腊人的事业，将自己的命运与希腊解放事业紧密相连。然而，乔治·卡赖斯卡基斯的爱国情怀并没有得到完全的信任。乔治·卡赖斯卡基斯不止一次与土耳其人私下建立关系，因此人们怀疑他和奥德修斯·安德鲁斯一样出于私利而卖国求荣。当然，这样猜测不是完全没有道理的。尽管如此，乔治·卡赖斯卡基斯异乎常人的勇气，卓越的领导才能，以及对希腊山民的巨大影响都毋庸置疑。在阿尔马托利游击队中流传着一句有他名字的谚语：

---

① 雅典卫城又称为石头卫城，众多的石头建筑诉说着不朽的历史。

当有人逃跑时,他们会大喊大叫,

"傻瓜,你为什么要跑呢?

就好像乔治·卡赖斯卡基斯在追你一样?"

瑞希德帕夏军队里的阿尔巴尼亚人说:"乔治·卡赖斯卡基斯是我们唯一害怕的希腊领袖。"

带着些许疑虑,希腊政府决定委托乔治·卡赖斯卡基斯指挥阿提卡的希腊军队。乔治·卡赖斯卡基斯的仇人总统安德烈亚斯·泽米斯,同意在共同的危险面前忘记过去的怨恨,与他公开言和,并正式将军队的领导权移交给他。乔治·卡赖斯卡基斯知道人们不信任他,而且知道这不信任是有理由的。乔治·卡赖斯卡基斯说:"迄今为止,我知道我有时是魔鬼,有时是天使。从今以后,我决心一直做天使。"① 乔治·卡赖斯卡基斯信守了承诺。这种新的重大责任意识,这种希腊独立自由事业的主要希望都寄托在他身上的意识似乎深深扎根于乔治·卡赖斯卡基斯的个性之中。就像起义过程中许多其他人一样,在这场彻底的民族战争的过程中,乔治·卡赖斯卡基斯从一个自私的党派领袖成长为一个伟大的国家领导人。从那时起,乔治·卡赖斯卡基斯全心全意地为自己的国家服务,鞠躬尽瘁,死而后已。

现在乔治·卡赖斯卡基斯的首要目标是向雅典进发,并试图解除土耳其人对卫城的围攻。在依洛西斯,乔治·卡赖斯卡基斯召集了大约两千名非正规战士。除此之外,法国的查尔斯·尼古拉·法维耶上校还率领着一千名受过训练的士兵。他们一同向雅典的方向进发,直到查德利。然而在这里,他们遭到奥斯曼帝国军队的袭击。乔治·卡赖斯卡基斯率领的山民,牢牢地固守在低矮的塔楼后面,一次次打退对手的猛攻。但那些所谓的正规军,不知是出于骄傲还是懒惰,并没有认真防护,因而被土耳其骑兵打得落花流水,不知所措。他们的失败也影响了非正规军。当对手从侧翼包围他们时,他们只好无奈撤退。目前,向雅典进发的计划已经被放弃了。

与此同时,由于在很大程度上依赖于乔治·卡赖斯卡基斯的支援,目前卫城的防御正面临崩溃的危险。守军中大部分是土匪和雇佣兵。不像迈索隆吉居民,这些

---

① 门德尔松·巴托尔迪:《希腊历史》,第1卷,第433页。——原注

查尔斯·尼古拉·法维耶上校

土匪和雇佣兵可并不会完全为国家着想。随着围困的加剧,狭窄城堡内的生活条件愈发难以忍受,逃兵越来越多,而且部队还不止一次爆发了公开的兵变。为了让他们保持警惕,扬尼斯·古拉斯被迫日夜不停地骚扰对手。因为这样一来,他的部下就无法趁着茫茫夜色越过对手的防线逃跑。1826年10月13日,扬尼斯·古拉斯被杀。起初,这场灾难几乎导致卫城陷落。然而,扬尼斯·古拉斯英勇的妻子勇敢地站了出来,大声斥责士兵们的懦弱。在扬尼斯·古拉斯的中尉马克里扬尼的帮助下,她最终成功说服士兵们继续防护卫城。1826年10月23日,克里佐特斯抵达卫城,这令他们欢欣鼓舞。克里佐特斯带着三百人穿过对手的包围圈。1826年12月,查尔斯·尼古拉·法维耶上校带着六百人也成功进入要塞。不过,他只带来一批火药,并没有带来给养。然而，尽管历经多方努力，查尔斯·尼古拉·法维耶上校仍然无法再次带领自己的队伍打出堡垒。他们也被困住了。事实证明，如此庞大的额外兵力对驻军原本已经有些紧张的物资造成的压力非常大。

与此同时，塞奥佐罗斯·科洛科特罗尼斯伯爵曾经在阿尔戈利斯对穆罕默德·德拉马利帕夏成功实施过一个计划，而乔治·卡赖斯卡基斯正努力在阿提卡的瑞希德帕夏身上效仿这个计划。乔治·卡赖斯卡基斯的计划是据守依洛西斯和马拉松之间的所有关口，希望通过这种方式切断土耳其人与供应基地之间的联系，从而使他们远离阿提卡。然而，瑞希德帕夏可不是穆罕默德·德拉马利帕夏，他是更优秀的将军。瑞希德帕夏认识到保持通信畅通是重中之重，并及时派出了足够的力量来确保通信安全。乔治·卡赖斯卡基斯又吃了败仗，因而不得不暂时放弃他的计划。不过，乔治·卡赖斯卡基斯尽管在统率能力上远不如土耳其军队总司令，却通过手下的陆军中尉取得了一次显著的成功。这在挽回他的失败和重振希腊人的士气方面起了很大作用。1826年12月5日，乔治·卡赖斯卡基斯成功占据在阿拉霍瓦附近的一个山口，切断了穆斯塔法贝伊领导的约两千名土耳其士兵与大部队的联系。被一群野蛮的山地人包围后，土耳其人奋勇反抗。最后，一场暴风雪为他们逃离这场无法取胜的战斗带来了机会。在这种情况下，他们准备逃出包围圈。然而，主要的出路被对手占领了，他们被迫爬上陡峭的山道。山道崎岖险峻，即使天气状况良好，也很难找到一个安全的立足点。土耳其人在皑皑白雪中挣扎，在这些令人头晕目眩的小径上奔逃着，却遭到紧追不舍的希腊山民的袭击。暴风雪让希腊人的火绳枪①变得毫无用处，因此士兵们就用弯刀代替。大雪纷飞，屠杀在可怕的寂静中展开。将土耳其人全部杀光后，希腊人回到阿拉霍瓦。由于没有听到枪声，居民们就问土耳其人怎么样了。希腊人举起血淋淋的刀子作为回答。在奥斯曼帝国部队中，只有三百人左右成功逃脱。

1827年2月，通过另一场胜利，乔治·卡赖斯卡基斯进一步提高了自己的声望。乔治·卡赖斯卡基斯率军在迪斯托莫击退奥马尔·维里奥尼，并缴获其所有的装备和武器。这些大大小小的胜利为他在那些原始部落中赢得了战无不胜的好名声。

---

① 早期的一种火枪。通过将一个缓慢燃烧的油芯放入后膛的洞里点燃火药。

最近阿尔马托利游击队的首领们刚刚向瑞希德帕夏投降，现在看到乔治·卡赖斯卡基斯取得的胜利，于是又一次以惯有的变化无常的态度转而效忠于他，并率领所有部队加入希腊领导人的阵营。现在除了迈索隆吉、阿纳托利科、勒班陀和沃尼察，在瑞希德帕夏的军队无法直接进攻的地方，希腊大陆的其他地方又重新回到希腊独立事业的大旗下。乔治·卡赖斯卡基斯已经成功证实，民众对他怀有信心完全没错。

然而与此同时，各路新"角色"陆续登场。为了继续推进战争，现在希腊政府几乎完全依赖欧洲人的同情。在迈索隆吉陷落后的第一次绝望情绪大爆发中，英国人在国民议会上甚至提议将希腊正式置于英国的保护下。托马斯·戈登将军及时到达，带来总计一万四千英镑的贷款，救希腊于水火。在这笔钱的帮助下，一支由六十艘战舰和二十一艘火船组成的舰队已经装备好了，此外，查尔斯·尼古拉·法维耶上校改组的正规军及被政府收编的大约九千人的阿尔玛托利游击队，都被纳入政府

托马斯·戈登将军

理查德·丘奇爵士

统一范畴。1827年年初,托马斯·科克伦勋爵和理查德·丘奇爵士来到摩里亚半岛,分别被任命为舰队高级上将和陆战部队总司令。老将安德烈亚斯·米奥里斯尽管名声在外,却以一种罕见的公事公办的姿态同意接受英国海军上将爱德华·科德林顿下属的职位。1827年4月,托马斯·科克伦勋爵和理查德·丘奇爵士抵达法莱卢。乔治·卡赖斯卡基斯愉快地同意服从新将军的命令,而这令他更受人爱戴。

1927年2月5日,托马斯·戈登将军已经在靠近雅典港的穆尼奇亚山登陆并站稳脚跟。托马斯·戈登将军的计划是加强这个基地,并将它作为向奥斯曼帝国军队营地推进的基地。这时土耳其人正被希腊人从依洛西斯向梅尼迪方向的示威转移了注意力。后面的计划以失败告终。在勇敢而热情的比尔巴基上校的领导下,一个由八百名阿尔马托利游击队员组成的高级卫兵队被一支强大的土耳其军队袭击并打败。五百个希腊人连同他们英勇的领袖，一起在这场战斗中倒下。而负责殿后的两千人的后防线，在诺塔拉斯和瓦索斯的率领下，没等对手露面就望风而逃。

在这次胜利后，1827年2月11日，瑞希德帕夏率兵向穆尼奇亚山进发，计划击败并赶走托马斯·戈登将军。然而，土耳其人刚一出现就被击退了。这不仅是因为希腊人的抵抗非常强烈，更是因为"卡特里亚"号向他们投射了一阵炮弹。在勇敢的亲希腊船长弗兰克·阿布尼·黑斯廷斯上尉的指挥下，这艘舰艇已经进入海湾。

为了确定作战计划，抵达法莱卢后，托马斯·科克伦勋爵和理查德·丘奇爵士立即召开了一个战时会议。乔治·卡赖斯卡基斯提议再次执行他打算尝试但没有成功的计划：占据通往阿提卡平原的山口，寄希望于物资匮乏让土耳其人不战而退。随着希腊军队的增加，原本反对希腊独立的国家也不再充满敌意。此外，如果这个计划得到认可，对海洋的控制权也有可能顺利取得。然而，托马斯·科克伦勋爵的整体素质使他不屑于采取谨慎的措施。此外，正如随后其所作所为证明的，理查德·丘奇爵士根本无法确定自己将要面对的战争的真实情况。于是大家拒绝了乔治·卡赖斯卡基斯的提议，决定直接攻击奥斯曼帝国军队在雅典的阵地。

1827年4月20日，一支由厄克哈特少校率领的部队在穆尼奇亚山出现。1827年4月25日，一次偶然的小规模冲突引发了厄克哈特少校的部队与驻扎在圣斯皮迪翁修道院附近的奥斯曼帝国军队的全面交战。托马斯·科克伦勋爵看到了机会，于是一马当先，只拿着一架望远镜，亲自带领部队攻击战壕里的土耳其军士。希腊军队如一股急流冲到托马斯·科克伦勋爵的面前。直到攻陷了七个较小的土耳其堡垒，士气高涨的希腊军队才停下来。法莱卢和穆尼奇亚的希腊营地与被孤立在比雷埃夫斯海角的瑞希德帕夏的先锋队之间建立了联系，开始谈判。然而在圣斯皮迪翁修道院，仍然有三百名阿尔巴尼亚人坚持着，因此现在有必要先打败他们。两天以来，勇敢的守军多次击退全力冲向他们阵地的希腊人。然而到了第三天，由于极度缺水，守军被迫投降。理查德·丘奇爵士承诺给予他们优厚的投降条件。不幸的是，他没有采取足够的措施来确保这些投降协议能被遵守。理查德·丘奇爵士和其他希腊领导人急于带着战争的荣誉出征，而乔治·卡赖斯卡基斯和其他几名领导人被迫随行。阿尔巴尼亚人一从修道院的大门出来就立刻被一群愤怒而兴奋的希腊士兵包围起来。争吵过后，枪声响起。可怕的屠杀开始了。乔治·卡赖斯卡基斯试图阻止这次流血事件，但只是白费力气。阿尔巴尼亚人破门而逃，遭到愤怒的希腊人追击。乔治·卡赖斯卡基斯感到惊恐和厌恶。他对阿尔巴尼亚人喊叫，提醒他们有权利杀了他。然而那些惊慌失措的可怜虫，只顾个人安危。少数人成功逃到土耳其人的防线，但更多的人被杀。

  希腊人这种可怕的对信任的破坏是战争的一个不祥的开端。这次大屠杀令托马斯·科克伦勋爵大发雷霆。理查德·丘奇爵士也道歉了。毫无疑问，这位英国将军应该承担一定的责任，因为既然知道希腊人又凶狠又不可靠，他原本就应该采取措施防止自己的士兵在阿尔巴尼亚人出门时靠近希腊人。此外，最重要的是，理查德·丘奇爵士本人应该亲自到场，从而确保大家都能体面地遵守投降的协议。

  1827年5月5日对土耳其营地发动总攻的计划已经确定，然而一个意外事件导致它被推迟到1827年5月6日。严格的命令已经向全军下达，要求在总攻之前不得有先头部队的小规模战斗。然而，鲁莽的阿尔马托利游击队无法忍受在对手的视线内却不采取行动。由于发烧，乔治·卡赖斯卡基斯正躺在帐篷里，突然被枪声吵醒。他急忙冲出帐篷，发现一队希腊前哨正与一小群对手发生激烈冲突。乔治·卡赖斯卡基斯立即加入战斗，试图快速击退对手从而结束冲突。然而在追击过程中，乔治·卡赖斯卡基斯走得太远，与部下走散。在对手的包围下，没等自己的士兵们前去营救，乔治·卡赖斯卡基斯就被一颗子弹射中，身受重伤。

  这一不幸的消息传到海外并产生了极其深远的影响。直到现在，一直渴望这场战争，或者说对战争的结果过于自信的希腊人，都充满了深深的悲伤、绝望和阴郁。在奥斯曼帝国军队营地里，人们兴高采烈，士气大振。阿尔巴尼亚人的先锋部队对希腊人嗤笑道："你们快点服丧吧。乔治·卡赖斯卡基斯死了。"整整一夜，这位受伤的英雄气息奄奄。当乔治·卡赖斯卡基斯终于苏醒时，他的士兵们发誓再也不会离开他身边。然而，即使那一小队前哨是受到唆使而采取行动的，但如此军纪涣散，希腊也不可能开展严肃的军事整顿并最终取胜。因此总部决定将总攻推迟到1827年5月6日，让士兵们有时间恢复一下精力。

在穆尼奇亚山和雅典之间满是橄榄园和花园，这为游击队的推进提供了很好的掩护。然而没有做出解释，也许有无法解释的原因，理查德·丘奇爵士将他的基地从比雷埃夫斯转移到法莱卢的东湾。1827年5月6日上午，主攻部队的主体从法莱卢东湾登陆。在希腊军队和对手之间有一片空旷的洼地，虽然无法为步兵提供掩护，但为土耳其骑兵提供了极好的演练基地。理查德·丘奇爵士仍然在他的游艇上，在那里他"用最不符合军事规程的方式"建立了他的指挥所①。希腊士兵郁郁寡欢，秩序混乱，士气低落，以一种松散的队形穿过开阔地带。突然，一大群土耳其骑兵迎面扑来，他们受指挥官指挥预先埋伏着。几乎没有做出任何抵抗，希腊军队就被打散并仓皇逃窜。

托马斯·科克伦勋爵和理查德·丘奇爵士刚从游艇上下来，就看到一大群逃亡的士兵在土耳其人的步步紧逼下摇摇晃晃地冲到岸边。没等英国军官们重新回到自己的船上，这些惊慌失措的败兵就率先爬了上去。其余的人所能做的就是将船上的枪炮对准士气大振的土耳其人并包围他们，直到败兵们登上小船逃走为止。事实上，约有一千五百名希腊人在这场可耻的溃败中丧生。

这次失败造成的影响大大超越了这场战役自身的重要性。英国军官们的到来曾经带来无限希望并受到热情欢迎，但这次战役让他们名誉扫地。人们认为，在很大程度上正是由于这些英国军官们判断力不足，缺乏对形势的真正把握，才最终导致惨败。这支由游击队士兵组成的军队，只有富有指挥才能的乔治·卡赖斯卡基斯才能将他们团结起来，但现在也已经军心涣散。无论是将瑞希德帕夏赶出阿提卡的所有希望，还是解除土耳其人对卫城的围困计划，现在都不得不放弃。在最近的战斗中赢得的所有地方中，只有穆尼奇亚山仍然掌握在希腊人手中。在这里，理查德·丘奇爵士坚持了三个星期，当然，更多的是为了个人荣誉，而不是为了希腊的独立事业。1827年5月27日，理查德·丘奇爵士也放弃了穆尼奇亚山。在离开前，理查德·丘奇爵士命令卫城的驻军投降，交出卫城。卫城守军轻蔑地拒绝了。他们回答道："我们是希腊人，已经下定决心，不自由，毋宁死。如果瑞希德帕夏想要我们的武器，他就自己来拿。"然而，尽管说了些豪言壮语，卫城守军还是太乐观了。当时

---

① 乔治·芬利：《希腊革命史》，第2卷，第143页。——原注

法国的亨利·德·里格尼上将碰巧在港口。在他的斡旋下,希腊人与土耳其军队总司令展开谈判。有传言称易卜拉欣帕夏还在从摩里亚半岛赶来的路上时,瑞希德帕夏就爽快地接受了谈判条款,因为骄傲的土耳其人不愿意再次将胜利的桂冠让给自己憎恨的埃及军队。1827年6月5日,卫城驻军带着战争的荣誉感从卫城出发,宣布投降。瑞希德帕夏站在一支强大的骑兵队伍的最前面,保持着行军路线,从而确保大家都遵守投降的协议[①]。

  现在土耳其人又成了整个希腊大陆的主人。如果瑞希德帕夏能够立刻横穿地峡,希腊独立战争最终肯定会被武装镇压。然而,瑞希德帕夏对易卜拉欣帕夏的嫉妒促使他无法将自己的帕夏领地治理得井井有条,而这对希腊来说未必不是一件幸运的事。瑞希德帕夏没有进入摩里亚半岛,而是回到约阿尼纳。在约阿尼纳,瑞希德帕夏努力巩固他重新征服的省份。希腊再一次鬼使神差地得救了。

[①] 门德尔松·巴托尔迪:《希腊历史》,第1卷,第456页。朱里安·德拉格拉维埃:《黎凡特站》,第2卷,第137页。在整个雅典卫城投降的谈判过程中,瑞希德帕夏的表现温和而坦率,这使他受到极大的赞扬。乔治·芬利:《希腊革命史》,第2卷,第153页。——原注

第13章

塞奥佐罗斯·科洛科特罗尼斯战役

精彩看点

乔治斯·昆图里奥特斯政府倒台——政党冲突再起——达玛拉大会——临时政府成立——国家的苦难——阿尔马托利人的暴政——爱琴海上的海盗——奥赛佐罗斯·科洛科特罗尼斯的行动——希腊人的胜利

迈索隆吉陷落后，1826年战争的中心转向了阿提卡。事实上，1826年7月，在托马斯·戈登将军带来资金并装备好希腊舰队后，安德烈亚斯·米奥里斯就率领舰队出海，为萨摩斯岛解围。1826年9月11日和1826年9月12日，安德烈亚斯·米奥里斯与土耳其人展开了一场持久战。希腊水手们再次展示了他们高超的海战技术，并迫使土耳其人跑到达达尼尔海峡躲避炮击。然而，在陆地上，安德烈亚斯·米奥里斯没有采取决定性的行动。当时，易卜拉欣帕夏束手无策。穆罕默德·阿里帕夏并没有给易卜拉欣帕夏增援。易卜拉欣帕夏的军队疲惫不堪，士气低落。1826年11月，易卜拉欣帕夏带兵回到莫登的过冬营地，在那里一直待到1827年4月。在这段时间，希腊人难得暂时从最紧迫的战争危险中解脱出来，却又将精力浪费在毫无意义的内耗上。

迈索隆吉的陷落使希腊民众对乔治斯·昆图里奥特斯政府的自私和无能感到愤怒。乔治斯·昆图里奥特斯被迫向舆论风暴低头，辞去总统职务。安德烈亚斯·泽米斯被选为他的继任者，组建了一个包括八名成员的管理委员会，但乔治斯·昆图里奥特斯和塞奥佐罗斯·科洛科特罗尼斯伯爵都被排除在外。这是一场更激烈的党派战争开始的信号，甚至连欧洲的亲希腊人士也分裂成敌对阵营。根据自己最喜欢的对希腊实行干预的国家，这些派别自称为英国的、法国的或俄罗斯帝国的亲希腊组织。这也是政党分裂的典型特征，因为即使是这些外国组织的名称也随着希腊国内政派的分裂而各有不同。安德烈亚斯·米奥里斯、亚历山德罗斯·马夫罗科达托斯和岛民通常属于"英国的"。在塞奥佐罗斯·科洛科特罗尼斯伯爵的带领下，摩里亚岛民宣布支持俄罗斯帝国，因为塞奥佐罗斯·科洛科特罗尼斯伯爵既痛恨亚历山德罗斯·马夫罗科达托斯，也痛恨囚禁他的伊兹拉岛居民。而鲁米利亚人或欧洲大陆的希腊人则选择跟随"法国的"。

1826年11月，国民议会在皮亚达武装派别的冲突中无力回天，被安德烈亚斯·泽米斯转移到埃伊纳岛。出于对安德烈亚斯·泽米斯共同的仇恨，乔治斯·昆图里奥特斯和塞奥佐罗斯·科洛科特罗尼斯伯爵暂时达成了休战协议。现在他们在卡斯特里举行了第二次议会，并于1827年2月选举西西尼斯为总统。希腊人早已经因为战乱而伤痕累累，如今又面临着内战的危险。然而在这场危机中，托马斯·科克伦勋爵和理查德·丘奇爵士也来参会，他们真诚的训诫再次使敌对各方团结起来。两个议会都解散了。1827年3月，在靠近特罗泽的达玛拉，一个新的议会召开。由于安德烈亚斯·泽米斯和西西尼斯两人都辞职了，议会开始选举一位新总统。俄罗斯帝国前部长扬尼斯·安东尼奥斯·卡波基斯迪亚斯伯爵坐上了这个位置。塞奥佐罗斯·科洛科特罗尼斯伯爵和他身后的"俄罗斯帝国"派一直在密谋推动扬尼斯·安东尼奥斯·卡波基斯迪亚斯伯爵的当选①。这项任命将持续七年。在新总统上任前，政府由一个三人委员会负责。乔治·马夫罗迈克尔斯、米利亚提斯和纳科斯当选为委员。

1827年5月，希腊自由宪章《特罗泽宪法》②出版。从各方面看，这都是一份非常有趣的文件。作为一个有效的政府管理文件，事实上，它是失败的。但作为一个体现希腊民族精神的宣言，它很有意义。这部宪法在欧洲列强面前宣布，无论内阁的外交政策会给希腊带来怎样的命运，希腊民族都永远不会停止斗争，直到所有全副武装奋起反抗土耳其人压迫的希腊人获得最终的自由。新希腊的疆域将包括阿尔巴尼亚、塞萨利、萨摩斯和克里特岛。除了这种明显的泛希腊主义③，这部宪法对民

---

① 门德尔松·巴托尔迪：《希腊历史》，第1卷，第440页到第445页。——原注
② 第三届国民大会最初于1825年在皮亚达召开，随后于1827年在特罗泽召开。会议一致选举扬尼斯·安东尼奥斯·卡波基斯迪亚斯为希腊总统，任期七年，同时投票通过了希腊政治宪法，即《特罗泽宪法》。
③ 指整个希腊的统一。古希腊城邦相互之间是完全独立的。因此，希腊人的国籍指的是他们所在的城邦。"希腊"虽然没有政治意义，却代表了各个城邦的文化共同性。希腊人讲共同的语言，崇拜共同的神，有共同的习俗。他们以此与其他民族产生区别，并将其他民族称为"野蛮人"。

主思想的清晰阐述远远早于欧洲的其他国家,包括人民政府的原则、法律面前人人平等、言论和新闻自由,以及禁止乱征税和未经审判的监禁等规定①。

希腊当时的实际情况就是对这些雄心勃勃、情绪高涨的人的一种奇怪的反应。1827年5月17日,议会解散,整个团队也随之解散。在当时的情况下,对政府来说,武力是解决问题的唯一途径。任何一个手下有十几人的冒险家领袖都认为自己有权分一杯羹。新当选的总统扬尼斯·安东尼奥斯·卡波基斯迪亚斯伯爵在到任前任命的临时政府既腐败又无能。临时政府落入两个流氓和一个傻瓜手里,但这确实是当时希腊国内政治的特点。乔治·马夫罗迈克尔斯②和米利亚提斯一心只想发财,已经找到与海盗相互勾结的最便捷的办法,给予海盗支持。海盗们开始涌向爱琴海,而愚蠢的纳科斯根本无法阻止纵容海盗这一丢脸事件。

按照宪法的规定,参议院已经成立了三年了,但它只是一个辩论"俱乐部",甚至连这个都算不上。塞奥佐罗斯·科洛科特罗尼斯伯爵曾经嘲弄时局,坚持要求选举雷内亚里斯当选总统。雷内亚里斯是一个又聋又老的克里特岛人。在他当选为总统的时候,他躲在一棵杏树后面,企图逃避这一危险性的荣誉,但没有成功③。

即使政府工作人员诚实且能干,摆在其面前的任务可能也远超其能力范围。整个国家都精疲力竭,无税可收,也无贸易关税可收。此外,除了亲希腊人士对希腊做出的捐献,政府的金库空空如也。到处都是一片无政府状态。岛民厌倦了无利可图的战争,于是开始开展海盗活动,将手伸向所有国家在海上的往来贸易。斯皮齐亚岛和伊兹拉岛的岛民们做了他们自己认为对的事情。普萨拉岛民将埃伊纳岛作为他们的掠夺中心。逃亡的克里特人在基克拉泽斯群岛建立了海盗据点。他们从那里出发,在狭窄的海域展开搜索。在陆上,希腊人拥有的堡垒也成了强盗的巢穴。莫尼姆瓦夏的乔治·马夫罗迈克尔斯及阿克罗科林斯的贾维拉斯向周围可怜的农民敲诈勒索。在纳夫普利亚,伊奇卡来和帕拉米蒂的城堡被敌对的苏利亚人和鲁米利亚人的首领弗托玛拉斯和格里瓦斯控制着。在没有互相攻击的情况下,他们共同

---

① 门德尔松·巴托尔迪:《希腊历史》,第1卷,第460页。——原注
② 后来谋杀了扬尼斯·安东尼奥斯·卡波基斯迪亚斯总统的乔治·马夫罗迈克尔斯。作为马伊纳人,他对海盗们十分宽容。——原注
③ 门德尔松·巴托尔迪:《希腊历史》,第1卷,第461页。——原注

通过酷刑和监禁手段从镇上可怜的居民那里强抢钱财。在开阔的田野里,成群的阿尔马托利游击队员来来去去,抢掠着那些在易卜拉欣帕夏的队伍横扫过后遭到遗漏的地方。可怜的农民们逃进山里。他们或躲在这里,或躲在那里,绝望地看着折磨他们的人。在阿尔戈斯,市民们在道路上设置路障,并向每一个进入视野的士兵开火①。

1827年6月,内战似乎又要爆发了。当然,对于掠夺这一行为本身,摩里亚半岛的希腊游击队员并没有异议,但他们不能忍受由一个鲁米利亚人来强征伯罗奔尼撒城镇的战时特别税。在纳夫普利亚,弗托玛拉斯和格里瓦斯的地位令希腊人极其苦恼,因此希腊人决心努力驱逐鲁米利亚人。为了达到这个目的,希腊人构思了一个计谋。虽然他们本身非常奸诈狡猾,但他们故意装出一副感人的质朴从而骗取信任。他们用两支镶金的手枪作为礼物去贿赂格里瓦斯的一个军官,希望他允许塞奥佐罗斯·科洛科特罗尼斯伯爵的小儿子扬尼斯·科洛科特罗尼斯和一群人进入帕拉米蒂要塞。那个军官表示同意并收下了手枪,但转身就将阴谋泄露给了他的长官。

1827年6月9日晚,扬尼斯·科洛科特罗尼斯一行按计划进入帕拉米蒂要塞。弗托玛拉斯故意打开了城墙上的一个后门。扬尼斯·科洛科特罗尼斯的队伍有二百五十人,他们从这个通道悄悄进入城镇。与此同时,措克里斯带着另一队爬上陡峭的山峰,抵达帕拉米蒂。到了城堡,措克里斯发现门按约定开着,于是带着他的人一起走了进去,然而,他们突然遭到近距离的射击。措克里斯完全被吓住,一进去就受了伤,转身从门口逃了出来,在鲁米利亚人的笑声和子弹声中逃下山去。与此同时,扬尼斯·科洛科特罗尼斯的运气也没好到哪儿去。他被弗托玛拉斯的精良部队包围在自己占领的一所房子里,为了赎回自己和手下,不得不以六万皮亚斯特的代价签下一份协议。

然而,刚摆脱这个危险,鲁米利亚首领们就又开始互相争斗起来。扬尼斯·科莱提斯被指控接受了奥斯曼帝国的贿赂,这使党内竞争白热化。弗托玛拉斯和格里瓦斯则在相互斗争中陷入对立的局面。纳夫普利亚堡垒的炮弹争相落入对手阵地,一连几天猛烈的炮火进攻不断。双方仅在1827年7月13日一天就发射了二百多枚炸

---

① 门德尔松·巴托尔迪:《希腊历史》,第1卷,第463页。——原注

弹。那些可怜的市民们已经被敌对帮派团伙剥夺了他们几乎所有的财产，现在只是为了证明哪个强盗更有权夺得他们剩余的财产，就得眼睁睁看着自己的家被炸为废墟。城里四处燃起大火，一百多人在火中丧生。居民们试图逃到空旷的地方去，但士兵占领了城门。居民们要么被赶回去，要么只能用高价购买离开城镇的权利。

1827年6月，希腊陷入了无政府的混乱状态。现在临时委员会逃走了，随后参议院也迅速逃走。1827年7月14日，有三名参议院成员被一枚炸弹炸死。

外国干预再次挽救了岌岌可危的局势。在狂轰滥炸期间，爱德华·科德林顿上将抵达纳夫普利亚，代表镇民进行调解，说服了首领们允许幸存居民离开。所有幸存的居民飞快逃离了这座城市。此外，在所有的希腊领导人中，只有德米特里乌斯·希普西兰蒂还留在他那满是弹孔的房子里，坚守着他所谓的神圣职责。

爱德华·科德林顿上将

1827年7月19日，在汉密尔顿船长的船上，敌对双方的首领们举行了一次会议。英国海军上将爱德华·科德林顿向希腊人提出强烈抗议，表示如果他们继续推行这样的行动方针，将会给希腊的独立事业带来致命影响，因为无论这些国家多么想干预希腊事务，但它们都不可能与一个被武装派别控制的政府进行谈判。与此同时，理查德·丘奇爵士也提出了跟英国海军上将爱德华·科德林顿同样的要求。

　　在会议上，爱德华·科德林顿的做法遭受了与会人员极其严厉的轮番批评，但他以大义为重，将他的据点拱手让给政府。然而，除非拿到一百万皮亚斯特作为赔偿格，否则格里瓦斯仍然坚持拒绝撤离帕拉米蒂。此外，由于没有人能强迫他，格里瓦斯暂时掌控着帕拉米蒂的局面。

　　与此同时，在经历了五个月的无所事事后，1827年4月18日，易卜拉欣帕夏再次占领了这块土地，向北进军埃利斯。这时，得到埃及军队进犯的消息，西西尼斯急忙退回克莱姆茨城堡坚守。易卜拉欣帕夏被挡在城堡前三个星期，都没有攻下来。然而，在第三个周周末，由于极度缺水，守军不得不投降。埃及军队继续向瑞希姆进军。易卜拉欣帕夏一直都是个脾气暴躁的人，现在却改变政策，开始耍弄一些计谋。无论到哪里，易卜拉欣帕夏都用最大的宽容对待农民，给他们留下种子谷物，并为所有被征用的马购买饲料。这种新的、意想不到的慷慨行为产生了极好的效果。由于厌倦了这令人绝望的战争，希腊民众再次选择投降，向奥斯曼帝国表示忠诚了。扎巴提的尼尼科斯第一个叛变，他甚至组建了一支非正规部队来辅助埃及人。

　　这个叛国的消息，以及这么多希腊人叛变的消息，令老英雄塞奥佐罗斯·科洛科特罗尼斯伯爵无比震惊。在爱国主义的召唤下，他把自己参与的那些阴谋和争斗抛在一边，用他惯有的旺盛精力放到阻止埃及军队继续前进的任务上。塞奥佐罗斯·科洛科特罗尼斯伯爵发表了一份公告，号召所有十六岁到六十岁的人拿起武器，保卫自己的国家。一支部队被派去对付叛徒尼尼科斯，另一支则在尼基塔斯·斯塔马泰洛普洛斯的率领下向南进入麦西尼亚，袭击易卜拉欣帕夏的营地。另外两支部队，在扬尼斯·科洛科特罗尼斯和帕普卢塔斯的领导下，负责把守摩里亚半岛中心的山口。塞奥佐罗斯·科洛科特罗尼斯伯爵自己则行进到科林斯湾和菲尼亚湖，加入诺塔拉斯及其科林斯大部队，监视着易卜拉欣帕夏的下一步行动。

在随后的非常规战争中,占上风的一方仍然是希腊人。易卜拉欣帕夏试图夺取梅加斯皮莱修道院。英勇善战的修道士们挫败了他的进攻。随后,易卜拉欣帕夏又试图渗透到卡里塞纳,但扬尼斯·科洛科特罗尼斯和帕普卢塔斯的部队把守着关口要道,他只好退回。易卜拉欣帕夏退到麦西尼亚州。由于胜利,希腊人扬扬得意起来。

北方战事取得了更大的胜利。1827年7月15日和1827年7月29日,塞奥佐罗斯·科洛科特罗尼斯伯爵在圣瓦拉西和圣约翰修道院击败了尼尼科斯和艾哈迈德贝伊的联军。然而,塞奥佐罗斯·科洛科特罗尼斯伯爵缺乏乘胜攻击佩特雷的手腕和能力。他敦促希腊政府向他提供粮食和弹药,但徒劳无功。塞奥佐罗斯·科洛科特罗尼斯伯爵愤怒地写道:"我可没本事用空气喂养我的士兵,将泥土变成面粉,或者将石头变成面包!"要么是因为没有物资可送,要么是因为某些人的自私,对战况漠不关心,政府没有理会他发出的紧急求助信息。因此,希腊人和土耳其人都被迫掠夺不幸的农民。在双方的盘剥折磨中,农民们痛不欲生。

易卜拉欣帕夏听说塞奥佐罗斯·科洛科特罗尼斯伯爵准备重新夺取那些屈服于奥斯曼帝国统治的地区,于是通过海路向佩特雷派遣增援部队。为了确保当前的战果,阿基默德贝伊也再次率领一支远征队离开佩特雷,由尼尼科斯做向导,沿着阿加亚海岸行进。然而,塞奥佐罗斯·科洛科特罗尼斯伯爵早有准备。

在沃尼察,帕普卢塔斯中尉击败了土耳其军队,并迫使他们退回佩特雷。不久,另一队土耳其人在迪夫里的葡萄园中被扬尼斯·科洛科特罗尼斯击败,并被赶回皮尔戈斯。当这些胜利的消息传来时,那些已经背叛了希腊的地区又一次选择回来与希腊人一起为自由解放并肩作战。

现在西南地区出现了新的危险,易卜拉欣帕夏威胁要攻下阿卡迪亚和马伊纳。于是,塞奥佐罗斯·科洛科特罗尼斯伯爵急忙赶来援助尼基塔斯·斯塔马泰洛普洛斯。然而,马伊纳人骁勇善战,勇猛异常,牢牢地把守住了山地关口,成功顶住埃及军队的数次进攻。由于久攻不下,屡次受挫,易卜拉欣帕夏暴跳如雷,又一次任由他的野蛮部队在大地上肆意妄为,到处烧杀抢掠。他们不仅杀人,还摧毁了所有能够维持生命的东西。易卜拉欣帕夏那极具破坏力的部队所向披靡,所到之处狼烟四起,火光冲天。在这场种严重的破坏下,有六万多棵无花果树和橄榄树被毁,而它们是这个国家人民的主要经济来源。然而,任何企图破坏甚至摧毁希腊的自由的野蛮行径都为时已晚,难以奏效。欧洲各国人民对希腊独立事业的热情援助终于结出硕果。欧洲人更有力的手将举起那柄几乎要从希腊人日渐衰弱的手中滑落的剑。不久,纳瓦里诺湾的枪炮声向全世界宣告,欧洲终于承认英勇的希腊人民获得了自由的权利。

第14章

俄罗斯帝国强势介入希腊独立战争

精彩看点

希腊和列强——俄罗斯帝国的提议——圣彼得堡会议——列强关系的改变——神圣同盟分裂——亚历山大一世的态度——俄罗斯帝国的危机——军事叛乱——尼古拉一世继位——俄罗斯帝国对土耳其的最后通牒——土耳其军事改革——对土耳其禁卫军的大屠杀——俄罗斯帝国、法国和英国联盟——《伦敦条约》

多年来，为了解决希腊问题，各国列强一直试图达成某种协议，却没有提出任何能够被普遍接受的建议。起初，神圣同盟联盟的政策——欧洲议会对"革命"和"不敬神灵"进行镇压——是至高无上，不可侵犯的。然而，在克莱门斯·冯·梅特涅侯爵政策的影响下，欧洲各国内阁反对希腊独立战争。乔治·坎宁爵士对希腊人的公开同情似乎意味着欧洲政策即将朝着有利于希腊的方向发展。这使俄罗斯帝国政府相信，英国可能很快就会大力支持希腊独立事业。事实上，在克莱门斯·冯·梅特涅侯爵及乔治·坎宁爵士的前任卡斯尔雷子爵罗伯特·斯图尔特的影响下，俄罗斯帝国至今仍然对希腊独立事业持拒绝态度。不过，如果希腊人真的要找一个盟友，俄罗斯帝国不仅无法容忍这个盟友是英国，而且决心预判英国将采取的行动。因此，1824年1月，俄罗斯帝国代表向各国提出了一项之前提到过的建议[1]。这一计划提议将摩里亚半岛及希腊东、西部依照摩尔达维亚和瓦拉几亚的模式建为附庸国，但没有人赞同，甚至连希腊人自己也既轻蔑又愤慨地拒绝了。乔治·坎宁爵士拒绝考虑任何不承认希腊人有权掌控自己命运的计划[2]。为了达成协议，列强各国在圣彼得堡召开了会议。乔治·坎宁爵士命令英国代表退出[3]，尽管其他全权

---

[1] 冯·普罗克施–奥斯滕男爵：《奥斯曼土耳其帝国统治下的希腊发展史》，第1卷，第249页。——原注

[2] 冯·普罗克施–奥斯滕男爵：《奥斯曼土耳其帝国统治下的希腊发展史》，第1卷，第311页到第314页。——原注

[3] 冯·普罗克施–奥斯滕男爵：《奥斯曼土耳其帝国统治下的希腊发展史》，第1卷，第319页。——原注

代表还在，但外交辩论仍然在拖延时间，而且没有取得任何有效进展。俄罗斯帝国提议的背后动机很明显，欺骗不了任何人，更不用说有着精明外交手腕的克莱门斯·冯·梅特涅侯爵了。克莱门斯·冯·梅特涅侯爵虽然为了神圣同盟的利益想要逗弄沙皇，但并不想看到俄罗斯帝国在黎凡特扮演它在多瑙河公国中所扮演的资助人的角色。

会议举行了一段时间后仍然没有取得任何成果，于是休会了几个月。1825年2月，会议再次召开。克莱门斯·冯·梅特涅侯爵通过奥地利全权代表宣布，维也纳政府只能承认以下两种选择中的一种：希腊要么完全臣服于土耳其，要么完全独立①。对于俄罗斯帝国计划强行在土耳其推行的一些有关附庸国的想法，克莱门斯·冯·梅特涅侯爵断然拒绝接受。至于法国，则早在1825年春天克莱门斯·冯·梅特涅侯爵去巴黎拜访查理十世②时就已经接受了克莱门斯·冯·梅特涅侯爵的建议③。在这种情况下，俄罗斯帝国别无选择，只能让步。1825年3月13日，会议决定向土耳其宫廷提交一份联合声明，请它接受列强在解决希腊问题方面的调停④。这是圣彼得堡会议取得的唯一结果。不用说，在没有任何强迫威胁的情况下，这项建议遭到奥斯曼帝国政府的愤怒拒绝。

然而，就列强关系本身而言，会议产生了更深远的影响。克莱门斯·冯·梅特涅侯爵的天赋和个人魅力曾经给沙皇亚历山大一世留下深刻的印象，如今这一关系却遭到破坏。圣彼得堡和维也纳的关系变得异常紧张。由于法国和普鲁士都倾向于支持奥地利的政策，为了获得同情，现在俄罗斯帝国不得不向英国示好。实际上，就目前而言，由于英俄两国最终目标的巨大分歧，英国和俄罗斯帝国不可能会有任何实际的联盟。然而，在一定的范围内，任何一方都可以继续推行自己的政策同时避免与另一方的观点发生冲突。1825年8月18日，当沙皇亚历山大一世在一份报告中向列

---

① 冯·普罗克施–奥斯滕男爵：《奥斯曼土耳其帝国统治下的希腊发展史》，第1卷，第341页。门德尔松·巴托尔迪：《希腊历史》，第1卷，第387页。——原注
② 查理十世（Charles X, 1757—1836）：法国波旁王朝的末代国王。
③ 门德尔松·巴托尔迪：《希腊历史》，第1卷，第389页。——原注
④ 冯·普罗克施–奥斯滕男爵：《奥斯曼土耳其帝国统治下的希腊发展史》，第1卷，第340页。——原注

乔治·坎宁爵士

强宣布他打算参与处理希腊事务时,乔治·坎宁爵士并没有感到不满[1]。人们通常认为,当时沙皇亚历山大一世到俄罗斯帝国南部的一次旅行与应付土耳其的战争有关。

然而,1825年12月1日,随着沙皇亚历山大一世在塔甘罗格意外身亡,一切再次陷入不确定。新沙皇可能会推翻前任的政策。甚至没有人知道新沙皇会是谁。虽然康斯坦丁·巴甫洛维奇大公是已故俄罗斯帝国沙皇保罗一世的次子及合法的皇位继承人,但他只是一个没有经过教化的野蛮人。此外,1820年,康斯坦丁·巴甫洛维

---

[1] 门德尔松·巴托尔迪:《希腊历史》,第1卷,第390页。——原注

康斯坦丁·巴甫洛维奇大公

奇大公与发妻离婚,娶了一个叫乔安娜·格鲁津斯卡的伯爵夫人。这是一桩皇室与平民之间的婚姻。这种情况下,康斯坦丁·巴甫洛维奇大公也许意识到自己完全不适合统治国家。1823年,康斯坦丁·巴甫洛维奇大公签署了一份声明,放弃王位继承权,将皇位让给了自己的三弟。这位新的俄罗斯帝国皇位继承人是同普鲁士公主夏洛特结婚的尼古拉·巴甫洛维奇大公,即后来的俄罗斯帝国沙皇尼古拉一世。沙皇亚历山大一世同意了这一安排,正式的文件已经签署,存放在莫斯科和圣彼得堡的档案馆中。不过由于保密的关系,这件事没有人知道,甚至连尼古拉·巴甫洛维奇大公本人也没有得到任何官方的消息。

因此，当沙皇亚历山大一世驾崩的消息传到圣彼得堡时，尼古拉·巴甫洛维奇大公立即向康斯坦丁·巴甫洛维奇大公宣誓效忠，并将管理权交给皇家卫队。后来这些文件得到公开，尼古拉·巴甫洛维奇大公才被承认是俄罗斯帝国的继承人。即便如此，尼古拉·巴甫洛维奇大公也拒绝登上皇位，除非他能重新得到康斯坦丁·巴甫洛维奇大公的退位声明。这种拖延和不确定性导致了一种难以避免的混乱，而这种混乱很快就被反对派利用。

尼古拉·巴甫洛维奇大公

在沙皇亚历山大一世驾崩前的几年，俄罗斯帝国军队中到处都有秘密组织，意图推翻沙皇压力山大一世的独裁政权。虽然在军事圈外，这些阴谋很难得到支持，但在那些军官中，尤其是那些在法国待过三年的俄罗斯帝国军官，由于受到西方自由主义的影响，革命思想在他们身上得到强有力的巩固和发展。阴谋者的目的各不相同。像尼古拉·屠格涅夫这样的人，只希望逐渐通过教育普及和启蒙为宪政铺平道路。与此同时，另一些人则梦想着建立一个俄罗斯共和国，并且像佩斯特尔上校一样，借助军事力量崛起。甚至在沙皇亚历山大一世还在世的时候就已经存在各种各样的暴动计划，但总是出现一些不可预见的情况，导致暴动难以实施。然而，沙皇亚历山大一世驾崩后引起的混乱不堪似乎是一个不容忽视的机会，让这些暴乱者加速了行动。

当然，对普通士兵来说，"宪法"这个词没有任何现实意义。然而，在短短几天的时间内，士兵们连续两次被要求宣誓。宣誓被当作一种用来对付士兵们的工具。

亚历山大一世驾崩

尼古拉一世

有人向士兵们指出，向新沙皇尼古拉一世宣誓效忠违反了他们曾经向康斯坦丁·巴甫洛维奇大公立下的誓言。1825年12月26日是军队宣誓效忠的日子。然而，有几个兵团拒绝宣誓，他们举着彩旗、敲着鼓，到参议院对面的广场游行，大声呼喊着康斯坦丁·巴甫洛维奇大公和宪法，后来居然被告知宪法与康斯坦丁·帕夫洛维奇大公的妻子同名。①

叛乱有蔓延到其他部队的危险，甚至在平民中也不乏动乱的迹象。好在新沙皇尼古拉一世的坚定阻止了最严重的后果。叛乱分子被一支强大的可靠部队团团围住，并被要求放下武器。起初叛乱分子拒绝放下武器，并击中了正在设法劝他们恢复理智选择投降的米罗拉多维奇将军。随后新沙皇尼古拉一世下令炮击他们。三轮

---

① 门德尔松·巴托尔迪：《希腊历史》，第1卷，第395页。——原注

射击足以平息叛乱。包括佩斯特尔上校在内的五名头目被捕并遭到处决。许多下级军官被流放到西伯利亚,整个阴谋彻底破灭。然而,军队中普遍存在的不满情绪令人不快。为了恢复军队的士气,新沙皇尼古拉一世越来越倾向于发动一场对土耳其人的战争。

对克莱门斯·冯·梅特涅侯爵而言,圣彼得堡发生的事情是沉重的打击。沙皇亚历山大一世驾崩后,克莱门斯·冯·梅特涅侯爵对俄罗斯帝国皇位继承变动之事一无所知。克莱门斯·冯·梅特涅侯爵曾经公开写信祝贺康斯坦丁·巴甫洛维奇大公。他知道,在康斯坦丁·巴甫洛维奇大公那里希腊不会有什么希望。与此同时,克莱门斯·冯·梅特涅侯爵憎恨英国,鄙视法国,厌恶普鲁士,认为它们是革命阴谋的温床,而且他全心全意效忠于奥地利①。克莱门斯·冯·梅特涅侯爵欢欣鼓舞地写道:"俄罗斯帝国的传奇结束了。现在,俄罗斯的历史开始了。"②而现在,康斯坦丁·巴甫洛维奇大公已经让位给了尼古拉·巴甫洛维奇大公。然而,在所有重要方面,尼古拉·巴甫洛维奇大公都和他这个哥哥完全不同。事实上,在性格上新沙皇尼古拉一世有点像清教徒,又有点像教官。他对希腊人几乎没有同情心。据说他曾经说道:"别跟我提希腊人!他们就是叛乱之徒!"然而,他自己绝不会选择走的路线正逐渐被政治逻辑强加给他。因为除了前面提到的军事原因,以及俄罗斯帝国需要积极干涉沙皇并不讨厌的东方事务,英格兰在黎凡特日益增长的影响力也开始令新沙皇尼古拉一世感到焦虑。俄罗斯帝国不能让一个已经被公认为是它最大对手的大国超越自己在东方的声望。

1825年7月,在极度危险的时刻,当易卜拉欣帕夏已经站在纳夫普利亚上方的高地上率大军逼近时,希腊国民议会提出将希腊正式置于英国的保护下。尽管乔治·坎宁爵士拒绝了希腊的请求,但他的政策明显对希腊人有利,以至于英国驻君士坦丁堡的大使斯特兰福德勋爵珀西·斯迈思辞职③。接替他的是斯特拉特福德·坎

---

① 1825年12月18日,克莱门斯·冯·梅特涅侯爵写给奥坦菲尔斯男爵的信。冯·普罗克施–奥斯滕男爵:《奥斯曼土耳其帝国统治下的希腊发展史》,第6卷,附录第15页。——原注
② 冯·普罗克施–奥斯滕男爵:《奥斯曼土耳其帝国统治下的希腊发展史》,第6卷,附录第15页。——原注
③ 冯·普罗克施–奥斯滕男爵:《奥斯曼土耳其帝国统治下的希腊发展史》,第1卷,第266页。——原注

宁，有人指示他与"希腊政府"建立关系。1826年1月，英国大使和希腊代表在伊兹拉岛对面的佩里沃拉基亚举行了一次会议。希腊人对战争发展给希腊造成的不利感到沮丧，准备考虑俄罗斯帝国关于附属国的提议。如今，乔治·坎宁爵士再次下定决心与俄罗斯帝国新沙皇尼古拉一世进行谈判。在这之前，在与俄罗斯帝国驻伦敦大使利芬男爵的一些私人谈话中，他曾经表示对新沙皇尼古拉一世的良好性格十分钦佩。因此，1826年3月，威灵顿公爵阿瑟·韦尔斯利被派往圣彼得堡祝贺俄罗斯帝国新沙皇尼古拉一世登基，同时邀请新沙皇尼古拉一世为了希腊的利益参加一些联合示威活动。

英国的提议使沙皇尼古拉一世处于一种尴尬的境地。就在刚刚过去的1826年3月17日，沙皇尼古拉一世向奥斯曼帝国发出了最后通牒，要求奥斯曼帝国立即向俄罗斯帝国派遣全权代表，来商讨令沙皇俄国政府感到委屈的某些事件，并威胁如果

威灵顿公爵阿瑟·韦尔斯利

拒绝就开战。当然，苏丹马哈茂德二世可能会拒绝最后通牒。然而，如果他接受这一要求，尼古拉一世将难以立刻提出一系列完全不同的新要求。尽管如此，在1826年4月4日接到土耳其宫廷接受最后通牒的答复前，沙皇尼古拉一世就签署了《圣彼得堡协议》[1]。根据这一协议，英国有权向奥斯曼帝国政府提出解决希腊问题的办法。这是希腊驻佩里沃拉基亚代表商定的条件，在任何情况下俄罗斯帝国都要保证对它的支持[2]。

《圣彼得堡协议》的发表引发了极大的争议。由于接受了俄国人的最后通牒，苏丹自然对如今突然提出的全新要求表示不满。克莱门斯·冯·梅特涅侯爵称这个协议是软弱和愚蠢的结合[3]，鼓励奥斯曼帝国抵制这个协议。苏丹马哈茂德二世脾气倔强，确实没有表现出任何屈服的迹象。在君士坦丁堡，经过长期计划的关于军队改革的准备工作正加紧向前推进。为实现军队改革的目标而采取的措施令奥斯曼帝国政府感受到改革的艰难。1826年6月15日，受改革影响最大的那些拥有特权的土耳其禁卫军发动了公开起义。然而，这次起义注定不会成功。土耳其禁卫军们遭到由苏丹马哈茂德二世集结在首都的大批的安纳托利亚军队镇压，被赶回了营房。在那里，土耳其禁卫军全部被杀。从此苏丹马哈茂德二世摆脱了那些骄傲和狂暴的士兵。几个世纪以来这些土耳其禁卫军一直在君士坦丁堡扮演着古罗马禁卫军的角色。然而，虽然现在苏丹马哈茂德二世可以自由地推行他的军事改革计划，但土耳其禁卫军的覆没严重削弱了他现有的军队力量。与此同时，尽管沙皇尼古拉一世提出了新的要求，苏丹马哈茂德二世还是被迫按照俄罗斯帝国的最后通牒，派遣他的代表到阿克曼与俄罗斯帝国代表会面。1826年10月26日，双方达成一项协议。奥斯曼帝国同意了俄罗斯帝国关于塞尔维亚和罗马尼亚某些悬而未决问题的所有要求，包括在达达尼尔海峡和博斯普鲁斯海峡的航行情况及一些切尔克斯克要塞的移交。

在这段时间，尽管苏丹马哈茂德二世早在1826年5月就私下收到关于《圣彼

---

[1] 1826年，英国和俄罗斯帝国在圣彼得堡签署协议，承诺采取一项调解政策，对奥斯曼帝国和希腊独立战争实施和平的政策干预。通过1827年的《伦敦条约》，法国成为这项政策的缔约国。——原注

[2] 托马斯·厄斯金·霍兰：《欧洲议会和东方问题》，第5页。——原注

[3] "一个充满弱点和荒谬的作品"，克莱门斯·冯·梅特涅侯爵写给奥坦菲尔斯男爵的信。冯·普罗克施–奥斯滕男爵：《奥斯曼土耳其帝国统治下的希腊发展史》，第7卷，附录第11页。——原注

得堡协议》内容的通知,但英国驻奥斯曼帝国大使一直没有发表这份文件。与此同时,欧洲内阁之间也在积极地交换意见,而且情形已经有了很大的改变。克莱门斯·冯·梅特涅侯爵仍然抱着一种拒绝调解的态度,而普鲁士只同意在成员国意见完全一致的情况下进行合作。然而,法国同意支持该议定书,因为对天主教的狂热促使查理十世效仿圣路易斯[①]向异教徒发起十字军运动[②]。

1827年春,在伦敦又举行了几次会议,奥地利同意参加。然而,当克莱门斯·冯·梅特涅侯爵发现自己再也无法影响其他大国的决定时,他愤怒地离开了。1827年4月4日,英国与俄罗斯帝国两国大使将列强各国的《联合议定书》交给奥斯曼帝国大维齐尔。大维齐尔以苏丹马哈茂德二世的名义愤怒地拒绝接受外国政府干涉苏丹与他的臣民之间的关系,并且援引《阿克曼条约》的规定,对俄罗斯帝国的这一新举动表示了强烈的抗议。《圣彼得堡协议》因此遭到奥斯曼帝国拒绝。英国与俄罗斯帝国认为有必要进一步采取行动。此外,根据法国的倡议,1827年7月6日,《圣彼得堡协议》改为《伦敦条约》。根据该条约,缔约列强保证在苏丹马哈茂德二世宗主国统治下确保希腊的自治,但不中断与奥斯曼帝国的友好关系[③]。为此,三个盟国的舰队在爱德华·科德林顿上将、亨利·德·里格尼上将和洛德韦克·范·海登海军上将的率领下,在摩里亚半岛对所有土耳其和埃及船舰实施了封锁,逼迫易卜拉欣帕夏返回埃及。虽然使用武力的意图遭到否认,但如果没有武力保障,根本不可能实现封锁的目的。因此,广泛的自由裁量权就留给了洛德韦克·范·海登海军上将。

1827年8月16日,英、法、俄三国使者在君士坦丁堡向土耳其宫廷呈交了最后一份声明,要求奥斯曼帝国政府与希腊达成停战协议,并威胁称,如果拒绝停战,将采取一切必要措施保证执行[④]。面对强权们坚定的态度,奥斯曼帝国略显犹豫。利用这片刻的耽搁,克莱门斯·冯·梅特涅侯爵采取了最后一次孤注一掷的外交行动。

---

① 圣路易斯是塞纳河上的两个天然河岛之一,位于法国巴黎,岛屿的名称以法王路易九世命名。
② 冯·普罗克施–奥斯滕男爵:《奥斯曼土耳其帝国统治下的希腊发展史》,第7卷,附录第27页。——原注
③ 托马斯·厄斯金·霍兰:《欧洲议会和东方问题》,第7页。——原注
④ 冯·普罗克施–奥斯滕男爵:《奥斯曼土耳其帝国统治下的希腊发展史》,第8卷,附录第29页。——原注

1827年8月8日，乔治·坎宁爵士去世。这样一来，英国将有希望调整外交政策，而克莱门斯·冯·梅特涅侯爵也看到了重建自己外交大厦的希望。克莱门斯·冯·梅特涅侯爵向土耳其宫廷提议，为了解决奥斯曼帝国与其他大国之间的分歧[①]，奥斯曼帝国应当请求奥地利从中斡旋。奥斯曼帝国政府很高兴能有机会体面地改变自己容易招致危险的态度，或任何拖延的借口，因此稍做犹豫。1827年10月20日，奥斯曼帝国最终接受了奥地利的建议，但为时已晚。就在1827年10月20日中午，爱德华·科德林顿上将的舰队驶入了纳瓦里诺湾。黄昏前，那支将要扑灭最后一丝希腊自由之火的令伊斯兰教信徒骄傲的舰队，化作一堆支离破碎的残骸在水面上漂荡。

[①] 冯·普罗克施-奥斯滕男爵：《奥斯曼土耳其帝国统治下的希腊发展史》，第8卷，附录第32页。——原注

第 15 章

纳瓦里诺战役

精彩看点

埃及和土耳其舰队在纳瓦里诺会合——托马斯·科克伦勋爵前往亚历山大港的失败之旅——海盗增多——托马斯·科克伦勋爵在帕帕斯角的胜利——希腊接受停战协定及土耳其拒绝接受停战协定——希腊人的复兴运动——弗兰克·阿布尼·黑斯廷斯上尉在科林斯湾——在萨洛纳摧毁土耳其舰队——盟军舰队进入纳瓦里诺湾——纳瓦里诺战役

到目前为止，1827年的海上战事与陆地上的一样胜负难分。对于雅典在这之前的惨败所造成的糟糕印象，托马斯·科克伦勋爵没有为挽回局面做出任何努力。1827年5月14日，一支由二十八艘船组成的土耳其船队在纳瓦里诺港湾加入埃及船队，而托马斯·科克伦勋爵没能阻止这件事的发生。在佩特雷附近举行一次强大的海军演习，与塞奥佐罗斯·科洛科特罗尼斯伯爵联合行动，可能是托马斯·科克伦勋爵目前最好的选择了。然而，他倾向于玩一种更冒险的游戏，在希腊独立战争中一路前行，用胜利来证明自己非凡的能力。1827年6月月初，托马斯·科克伦勋爵带着二十二艘军舰和六艘消防船组成的船队秘密出海，没人知道他的目的地是哪里。直到经过克里特岛，托马斯·科克伦勋爵才通知船长，自己打算前往亚历山大港，试图摧毁穆罕默德·阿里帕夏正在装备的舰队。这支舰队正是让易卜拉欣帕夏摧毁希腊海上最后剩余力量的奥斯曼帝国舰队。1827年6月17日，托马斯·科克伦勋爵出现在亚历山大港附近。对方大吃一惊，入港处的守卫船还没来得及逃跑就被摧毁。当时埃及舰队只有一半的装备，而且对交战毫无准备。因此如果希腊人立即勇敢地开进港口，很可能已经成功摧毁埃及舰队。然而，失败就意味着彻底的毁灭。托马斯·科克伦勋爵满足于在港口外徘徊，不敢冒险让他的船通过狭窄的水道进入港口。与此同时，穆罕默德·阿里帕夏对自己舰队受到的侮辱感到愤怒，于是加快装备船舰上的武器，打算一准备好就出海去惩罚希腊人的傲慢无礼。然而，希腊人不愿冒着与穆罕默德·阿里帕夏的强大舰队交战的风险，因此全部逃往希腊，被埃及舰队追击了很远。这第二次惨败摧毁了托马斯·科克伦勋爵所剩无几的声望。希腊人厌倦了在海上的反复失败,只好做回海盗在海上进行抢劫。据估计,当时约有超过四分之一的人通过各种各样的方式从事这一有利可图的"海上事业"。《东方观察》说:"海盗是在大革命中产生的唯一一个完整而系统化的组织。"

然而,1827年8月1日,托马斯·科克伦勋爵终于在海上取得了一次胜利。在帕帕斯角,托马斯·科克伦勋爵与一艘埃及护卫舰和一艘双桅纵帆船相遇。在一次激烈的交战后,托马斯·科克伦勋爵捕获了它们,并成功将它们拖进纳夫普利亚港。这是希腊人在列强干预战争前取得的最后一次胜利,而接下来的消息则进一步扩大了这一胜利的影响。

1827年8月11日,《伦敦条约》的条款被传达给了在士麦那的法国海军上将亨利·德·里格尼和英国海军上将爱德华·科德林顿。现在爱德华·科德林顿上将和

亨利·德·里格尼上将

德·里格尼上将得到介入战争的许可和战斗人员。他们决定采取文武并用、软硬兼施的作战策略。梅洛斯岛被定为盟军舰队会合的地点。与此同时,爱德华·科德林顿上将乘船去纳夫普利亚,向希腊政府通知列强各国的决定。希腊人怀着喜悦之情接受了这个消息。事实上,根本没有必要使用任何武力威胁他们同意停战协定。在当前生死攸关的时刻,希腊政府非常乐于接受列强的干预,并在英国海军上将爱德华·科德林顿的建议下再次将政府迁往埃伊纳岛。这样一来,希腊政府不仅能够摆脱各派系的恐怖主义,还可以自由处理与外国代表之间的事务。

与此同时,希腊人非常乐意接受的停战协定却遭到土耳其人的轻蔑拒绝。事实上,土耳其宫廷不相信列强们是认真的,或者不相信他们最后会诉诸武力。在君士坦丁堡隆重上演的一出滑稽戏向全世界宣布了苏丹马哈茂德二世的决心和仁慈。希腊的大牧首被迫请求奥斯曼帝国宽恕那些已经投降的起义省份。这项请求得到苏丹马哈茂德二世慷慨的同意。与此同时,苏丹马哈茂德二世还用一支装备精良的舰队来进攻伊兹拉岛和斯皮齐亚岛。穆罕默德·阿里帕夏完成了九十二艘巨轮的装备,其中五十一艘是战船。1827年9月7日,这支装备精良的舰队驶进纳瓦里诺港后,海湾内的土耳其-埃及舰队的数量增至一百二十六艘。

1827年9月12日,没能成功拦截埃及舰队的爱德华·科德林顿上将抵达纳瓦里诺,随即通知奥斯曼帝国海军上将关于《伦敦条约》的条款并告诉他,一旦土耳其-埃及舰队有任何离开海湾的企图,都会招致相应的危险。从卡皮坦帕夏那里得知海军上将爱德华·科德林顿的最后通牒后,易卜拉欣帕夏思考了一段时间。在法国海军上将亨利·德·里格尼抵达前,易卜拉欣帕夏没有采取进一步行动。1827年9月22日,法国海军上将亨利·德·里格尼抵达。1827年9月25日,埃及总司令安排了与法国海军上将亨利·德·里格尼的会晤。海军上将们对易卜拉欣帕夏提出了明确的指令,而易卜拉欣帕夏则声称,在接到君士坦丁堡的指示前,他无法做出任何决定。据估计,君士坦丁堡的指示要二十五天后才能送达,在这期间,易卜拉欣帕夏同意将他的舰队留在纳瓦里诺港,并且不对伊兹拉岛或斯皮齐亚岛采取任何行动。然而,为了同苏达岛和佩特雷取得联系,易卜拉欣帕夏允许小的中队离开海湾。现在海军上将们相信易卜拉欣帕夏会屈服。一场有效的示威将足以诱使埃及舰队撤退到亚历山大港,而不必采取更暴力的措施。几艘护卫舰被留下来监视海湾入口,盟军舰队撤退,而亨利·德·里格尼舰队则驶向伊拉普索斯。在派遣了一些自己的船到马耳他后,为了查看托马斯·科克伦勋爵的行踪,爱德华·科德林顿上将继续向北航行。现在托马斯·科克伦勋爵正在伊庇鲁斯海岸巡航。

目前的局势既古怪又紧张。由于希腊人接受了遭到奥斯曼帝国拒绝的停战协定,现在欧洲的同盟国站在他们这边。此外,当易卜拉欣帕夏的舰队被困在纳瓦里诺港时,希腊人正通过最大限度利用苏丹马哈茂德二世的固执,竭尽全力为自己创造有利条件。土耳其人愤愤不平地抱怨道,虽然停战协定是强加给他们的,但希腊人完全自由。与此同时,盟国表面上虽然持不偏不倚的态度,实际上却积极地站在希腊一边。无论从什么角度看,这都是事实。然而,希腊心甘情愿地接受了停战协定。在土耳其人坚持继续作战的同时,让希腊保持被动是荒诞可笑的。因此,只要土耳其人保持他们目前的态度,希腊人就可以毫无障碍地从各国的胁迫性措施中受益,而这些强制措施必然是针对顽固不化的奥斯曼帝国政府的。

在这种情况下,希腊人重新活跃起来,继续独立战争。查尔斯·尼古拉·法维耶上校率领一支远征军前往一直坚持作战的希俄斯岛。而科瑞泽提斯和卡拉塔萨斯则被派往塞萨利和马其顿地区发动起义。克里特岛处于封锁的状态。两千名希腊士兵在格拉布萨登陆,试图再次点燃起义的火焰。在希腊西部,阿尔马托利游击队的几位首领再次武装起来。于是,在理查德·丘奇爵士和托马斯·科克伦勋爵的带领下,一支探险部队前来试图攻下迈索隆吉并在阿尔巴尼亚站稳脚跟。

科瑞泽提斯和查尔斯·尼古拉·法维耶上校的行动以失败告终。在历经几个月的无谓流血之后,克里特岛民才重新发动起义。相比之下,理查德·丘奇爵士和托马斯·科克伦勋爵的远征具有更重要的意义,不仅因为远征获得的直接成就,而且因为它引发了盟军舰队的积极干预。

根据计划,理查德·丘奇爵士将带领一千四百人的部队从科林斯地峡沿着海湾沿岸前进。与此同时,托马斯·科克伦勋爵则率领一支由二十三艘船组成的中队,绕过伯罗奔尼撒半岛,与理查德·丘奇爵士会合并将他带到希腊西部。1827年9月10日,托马斯·科克伦勋爵在迈索隆吉靠岸。然而,如上所述,爱德华·科德林顿上将

希腊战场的查尔斯·尼古拉·法维耶上校（拿望远镜者）

从纳瓦里诺起航并追踪托马斯·科克伦勋爵的行动，禁止托马斯·科克伦勋爵在阿尔巴尼亚上岸。因此，最初的行动计划不得不放弃。于是托马斯·科克伦勋爵只好同意轰炸瓦西拉迪堡，但没有成功。随后托马斯·科克伦勋爵从基克拉泽斯群岛回到锡罗斯岛，留下弗兰克·阿布尼·黑斯廷斯上尉和一个小中队在科林斯湾，加入理查德·丘奇爵士的军队。

除了自己的"卡特里亚"号，弗兰克·阿布尼·黑斯廷斯上尉还拥有由托马斯船长控制的"索特"号,以及两艘帆船和两艘炮艇。1827年9月23日,在纵帆船和炮艇的掩护下,"索特"号燃起熊熊大火,穿过"小达达尼尔",向瑞希姆要塞发起进攻。弗兰克·阿布尼·黑斯廷斯上尉指挥着毫发无损的"卡特里亚"号紧随其后,继续监视对手的舰队。这支舰队正停泊在萨洛纳几个海岸炮台的枪炮下。弗兰克·阿布尼·黑斯廷斯上尉发现这支舰队由十一艘船组成,其中五艘很大,包括一艘十六炮的纵帆船和一艘十四炮的双桅船。1827年9月30日,弗兰克·阿布尼·黑斯廷斯上尉指挥着"卡特里亚"号"索特"号和两艘炮艇攻击土耳其舰队。土耳其人并没有尽力避免交战的发生。事实上,他们最担心的是希腊中队及时发现双方力量的悬殊,并从他们所预期的彻底毁灭的命运中逃脱。在土耳其船舰的猛烈炮火下,弗兰克·阿布尼·黑斯廷斯上尉在距海岸约五百码①处靠岸,而船队的剩余力量则留在离海岸约二百码的地方。凭借极其冷静和深思熟虑,弗兰克·阿布尼·黑斯廷斯上尉继续行动。为了确定准确的射程,小型大炮率先发射了几次。随后,弗兰克·阿布尼·黑斯廷斯上尉用炸弹和烧红的火球,引燃了一场毁火性的大火。攻击效果立时可见。炮弹打中了土耳其准将的弹药库,大爆炸将他炸飞到天上。一艘双桅船沉没,一艘帆船被烧毁,而另一艘则被赶到岸边。不到半小时,奥斯曼帝国的舰队就被彻底摧毁。现在炮艇被冲到岸上,土耳其炮兵无力再战。有人企图将那艘搁浅的纵帆船拉回海里,但这几乎不可能,因为海岸附近的树林被阿尔巴尼亚的神枪手占领,而他们阻止任何人接近这艘船。这时,从远处飞来的一颗炮弹将这艘船炸毁。土耳其舰队全军覆没。

这次胜利使希腊人再次掌控了科林斯湾,并打通了摩里亚半岛与大陆之间的通信联系。这次胜利的重要性与其说在于它直接产生的军事影响,不如说在于它最终造成的政治影响。因为弗兰克·阿布尼·黑斯廷斯上尉在科林斯湾的行动,以及驻守萨洛纳的土耳其骑兵中队遭到摧毁的消息,将易卜拉欣帕夏和奥斯曼帝国海军上将们之间的争斗推向高潮,并直接导致了纳瓦里诺的灾难。

鉴于希腊人的破坏性活动,易卜拉欣帕夏认为自己不必再受1827年9月25日达成的口头协议的约束,因此决定派遣一支强大的中队前往海湾地区,为萨洛纳的失

---

① 一码约合零点九一米。

败报仇,同时阻止弗兰克·阿布尼·黑斯廷斯上尉继续向前推进。"达特茅斯"号护卫舰被留下来监视纳瓦里诺的土耳其舰队。1827年10月1日,这艘护卫舰发出土耳其船舰离开的信号。从桑特岛的高处可以看到三十艘土耳其军舰正朝西北方向顺风航行。在穆斯塔法贝伊总督领导下,这支舰队的第一分队正前往佩特雷。尽管海面波涛汹涌,爱德华·科德林顿上将还是立即从桑特岛出发展开追击。1827年10月2日,爱德华·科德林顿上将就在佩特雷湾前挡住了土耳其人的去路。现在爱德华·科德林顿上将给土耳其舰队司令写信说,他会向试图硬闯的第一艘船开火,迫使其返航,而英国舰队则会跟随他们直到桑特岛南端。1827年10月3日晚上又有信号传来,由三艘护卫舰、四艘轻巡洋舰和七艘双桅船组成的土耳其舰队第二分队也出发了。易卜拉欣帕夏本人也出现在一艘护卫舰上,而另外两名指挥官是塔希尔帕夏和穆赫雷姆贝伊总督。在与穆斯塔法贝伊交换情报后,这个分队也准备返回纳瓦里诺。然而,与此同时,一股西南冷风袭来,他们根本无法抵挡。1827年10月4日清晨,三艘护卫舰和另外一些稍小的船正从帕帕斯角附近离开,努力向佩特雷前进。现在,爱德华·科德林顿上将又一次冒着大风追赶。1827年10月4日晚上,爱德华·科德林顿上将追上并超过了土耳其人,他指责易卜拉欣帕夏严重违背诺言,并威胁说如果他们不立即返回就将动用武力。塔希尔帕夏回应称,停战协定只适用于伊兹拉岛地区,不适用于佩特雷。现在,爱德华·科德林顿上将开始向最前面的土耳其舰船开火并将它们击退。这些船没有升起旗帜。到了深夜,狂风变成飓风,把两支舰队都吹散了。易卜拉欣帕夏没有再次试图前往佩特雷,而是选择返回纳瓦里诺。

当易卜拉欣帕夏回到纳瓦里诺时,他发现自己期待的土耳其王宫的指示已经送达。这些指示非但没有劝易卜拉欣帕夏屈服于英国海军将领的要求,反倒命令他加倍努力,从而尽快攻下摩里亚半岛,并向他许诺瑞希德帕夏会迅速前来支援。没有什么比这更让埃及总司令易卜拉欣帕夏高兴的了。易卜拉欣帕夏立即开始对这个已经遭受三次蹂躏的国家发泄自己憋了很久的怒火,而这怒火是他无法对那些令人憎恨的盟军海军上将们发泄的。英国军官们在自己的船上看着这些火柱和烟柱,这代表了奥斯曼帝国对列强各国的蔑视。

实际上,爱德华·科德林顿上将就是这样理解的。1827年10月13日,俄罗斯帝国

洛德韦克·范·海登伯爵

海军上将洛德韦克·范·海登和法国海军上将亨利·德·里格尼上将抵达纳瓦里诺。盟军舰队已经组建完成。英国中队共有十一艘船舰,其中包括三艘战列舰和四艘护卫舰。法国有七艘船舰,包括三艘战列舰和两艘护卫舰。俄罗斯帝国共有八艘参与,其中包括四艘战列舰和两艘护卫舰。舰上枪炮总数达到一千二百七十支。

列强各国的海军上将们立即召开战争会议并决定向埃及总司令易卜拉欣帕夏发出最后通牒。在这种情况下,继续对海岸实施和平封锁似乎没有用处。在冬天即将来临的时候,要封锁一个常常受到风暴猛烈侵扰的海岸非常困难。海军上将们有很大的自由裁定权。幸运的是,指挥员爱德华·科德林顿上将并没有逃避责任。

现在提交给易卜拉欣帕夏的最后通牒要求有新的安保措施,土耳其-埃及舰队撤回自己的家园,在希腊内陆立即停止敌对行动,并撤离摩里亚半岛。海军将领收到的唯一答复来自易卜拉欣帕夏的译员,他说他的上司不在军中,不可能传达任何信息。这听起来令人十分不满。于是1827年10月18日,为了做出最后决定,盟军召开了一次军事会议。

现在,由于海港外的封锁失败了,盟军决定将舰队开进港口再次示威。人们希望通过这一次示威,再加上重新向奥斯曼帝国指挥官提出交涉,能够说服土耳其人,使他们相信现在选择投降是最好的时机。然而,尽管这一决定听上去很温和,但爱德华·科德林顿上将深知这一决定会带来什么结果。1827年10月17日,爱德华·科德林顿上将带人重新侦察海港。现在,爱德华·科德林顿上将为可能发生的战斗做好了一切部署,给每艘船分配了在战线上的位置,并以霍雷肖·纳尔逊勋爵的一句名言结束了他的战斗部署:"敌船在侧,虎视眈眈。任何船长都不允许犯错。"

纳瓦里诺港由一个大海湾组成,有三英里长,两英里宽。向西由著名的斯法克特里亚岛保护,只有西南方向通过一条大约四分之三英里宽的水道与大海相连。在斯法克特里亚岛的北端,只有一条又窄又浅的海峡将斯法克特里亚岛与大陆分割开。

土耳其舰队沿海湾线停泊,面朝海湾入口,绕着海湾停成了大半个圆,一端由纳瓦里诺要塞保护,另一边则由斯法克特里亚岛上的炮台守卫。舰队共有八十八艘船,排成三排,后排的船对着前排两船的空隙。在最前排的船舶每一侧,由二十二艘最大的船组成,并配备了三艘消防船。虽然土耳其舰队在船舰和枪炮数量上都远远超过盟军舰队,但奥斯曼帝国舰队的船舰规模不如盟军舰队。奥斯曼帝国舰队只有三艘战列舰,而盟军舰队有十艘。

1827年10月20日13时30分左右,爱德华·科德林顿上将的船驶入港口,随后整支盟军舰队都跟随驶入。由于入口太窄,船舰无法同时进入,只好排成纵队。因此在一开始,当爱德华·科德林顿上将的船一马当先驶入时,如果把守海湾口的炮台向

纳瓦里诺战役

他发射炮弹,也许就会取得重大战果。然而,土耳其人并没有开炮,似乎还在幻想这件事情最终能够和平解决。英法两国的舰队没有遭遇任何抵抗就占据了指定的位置,放下锚,将自己船上的大炮掉过头来瞄准对手。即使是俄罗斯帝国舰队,虽然被突然刮起的海风耽搁了一个小时,也有足够的时间抵达盟军舰队中自己的指定位置。

现在，英国海军爱德华·科德林顿上将命令"达特茅斯"号驱逐一艘停在英国指挥舰上风方向的火船。在土耳其人拒绝开走时，英国人派了一艘船去切断缆绳，然后将它拖到一边。就在这时，土耳其人通过步枪射击抵抗，一艘法国船和英国船立即同时开枪回击。爱德华·科德林顿上将派了一艘船向土耳其海军上将发出警告，然而不仅这艘船被击中，甚至连他的指挥舰也被土耳其舰队击中。双方船舰都加入了战斗。

从海战技术的角度看，纳瓦里诺战役意义不大。由于被困在狭窄的海湾内，无论是海战战术还是航海技术都无法施展。因此这次海战不过是一个"重锤打击"的问题，而严格的纪律和高超的枪法是决定胜利的重要因素。很快胜负已分。战火持续了两个多小时。与此同时，两万名易卜拉欣帕夏的军士站在周围山丘上目睹了这场战斗。战斗接近尾声时，卡皮坦帕夏和穆赫雷姆贝伊的指挥舰被希腊人的"亚洲"号紧紧咬住，无法脱身。卡皮坦帕夏和穆赫雷姆贝伊只好切断了指挥舰的缆绳，顺风而逃。其他土耳其人或是开始效仿，或是开炮战斗一会儿再弃船逃跑。1827年10月20日傍晚时分，土耳其舰队全部惨遭摧毁①。

盟军舰队整夜都待在海湾里，极其艰难地从四周漂浮的燃烧着的船舰残骸中抢救己方的船。1827年10月21日早晨，人们发现奥斯曼帝国所有的船中，只有二十九艘船还漂浮在海上。整个海湾都布满了被烧焦的、血迹斑斑的船舰残骸，以及那些在爆炸中死去的可怜人的尸骨。鲜血染红了远处的海面。盟军的损失相对较小，只有不超过五百四十人伤亡，但在土耳其军队中，死了不少于六千人。

---

① 门德尔松·巴托尔迪：《希腊历史》，第1卷，第487页。爱德华·柯德林顿上将的信全文收录于冯·普罗克施-奥斯滕男爵的《奥斯曼土耳其帝国统治下的希腊发展史》，第8卷，附录第36页。——原注

第16章

克莱门斯·冯·梅特涅侯爵的外交斡旋

精彩看点

易卜拉欣帕夏的意志仍然很坚定——俄罗斯帝国提议联合对土耳其下最后通牒——英国软弱而摇摆不定的政策——君士坦丁堡战役的影响——土耳其要求赔偿——苏丹马哈茂德二世发动战争

纳瓦里诺战役之所以重要,并不仅仅是因为它在军事上取得了胜利,更是因为它在外交方面产生的巨大影响。易卜拉欣帕夏及时到达战场。面对己方最后一支舰队的失败,易卜拉欣帕夏只是冷冷一笑。正如这场灾难发生前一样,易卜拉欣帕夏表现出同样的不可动摇的决心。战斗结束后,盟军的海军上将们立即再次要求埃及军队撤离摩里亚半岛,并威胁说如果易卜拉欣帕夏拒绝将会引发更严重的后果。然而,尽管被打败的舰横七竖八地躺在海湾中,舰队残破,烟雾缭绕,但面对这样的教训,易卜拉欣帕夏重申了自己留下的决心。易卜拉欣帕夏表示,除非是他的君主苏丹马哈茂德二世下令,否则他绝不离开。海军将领们无法执行最新的通牒。同盟舰队在这场战争中也有损耗,因此有必要去整修舰船。出于这个原因,现在英国和俄罗斯帝国的中队航行去了马耳他岛,而法国舰队则去了土伦岛。

的确,对易卜拉欣帕夏来说,盟军舰队被毁令他暂时感到些许宽慰。毋庸置疑,易卜拉欣帕夏制订的减缩希腊岛领土的详细计划已经破灭。不过与此同时,易卜拉欣帕夏也得到解脱,用不着再看海军上将们的脸色。此刻,他的外交路线已经明朗,易卜拉欣帕夏能够在不受国际政策影响的情况下为奥斯曼帝国的事业履行自己的职责。因此,易卜拉欣帕夏立即着手工作,安排部队在摩里亚半岛过冬。如果分配得当,即使无法从国外获得供应品,易卜拉欣帕夏也希望他现有的存储物资能够撑到下一次获取物资的时候。易卜拉欣帕夏安排那些伤病人员及无所事事的人登上了幸存的土耳其船舰。成千上万的希腊战俘被从亚历山大港运去埃及的奴隶市场。①

然而,当易卜拉欣帕夏正在艰难的环境中准备继续保持他在伯罗奔尼撒半岛的位置时,土耳其-埃及联合舰队在纳瓦里诺全军覆灭的消息在欧洲各国产生的影响令人振奋。克莱门斯·冯·梅特涅侯爵传达了维也纳政府的观点,谴责同盟海军将领的行为是十分残暴的,而其对土耳其舰队的摧毁则是一种海上掠夺、蓄意杀戮的行为。在英国,对于海军将领爱德华·科德林顿上将的行为,人们意见不一,掺杂着复

纳瓦里诺战役胜利后欢欣鼓舞的希腊民众

---

① 英国海军上将爱德华·科德林顿没有采取任何措施来阻止这一情况,这一事件后来成为剥夺他的指挥权的借口。——原注

戈德里奇子爵弗雷德里克·约翰·鲁滨孙

杂的情感。对软弱的、三心二意地推行乔治·坎宁爵士政策的戈德里奇子爵弗雷德里克·约翰·鲁滨孙内阁来说，这种打击土耳其舰队的行为完全难以令人接受。他们喋喋不休地说应该以和平的方式来解决争端，比如友好干预或和平示威。现在克莱门斯·冯·梅特涅侯爵的预言已经成真：因为这位英国海军将领"不谨慎的言行"违背了大英帝国内阁成员们的意愿和信念，内阁成员们发现自己已经被拖入无休止的战争泥潭。截至目前，英国一直支持希腊与奥斯曼帝国之间的战争。正是这场战争极大地阻止了俄罗斯帝国雄心勃勃的侵略计划。然而，随着奥斯曼帝国的海上力量遭到消灭，现状失去了平衡。托利党和其媒体都出言不逊，谴责盟军海军上将的行为。《泰晤士报》和《晨邮报》[①]指出同盟海军将领的行为是对友好国家的一场暴

---

① 冯·普罗克施-奥斯滕男爵：《奥斯曼土耳其帝国统治下的希腊发展史》，第2卷，第275页等。全文收录了几篇文章。——原注

行,是一种严重的罪行,一个愚蠢的错误,导致英国舰队沦为俄罗斯帝国扩张的工具。关于英国海军上将爱德华·科德林顿有功还是应当接受海军军事法庭审判的讨论从没有停止。尽管海军上将爱德华·科德林顿最终获得了爵士大十字勋章①,但支持他的主张的论点听起来更像是一种辩护而非颂词。

爵士大十字勋章

---

① 爵士大十字勋章:爵士大十字勋章是骑士爵位的最高等级的勋章。有时持有最高等级勋章的人被称为"大十字架指挥官",而徽章本身被称为"大十字勋章"。

查理十世

  与此同时，法国公开表达了对这一消息的喜悦之情，而俄罗斯帝国则以一种隐秘的开心迎接了这则消息。的确，在法国，为了弥补自己受损的名誉，查理十世急需一点军事殊荣。为此有必要让学校里的学生都了解到"拿破仑·波拿巴是一位王室将军。在国王暂时离开法国期间，拿破仑·波拿巴取得了君主制的胜利，并在波旁王朝的支持下取得了真正的军事胜利"。这一点令他大受欢迎。被重新唤起的军事荣耀梦想令法国人的虚荣心愈发膨胀。俄罗斯帝国发现很难掩饰自己对"令人遗憾的希腊与奥斯曼帝国之间的海战"的满意，因为正是这次海战摧毁了当时正准备对自己发起战争的奥斯曼帝国整个国家的海上力量。

事实上，俄罗斯帝国向盟国提议，通过向奥斯曼帝国政府提交一份包含《伦敦条约》①的联合最后通牒来为纳瓦里诺战役收尾。然而，英国内阁似乎完全没有能力采取有力的措施。毫无疑问，英国内阁的真正策略是接受纳瓦里诺的胜利为既成事实，并推断出合乎逻辑的结论。如果在摧毁了奥斯曼帝国海军后，联合舰队直逼达达尼尔海峡，并在君士坦丁堡的城墙下通过协商的方式向苏丹马哈茂德二世发号施令，那么不仅可以避免接下来长达两年的残酷战争，而且英国的威望也不至于受到在东部单独行动的俄罗斯帝国的打击。

然而，尽管纳瓦里诺战役极其残酷，英国政府却仍然幻想与奥斯曼帝国政府保持相对和平的可能性。与此同时，法国十分愿意支持俄罗斯帝国，达德利勋爵约翰·威廉·沃德代表英国回复了俄罗斯帝国的问题，指出《伦敦条约》本身是一项和平条约，因此只有通过和平的手段才能实施②。在1828年的国王讲话中，海军上将打击奥斯曼帝国舰队的行为被称为"不幸的事件"，但英国希望这不会扰乱英国政府与苏丹马哈茂德二世之间的和谐关系③。奥斯曼帝国政府则认为爱德华·科德林顿上将的行动是正当的，理由是土耳其人本身就是侵略者。当奥斯曼帝国政府质问盟军舰队有什么权力进入纳瓦里诺港时，回答是"所有舰队都有权力在和平时期进入友好港口"。

事实上，英国的大臣们对一项他们痛恨的政策束手无策。即使在戈德里奇子爵弗雷德里克·约翰·鲁滨孙仍然掌管政府事务的时候，达德利勋爵约翰·威廉·沃德也向奥地利部长承认，他认为《伦敦条约》并不公正。然而，不幸的是，就目前而言，这种不公正还必须保持下去④。1828年1月，威灵顿公爵阿瑟·韦尔斯利接替戈德里奇子爵弗雷德里克·约翰·鲁滨孙担任首相，接手执行乔治·坎宁爵士的政策。不过，威灵顿公爵阿瑟·韦尔斯利认为乔治·坎宁爵士是一位革命家，因此他本人全心全意地致力于克莱门斯·冯·梅特涅侯爵的政策。

---

① 卡尔·内塞尔罗德伯爵的信。冯·普罗克施–奥斯滕男爵：《奥斯曼土耳其帝国统治下的希腊发展史》，第9卷，附录第1页。——原注
② 达德利勋爵约翰·威廉·沃德的便条。冯·普罗克施–奥斯滕男爵：《奥斯曼土耳其帝国统治下的希腊发展史》，第9卷，附录第3页。——原注
③ 托马斯·柯森·汉萨：《英国国会议事录》，第18卷，第3页。——原注
④ 门德尔松·巴托尔迪：《希腊历史》，第1卷，第491页。——原注

冯·普洛克施－奥斯腾男爵

在这种情况下,英国政府继纳瓦里诺事件后的政策既摇摆不定又软弱无力也就不足为奇了。英国政府既没有勇气推翻《伦敦条约》,也不愿让它生效。用冯·普洛克施-奥斯腾男爵的话说,英国政府试图消除被不情愿的继承者认为它是"令人讨厌"的不良影响。英国政府"不是为了凌驾于条约之上,而是试图拖延条约的执行"。希腊之所以没有被英国人胆小而无情的政策毁灭是因为奥斯曼帝国政府不妥协的态度为俄罗斯帝国提供了独自干预东方事务的借口。

在奥斯曼帝国政府获悉前,纳瓦里诺战役的消息就通过私人渠道传到君士坦丁堡的各国大使耳中。大使们立刻去见大维齐尔,向他提出一个假设性的问题:如果盟军舰队对易卜拉欣帕夏的海军使用武力,奥斯曼帝国政府会采取什么态度?大维齐尔用外交口吻回答道,不可能给一个还没出生的、不知道性别的小孩取名字。

然而，当土耳其收到官方消息，说易卜拉欣帕夏的舰队遭到摧毁时，大维齐尔只告诉他们这是一场叛乱暴行。对此奥斯曼帝国政府将要求赔偿①。

于是，奥斯曼帝国政府向大使们提出了赔偿要求，并要求他们道歉。然而，无论是赔偿还是道歉的要求都遭到英国方面的拒绝。对此英国政府给出的理由是，虽然土耳其舰队遭遇失败非常可悲，但事实上，土耳其本身就是侵略者。随后，奥斯曼帝国政府与英国政府展开了一些没有结果的商谈。最终，各大国与奥斯曼帝国政府之间的关系彻底破裂，而盟国的大使们也在君士坦丁堡遭到驱逐②。与此同时，英国、法国和俄罗斯帝国的所有臣民都被勒令离开奥斯曼帝国领土，另有一万两千名亚美尼亚天主教教徒被驱逐到安哥拉。这些不幸的人唯一的罪过是他们对教皇的服从，而教皇平日宣扬自己是先知耶稣的代言人，因此土耳其人怀疑他们是效忠于外国人的。那些不幸的人们向大维齐尔抱怨道，大冬天让他们离开家园，失去工作。对此，大维齐尔只是笑着调侃说："毕竟安哥拉不是西伯利亚，还没那么冷。"③

得知自己的舰队被毁，苏丹马哈茂德二世满腔怒火。在第一次与列强的谈判中，苏丹马哈茂德二世难抑怒气。随着大使们从谈判会议离开，苏丹马哈茂德二世再也无须克制情绪，同以往一样假装温和，于是立刻采取肆无忌惮的暴力手段展开报复。1827年12月20日，苏丹马哈茂德二世发布了庄严的法令，呼吁穆斯林起来保卫伊斯兰教，因为基督教国家已经联合起来要摧毁伊斯兰教。在法令中，欧洲各政府的残酷和背信弃义被无限放大。苏丹马哈茂德二世称：列强们嘴上说着虚伪的友谊宣言，却在和平时期杀死了六千个真正的穆斯林。其中俄国尤其应当受到谴责。与此同时，这部法令宣布1826年奥斯曼帝国与沙皇尼古拉一世签订的《阿克曼条约》无效。最终，苏丹马哈茂德二世宣称，为了维护自身的信仰，先知的追随者们将不计得失成败，奋勇杀敌，并坚信自己事业的正义性及在全能真主的护佑下的安全性④。

---

① 门德尔松·巴托尔迪：《希腊历史》，第1卷，第495页。——原注
② 冯·普罗克施–奥斯滕男爵：《奥斯曼土耳其帝国统治下的希腊发展史》，第2卷，第199页。——原注
③ 冯·普罗克施–奥斯滕男爵：《奥斯曼土耳其帝国统治下的希腊发展史》，第2卷，第202页。——原注
④ 冯·普罗克施–奥斯滕男爵：《奥斯曼土耳其帝国统治下的希腊发展史》，第8卷，附录第44页。——原注

这次反抗正合俄罗斯帝国心意，因为奥斯曼帝国想要正式废除《阿克曼条约》，而这将为俄罗斯帝国与其开战提供绝佳的借口。由于《伦敦条约》是在"和平方式"下制定的，俄罗斯帝国非常愿意将《伦敦条约》留给三国同盟的其他成员。奥斯曼帝国在纳瓦里诺战役中的失败使俄罗斯帝国无可争议地掌握了黑海的海上控制权。这时希腊独立战争的火焰奄奄一息，但希腊很可能因为俄罗斯帝国的助力重燃希望之火并在希腊南部建立政权。与此同时，由于摆脱了盟国的阻碍，在巴尔干半岛，俄罗斯帝国确立了自己的地位。在地中海实施军事行动，耗资巨大且极其困难，于是俄罗斯帝国欣然接受《伦敦条约》的制约。这样一来，英国和法国都没有表现出顾虑和担忧，愿意让俄罗斯帝国在其他地方自由行动。俄罗斯帝国企图占领多瑙河各公国来作为对公告法令的回应。克莱门斯·冯·梅特涅侯爵的噩梦成真。俄罗斯帝国在欧洲东部的扩张终结了克莱门斯·冯·梅特涅侯爵对希腊事务的一切情感干预。

事实上，克莱门斯·冯·梅特涅侯爵，这位奥地利政治家仍然在为避免这场灾难做最后的努力。通过在君士坦丁堡的代表，克莱门斯·冯·梅特涅侯爵向土耳其宫廷详述了奥斯曼帝国自取灭亡的愚蠢态度，并恳求奥斯曼帝国政府改变政策。大维齐尔激动地回答道，很快奥地利就会被列入伊斯兰教的对手之列。然而截至目前，克莱门斯·冯·梅特涅侯爵的独断专行占了上风，奥斯曼帝国政府不得不对公告法令做出解释，甚至同意在《伦敦条约》的基础上公开谈判。然而，已经太迟了，俄罗斯帝国并不愿意达成协议。1828年5月6日，俄罗斯帝国的军队越过普鲁特河，与土耳其开战。史称第八次俄土战争。

纳瓦里诺战役对希腊造成的直接影响是，经过多年的等待和战争，在早期的革命时期人们曾经怀有很高期望的伟大的东正教力量终于来助希腊一臂之力了，尽管希腊独立战争的动机完全是自私的。经过几年奋不顾身的斗争，希腊人开始对战争能否取得胜利感到绝望。在岛屿上、大陆上及摩里亚半岛的各个地方的战争中，土耳其人都占了上风。进一步抵御的手段已经用尽，而革命刚开始那几年给希腊民族带来希望的英雄们也大都已经逝去。在不幸的重压下，人们冲动的热情消失了。事实上，民众对自由的渴望似乎都不复存在了。在这曾经繁荣的地方，经过的游客看到的都是由于前景暗淡而眼神空洞的希腊人。在村庄烧毁后的废墟中或被毁坏的果园枯萎的树桩间,这些希腊人悲伤地徘徊。现在,一束新的希望之光在希腊国家不幸的阴云中闪耀。欧洲列强联合起来与土耳其交锋,而俄罗斯帝国正积极地为反抗土耳其作战,因此希腊再也没有理由感到绝望。相反,希腊可以再次充满信心地展望未来。是谁将希腊从在他的子民们看来比死亡更可怕的命运中拯救出来的?在最近的一次会议上,索尔兹伯里勋爵罗伯特·加斯科因-塞西尔宣布,希腊作为一个国家而存在本身就是欧洲大国共同努力的结果。然而,可以确信的是,如果将这个问题留给欧洲列强解决,希腊永远都不会获得自由。克莱门斯·冯·梅特涅侯爵是这一时期典型的政治家,也是欧洲所有政府的理想人选。对克莱门斯·冯·梅特涅侯爵来说,外交礼仪比任何民族愿望都重要得多。此外,任何关于绝对正义的主张都不容许干预高压政治的规则[1]。事实上,对欧洲人民而不是欧洲政府来说,希腊有权争取自身的自由,纳瓦里诺战役成功地帮希腊解决了一个大难题。然而,所有盟国的君主,甚至包括沙皇尼古拉一世,都不敢公开下令让俄罗斯帝国的海军上将洛德韦克·范·海登参战。"正是欧洲的公众舆论迫使各国政府对希腊和奥斯曼帝国的战争实施了干预,并随后在纳瓦里诺将海军上将们卷入血腥的战斗中。"亲希腊主义表明这不仅是虔诚的狂热者们的梦想,更是一种强大的力量。各国内阁大臣们虽然非常震惊,却保持沉默,而全国人民欢欣鼓舞,喜笑颜开。整个基督教世界都由衷地感到满足[2]。

---

[1] 克莱门斯·冯·梅特涅侯爵的判断是正确的。从政治上来说,他的主要错误在于他低估了人们的情绪和舆论因素,而这些非常值得考虑。——原注
[2] 门德尔松·巴托尔迪:《希腊历史》,第1卷,第488页。——原注

第 17 章

扬尼斯·安东尼奥斯·卡波基斯迪亚斯总统

精彩看点

扬尼斯·安东尼奥斯·卡波基斯迪亚斯总统抵达希腊——希腊人热烈欢迎——扬尼斯·安东尼奥斯·卡波基斯迪亚斯总统的原则——军事改革——爱琴海的海盗——英法舰队对格拉布萨的破坏——扬尼斯·安东尼奥斯·卡波基斯迪亚斯总统企图改善财政状况

就在纳瓦里诺战役的胜利唤起人们巨大兴奋的时候,扬尼斯·安东尼奥斯·卡波基斯迪亚斯伯爵抵达希腊。1827年4月11日,特罗泽议会选举扬尼斯·安东尼奥斯·卡波基斯迪亚斯伯爵为希腊总统,然而,当时他并不急于承担这个棘手的重任。1827年7月月初,在扎尔斯科塞洛,这位俄罗斯帝国前部长与沙皇尼古拉一世会晤,已经向沙皇尼古拉一世请求并得到许可,决定接受希腊人民给予他的信任,担任总统。扬尼斯·安东尼奥斯·卡波基斯迪亚斯总统虽然婉拒了沙皇尼古拉一世赏赐的资金支持,但仔细地聆听了俄罗斯帝国独裁者给他的指示,以便确定他未来如何行动。扬尼斯·安东尼奥斯·卡波基斯迪亚斯总统的事业如果得到俄罗斯帝国的支持,那他就会被沙皇尼古拉一世视为值得同情的俄罗斯人,而最重要的是,他的性格特征及受过的教育训练是反对"革命"倾向的最佳保证。

接下来的几个月,扬尼斯·安东尼奥斯·卡波基斯迪亚斯总统有一部分时间是在瑞士度过的。在那里,扬尼斯·安东尼奥斯·卡波基斯迪亚斯总统建立了自己的家园。还有一部分时间,为了引起各国人士对希腊事务的兴趣,并在可能的情况下说服他们为希腊提供必要的战争援助,扬尼斯·安东尼奥斯·卡波基斯迪亚斯总统拜访了欧洲各国的宫廷。然而,扬尼斯·安东尼奥斯·卡波基斯迪亚斯总统不仅没有得到多少同情,也没有得到什么军事上的支持。纳瓦里诺胜利的消息令扬尼斯·安东尼奥斯·卡波基斯迪亚斯总统期待东方的重大发展，因此他终于决定开拓新的工作领域。为了将扬尼斯·安东尼奥斯·卡波基斯迪亚斯总统送往希腊，英国政府将战舰"沃斯派特"号交给他。此外，一艘法国护卫舰和一艘俄罗斯帝国护卫舰也加入了这次光荣的护卫行动中。由于天气恶劣，扬尼斯·安东尼奥斯·卡波基斯迪亚斯总统的船驶入纳夫普利亚港暂时躲避。1828年1月19日，扬尼斯·安东尼奥斯·卡波基斯迪亚斯总统抵达埃伊纳岛。

扬尼斯·安东尼奥斯·卡波基斯迪亚斯总统

当扬尼斯·安东尼奥斯·卡波基斯迪亚斯总统登陆时，三艘护卫舰向他鸣炮敬礼，同时将希腊国旗高高升起。这是欧洲列强同意升起的第一面希腊国旗。

扬尼斯·安东尼奥斯·卡波基斯迪亚斯总统的到来受到人民热烈的欢迎，一时声名大噪。最重要的是，扬尼斯·安东尼奥斯·卡波基斯迪亚斯总统代表的不只是希腊人民的意愿，也代表了欧洲列强的支持，因此扬尼斯·安东尼奥斯·卡波基斯迪亚斯总统成为希腊人民一直期待的弥赛亚①。至于扬尼斯·安东尼奥斯·卡波基斯迪亚斯总统迟迟不来而造成的恶劣影响则都因他的到来为希腊人民带来的喜悦中被遗忘。从扬尼斯·安东尼奥斯·卡波基斯迪亚斯总统登上埃伊纳岛的那一刻起，希腊似乎进入了一个新的时代。

实际上，扬尼斯·安东尼奥斯·卡波基斯迪亚斯总统对他将要治理的国家并没有抱很大的希望和信心。在纳夫普利亚港的短暂停留让扬尼斯·安东尼奥斯·卡波基斯迪亚斯总统见识了不可思议的混乱和痛苦。易卜拉欣帕夏的骑兵部队直逼希腊国门，城墙内一片废墟，人民生活痛苦，朝不保夕，此外还有希腊人无休止的内讧。格里瓦斯和弗托马拉斯再次牢牢控制了帕拉米蒂和伊奇卡来。战争一触即发。的确，新来的总统得到大国的支持，执政时期内战结束了。此外，在扬尼斯·安东尼奥斯·卡波基斯迪亚斯总统的命令下，敌对的首领们自愿交出他们的堡垒，服从和解，并将军队交由扬尼斯·安东尼奥斯·卡波基斯迪亚斯总统统一支配。然而，抵达埃伊纳岛后，扬尼斯·安东尼奥斯·卡波基斯迪亚斯总统从部长们那里收到一份关于希腊政府和国情的报告，这很可能使他后悔答应承担任务。

在摩里亚半岛和希腊大陆，人民所遭受的疾苦及战争带来的破坏导致建立一个井然有序的政府难上加难。岛上的无政府主义极其嚣张，掌控全岛。为了逃避交战各方的暴力，政府被迫从波罗斯迁往纳夫普利亚，又从纳夫普利亚迁往埃伊纳岛。然而，每一个能够聚集一群雇来的恶棍的个人都能自由地在自己的领域扮演暴君的角色。这里没有农业，没有商业，也没有工业。农民拒绝在田里耕作，因为果实会被无法无天的士兵收割。商人不会去海外冒险，因为等待他们的是抢劫和死亡。而工人也不会去劳动，因为薪水无法维持他们的基本生活。希腊政府名存实亡，即

---

① 犹太人盼望的复国救主。

使是在埃伊纳岛,也很少能令国民服从。国库空虚,财政部能拿出的只有一堆债务。政府仅有的收入是一些岛屿什一税①和贸易关税,以及由希腊私掠船从备受质疑的活动中带回的战利品。至于政府的军事力量,所能想到的只有乔·迪奥沃尼茨领导的一千五百人及理查德·丘奇将军领导的两千五百人。城堡和要地依然被强盗首领们掌控。由大多数私人船组成的舰队被岛上的居民使用,而他们使用舰队主要是出于私人目的,即海上抢劫。只有托马斯·科克伦勋爵指挥的中队由政府指挥。最后,在司法方面,整个希腊只有两个法庭,一个是埃伊纳岛的处理战利品的军事法庭,另一个是锡罗斯岛的商业法庭。

面对这种糟糕的情形,扬尼斯·安东尼奥斯·卡波基斯迪亚斯总统拥有的只有盛名和经验,以及由欧洲亲希腊人士捐赠的三十万法郎作为赎回俘虏的赎金。的确,扬尼斯·安东尼奥斯·卡波基斯迪亚斯总统拥有法律的权威和来自其他国家的支持,因此从一开始他就能获得普遍的认可,即使是最桀骜不驯的勇士也会向他低头。然而,扬尼斯·安东尼奥斯·卡波基斯迪亚斯总统想建立一个真正强大的政府,但他缺少核心的东西。

为了使希腊摆脱混乱局面,形成井然有序的状态,正如他后来向帕默斯顿子爵亨利·约翰·坦普尔抱怨的那样②,他不得不使用可能引发混乱的极端手段。在无法信任别人的情况下,扬尼斯·安东尼奥斯·卡波基斯迪亚斯总统只能信任自己。扬尼斯·安东尼奥斯·卡波基斯迪亚斯总统所处的外在环境似乎夸大并证明了这种武断的政策。此外,根据他的性格和所受的教育,扬尼斯·安东尼奥斯·卡波基斯迪亚斯总统已经倾向于这种武断的政策。这时,开明的独裁统治可能是希腊最好的政府形式。然而,要想成功采用这种政府形式需要罕见的宽阔胸怀和很少有人能具备的优势。扬尼斯·安东尼奥斯·卡波基斯迪亚斯总统尽管是一个非常有原则的人,但并没有同情心。毫无疑问,扬尼斯·安东尼奥斯·卡波基斯迪亚斯总统是一个非常顽固的人。虽然他对事务的管理经验很丰富,但方法很单一。此外,由

---

① 什一税:指人们将自己生产的货物或他们挣的钱的十分之一用来缴税。
② 冯·普罗克施-奥斯滕男爵:《奥斯曼土耳其帝国统治下的希腊发展史》,第2卷,第445页。——原注

于生性乏味守旧，缺乏想象力，扬尼斯·安东尼奥斯·卡波基斯迪亚斯总统对世事无法共情，也难以超越自己狭隘的思想。事实上，扬尼斯·安东尼奥斯·卡波基斯迪亚斯总统是一个典型的官僚主义者。此外，他还曾经在腐败的俄罗斯帝国接受过系统的教育训练。

扬尼斯·安东尼奥斯·卡波基斯迪亚斯总统正是这样一个人，又有着这样的经历，因此只能通过一种方式解决希腊混乱事务。扬尼斯·安东尼奥斯·卡波基斯迪亚斯总统建立了一个政府。理论上这个政府是一个民主自由的政府，一个"革命"的政府，实际上这个政府却没有能力创造或维持秩序。因此，扬尼斯·安东尼奥斯·卡波基斯迪亚斯总统得出结论，实践是理论的结果，而首先要做的事情就是用一种更有效的恢复秩序和繁荣的制度来取代那种只能带来无政府主义和痛苦的制度。扬尼斯·安东尼奥斯·卡波基斯迪亚斯总统开始努力用一个俄国模式的官僚体制取代立宪政府，而他自己则必须是希腊政府的核心和动力。

扬尼斯·安东尼奥斯·卡波基斯迪亚斯总统展开革命的方法具有明显的欺骗性。为了防止遭到拒绝，扬尼斯·安东尼奥斯·卡波基斯迪亚斯总统以立即退出的方法相威胁，首先迫使参议院废除《特罗泽宪法》。在1828年2月1日发表的一份公告中，扬尼斯·安东尼奥斯·卡波基斯迪亚斯总统假称这种做法是因为宪法没有赋予他足够的权力来保证希腊的独立。此外，扬尼斯·安东尼奥斯·卡波基斯迪亚斯总统还承诺在1828年4月召开一次新的全国会议并将他的政府建立在《阿斯特罗斯宪法》《埃皮达鲁斯宪法》和《特罗泽宪法》三大宪法①的基础上。然而，扬尼斯·安东尼奥斯·卡波基斯迪亚斯总统所做的一切只是徒劳地试图掩饰自己想要独揽政府大权的野心。扬尼斯·安东尼奥斯·卡波基斯迪亚斯总统代替参议院创立了一个由二十七人组成的议会，称为泛希腊主义议会。议会成员由扬尼斯·安东尼奥斯·卡波基斯迪亚斯总统提名，表面上针对他的国策提出建议，事实上只是奉行他的政令。除此之外，扬尼斯·安东尼奥斯·卡波基斯迪亚斯总统还建立了一个总秘书处和一

---

① 三大宪法：三大宪法是希腊独立战争期间通过的国家宪法。《阿斯特罗斯宪法》是1822年在埃皮达鲁斯第一次国民大会上通过的临时宪法。《埃皮达鲁斯宪法》是1823年在阿斯特罗斯召开国民大会时对临时宪法的改革。《特罗泽宪法》是1827年在特罗泽会议上通过的。

个枢密院，这两个机构同样由他掌控。这样一来，扬尼斯·安东尼奥斯·卡波基斯迪亚斯总统逐步掌握了泛希腊主义政府的所有事务。

国家事务的危急和外国支持的威望使扬尼斯·安东尼奥斯·卡波基斯迪亚斯总统在没有遇到任何严重反对的情况下完成了改革。虽然也有人提出抗议，但这些抗议被淹没在各方对总统的热情欢呼中。更重要的是，那些一开始可能会招致麻烦的老领导人都被扬尼斯·安东尼奥斯·卡波基斯迪亚斯总统招揽于新政府中。乔治斯·昆图里奥特斯、安德烈亚斯·泽米斯和亚历山德罗斯·马夫罗科达托斯分别被任命为泛希腊政府三个委员会的主席。彼得罗斯·马夫罗迈克尔斯主席担任财务顾问，并没有什么具体职务。而塞奥佐罗斯·科洛科特罗尼斯伯爵强大的影响力让他获得了摩里亚半岛的部队指挥官的职务。

在这样的支持下，一个睿智而有远见的政客可能会成功地实施改革计划，建立一个基于人民良好意愿和感激的强大的独裁政府。然而，扬尼斯·安东尼奥斯·卡波基斯迪亚斯总统既不睿智也没有远见。作为一个非常固执的人，扬尼斯·安东尼奥斯·卡波基斯迪亚斯总统决心不惜一切代价将他的制度强加于他所治理的国家。在扬尼斯·安东尼奥斯·卡波基斯迪亚斯总统强行推行他的制度过程中，随着出现的困难越来越多，最初没有胆量发表意见的反对派遭受的痛苦和折磨也越来越多。从前扬尼斯·安东尼奥斯·卡波基斯迪亚斯总统的统治只是令人恼怒和难以忍受，如今却逐渐发展成了暴政。不久，在希腊的自由土地上建立了一个俄国式的专制的傀儡机器。俄罗斯帝国的独裁统治是建立在一个基于侦查和秘密警察系统的中央集权政府，拥有专制监禁部门、新闻审查部门、懦弱的地方当局及其他所有不负责任的武装力量的支持。就连令土耳其人备受煎熬的希腊远古的公共自由体制，现在也因扬尼斯·安东尼奥斯·卡波基斯迪亚斯总统的不信任而遭到摧毁。很快，在整个希腊，没有人有权通过宪法反对总统独裁。

扬尼斯·安东尼奥斯·卡波基斯迪亚斯总统上任初期所面临的困难可能会轻易使一个民主的政治家难以容忍一种表面自私且派系林立的反对派。经历了战火蹂躏的这个国家千疮百孔，百废待兴。尽管这场战争由于士兵们的精疲力竭而告一段落，但绝没有结束。易卜拉欣帕夏带着他的两万步兵和四千骑兵，仍然稳稳地盘踞在摩里亚半岛南部。1828年2月,为了证明自己仍然有能力出击,易卜拉欣帕夏向北进军,发动了一次艰苦的远征。在推进过程中,易卜拉欣帕夏率队攻击的黎波里,将它夷为平地,用火药炸毁了那些坚固的建筑物,并向废墟里撒了盐①。由于部队出现叛变,易卜拉欣帕夏无法用同样的方式攻击纳夫普利亚。通过直接谈判和海军上将的干预,扬尼斯·安东尼奥斯·卡波基斯迪亚斯总统试图说服易卜拉欣帕夏撤离希腊,但没有成功。易卜拉欣帕夏严肃地说道:"即使撤退,我也得从地峡走。我所到之处就像是沙漠里刮起干热风,能够摧毁城市,将居民埋葬在废墟里,甚至连树木也要连根拔起。"

如果易卜拉欣帕夏真的将这一威胁付诸实施,希腊军队将无法抵抗。在某种程度上,恢复军事效率至关重要,而当时正是开展这一军事行动的最佳时机。目前,饥饿使桀骜不驯的阿尔马托利游击队变得驯服,因此扬尼斯·安东尼奥斯·卡波基斯迪亚斯总统命令他们在新任命的总司令德米特里乌斯·希普西兰蒂的指挥下去达玛拉集结。由于控制了唯一的食物供应渠道,对扬尼斯·安东尼奥斯·卡波基斯迪亚斯总统来说,迫使这些阿尔马托利人服从某种欧洲纪律并不困难。然而,扬尼斯·安东尼奥斯·卡波基斯迪亚斯总统并不精通军事科学。法国的查尔斯·尼古拉·法维耶上校是唯一一个能够成功开展军队训练改革的人,最近却由于受到嫉妒和排挤而被踢出了希腊事务管理层。在这种情况下,扬尼斯·安东尼奥斯·卡波基斯迪亚斯总统只好将军队分成一个个由千人组成的小团体,并为每一个团体安排一个上校,然后让他们各自训练。

在海上,希腊军队要求改革的呼声比陆地上的呼声更强烈。扬尼斯·安东尼奥斯·卡波基斯迪亚斯总统抵达伊兹拉岛后不久,岛上民众就派出一个代表团,表示愿意提供援助,但同时他们也要求平反冤屈,赔偿他们在民族事业中遭受的损失。对于伊兹拉岛民众咄咄逼人的气势,扬尼斯·安东尼奥斯·卡波基斯迪亚斯总统冷傲地拒绝了。国库空空荡荡,即使到了约定的日子也没有能力支付任何赔偿。至于伊兹拉岛民众高高在上的关于援助的提议,扬尼斯·安东尼奥斯·卡波基斯迪亚斯总

---

① 据《旧约·士师记》记载,在攻下示剑后,以色列人的领袖基甸在被征服的土地上撒了盐。在中世纪,撒盐成为一种约定俗成的仪式。"在土地上撒盐"象征着征服和重新定居。

统根本不需要。伊兹拉岛民众必须服从扬尼斯·安东尼奥斯·卡波基斯迪亚斯总统的命令，否则扬尼斯·安东尼奥斯·卡波基斯迪亚斯总统会刻意不将伊兹拉岛民众应该享受的利益纳入希腊独立的条约中[①]。这件事像导火索一样引发了后来的一系列事件，而这一系列事件最终导致这些岛屿成为武装反对扬尼斯·安东尼奥斯·卡波基斯迪亚斯总统的基地。

目前，海上最大的问题是对海上抢劫的镇压。有时，列强会对海上抢劫的事件视而不见，因为正是海盗抢劫的持续存在不时地为其提供干涉群岛事务的借口。然而，如今海盗的所作所为已经完全脱离了约束。事实上，这些海盗船不仅获得了希腊政府的特许证，横行于海面，而且还在爱琴海的许多岛屿上建立了据点。甚至完全靠这种邪恶的海盗生意支持，克里特岛海岸的格拉布萨居然发展成一个欣欣向荣的城镇。这件事耗尽了列强的耐心。1827年11月，海军上将们接到整治海上问题的命令。

1828年1月，海军准将托马斯·斯塔恩斯率领一支英法联合中队出现在格拉布萨。经过一番激战，他们缴获十几艘海盗船并摧毁格拉布萨。格拉布萨的居民们纷纷逃往克里特岛，加入菲尔兰·哈恩和厄克哈特手下的叛乱部队。与此同时，扬尼斯·安东尼奥斯·卡波基斯迪亚斯总统派遣希腊舰队到其他地方执行类似的任务。无论希腊政府的船在行动过程中犯下什么罪过，镇压在没有获得法律许可的情况下实施海上掠夺的海盗都是义不容辞的责任。在斯科派洛斯岛和斯基亚索斯，安德烈亚斯·米奥里斯分别摧毁了四十一艘和三十八艘海盗船。在完成这项工作后，安德烈亚斯·米奥里斯上将奉命帮助萨奇提斯在纳瓦里诺封锁易卜拉欣帕夏，同时切断易卜拉欣帕夏从克里特岛和爱奥尼亚群岛获得物资供应。

扬尼斯·安东尼奥斯·卡波基斯迪亚斯总统的每次行动都会由于缺乏物资而受到阻碍。扬尼斯·安东尼奥斯·卡波基斯迪亚斯总统试图在埃伊纳岛建立一家国家银行，并直言不讳地表示，他希望希腊领导人中更富有的人为国家事业做出贡献，捐献资金，不过收效甚微。然而，尽管扬尼斯·安东尼奥斯·卡波基斯迪亚斯总统承受了如此巨大的压力，而且那些不知疲倦的亲希腊人士也积累了大量资金，比如巴

---

① 门德尔松·巴托尔迪：《希腊历史》，第2卷，第43页。——原注

伐利亚国王路德维希和日内瓦的银行家艾纳特，但由于既没有信贷，也没有足够的担保，在埃伊纳岛建立国家银行的项目停滞不前。旧有的土耳其农业税收体制异常腐败，使人民痛苦不堪，但这项税收并没有因此遭到废除。此外，希腊政府现在征收更高的税额，为了获取一部分钱财，只好将土地再次拍卖，同时规定今后税款的征收形式将用货币支付取代实物征收，这将导致农民陷入高利贷陷阱。扬尼斯·安东尼奥斯·卡波基斯迪亚斯总统向欧洲内阁发出请求，请对方提前支付援助款项，但目前并没有得到对方的积极回应。直到俄土战争爆发，扬尼斯·安东尼奥斯·卡波基斯迪亚斯总统才收到大量援助，缓解了困难的处境。

由于他不喜欢也不信任与他一起工作的人，扬尼斯·安东尼奥斯·卡波基斯迪亚斯总统陷入最致命的错误中。扬尼斯·安东尼奥斯·卡波基斯迪亚斯总统将自己的兄弟们带进政府，但实际上他们根本不适合政府工作。扬尼斯·安东尼奥斯·卡波基斯迪亚斯总统任人唯亲，在自己周围遍插亲信，他们都是来自他自己所属的威尼斯门户——科孚岛贵族，这些人既没有参与希腊独立战争，也不同情希腊人民的民主思想。扬尼斯·安东尼奥斯·卡波基斯迪亚斯总统的哥哥维亚罗·卡波基斯迪亚斯是一个律师，既没有头脑又缺乏工作热情，却被扬尼斯·安东尼奥斯·卡波基斯迪亚斯总统举荐成为斯波拉提群岛的长官。在斯波拉提群岛，维亚罗·卡波基斯迪亚斯的傲慢、愚蠢和对法律或正义的绝对蔑视让岛民们生不如死，生活异常悲惨，甚至觉得还不如回到土耳其统治的时代。然而，扬尼斯·安东尼奥斯·卡波基斯迪亚斯总统已经习惯并接受了维亚罗·卡波基斯迪亚斯对群岛的专横独裁的统治方式。此外，在维亚罗·卡波基斯迪亚斯到来后，托马斯·科克伦勋爵就辞去了自己的职务。于是，扬尼斯·安东尼奥斯·卡波基斯迪亚斯总统就任命维亚罗·卡波基斯迪亚斯为海军上将。相似的是，扬尼斯·安东尼奥斯·卡波基斯迪亚斯总统的弟弟阿戈斯蒂诺·卡波基斯迪亚斯，除了拥有高高在上的身份，并不具备任何任职的资格，却被任命为级别超过德米特里乌斯·希普西兰蒂和理查德·丘奇将军的最高统帅，拥有对军队的最高指挥权。

这种明目张胆的裙带关系冒犯和疏远了善妒又野心勃勃的希腊人民。扬尼斯·安东尼奥斯·卡波基斯迪亚斯总统的地位暂时没有动摇，因为他被看作是俄罗斯帝国和三国同盟友好交往的保证，而希腊人民希望能够从中获得自己一直为之斗争并为此遭受痛苦而追求的独立自由。一旦在什么时候发生了动摇他们赢得大国善意的信任的事情，希腊人民的失望情绪一定会发泄到那个使希腊政府变得可恶可憎的人身上。

第18章

法军的行动及希腊西部战事

精彩看点

俄罗斯帝国宣战对希腊议会的影响——土耳其意外迸发的生命力——受希腊议会委托的法国人将易卜拉欣帕夏从摩里亚半岛驱逐出去——法军在莫登登陆——易卜拉欣帕夏从伯罗奔尼撒半岛撤退——法军占领了要塞——1828年11月16日的协议——法国军队撤退——扬尼斯·安东尼奥斯·卡波基斯迪亚斯推动了战争——克里特岛起义——希腊海军作战——希腊西部战事

克莱门斯·冯·梅特涅侯爵称,三国同盟的其中一个是战争大国,这个国家同时又扮演着斡旋者的角色,而另一个国家则以善意的对抗的面貌出现,最后一个是对土耳其宫廷友好的大国,同时也是被其宣布为对手的国家的盟友。欧洲从来没有出现过如此混乱的局面[①]。

的确,俄罗斯帝国的宣战引起了奇怪的外交纠纷。起初看来,几乎无药可解。与此同时,三国同盟似乎又一次濒临破裂。英国内阁惊恐地看到欧洲土耳其势力遭到破坏的威胁,维持土耳其在欧洲的势力是其主要政治信条之一。然而,受条约、公众舆论及最重要的在纳瓦里诺土耳其海军惨败的约束,英国内阁有义务帮助和促成这项意义非凡的工作。的确,威灵顿公爵阿瑟·韦尔斯利直截了当地宣称,无论如何他都不会忍受俄罗斯帝国的扩张。但就目前而言,英国能做的就是试图通过同盟行动中明智的战术使沙皇尼古拉一世胜利的期望落空,从而制约俄罗斯帝国的扩张。

事实上,就目前而言,英国对俄罗斯帝国的行动产生的惊恐毫无根据。正如大多数情况一样,据英明的外交"医生"说,目前"病人"正处于濒临死亡的危险境地。然而,当危险来临时,"病人"却出人意料地显示出勃勃生机。俄罗斯帝国军队穿越普鲁特河,盼着能够一举拿下君士坦丁堡,但事与愿违,两场残酷的战役后,土耳其人才接受条件妥协。

---

① 门德尔松·巴托尔迪:《希腊历史》,第2卷,第94页。——原注

然而，一切情况还不清楚。目前，三国同盟的其他两个国家担心俄罗斯帝国在东方的显赫声望会掩盖自己的光环。因此，在伦敦的会议上，有人提出积极干预的策略，以确保埃及部队撤离摩里亚半岛。的确，起初英国拒绝做出会让土耳其处境更难堪的事情。然而，德·波利尼亚克亲王指出，在外交方面，在巴黎人眼里，这场干预就是一个"俄罗斯帝国方面获取自由的手段"。俄罗斯帝国代表表示不反对采取一种会对本国更有利的方针。最后，1828年7月19日，法国决定占领摩里亚半岛，迫使易卜拉欣帕夏撤出[①]，出于对老盟友苏丹马哈茂德二世的友好，英国拒绝参与这一行动，并在协约中表明，一旦完成在战争中的任务，法国就应当从摩里亚半岛撤

德·波利尼亚克亲王

---

① 1828年7月19日的议定书。冯·普罗克施–奥斯滕男爵：《奥斯曼土耳其帝国统治下的希腊发展史》，第9卷，附录第21页。——原注

军。查理十世政府热切地接受了这一任务,打算用自己的军事荣耀来掩盖列强间不断扩大的争端。因为得到这个任务,查理十世兴奋不已。

然而,与此同时,爱德华·科德林顿上将不负责任的行为再次干扰了伦敦会议的计划。扬尼斯·安东尼奥斯·卡波基斯迪亚斯总统极其渴望能尽快将易卜拉欣帕夏从摩里亚半岛清除出去。由于俄罗斯帝国参战,大量土耳其军队撤出希腊大陆,因此再次征服由瑞希德帕夏从希腊夺取的土地也并非难事。然而,只要易卜拉欣帕夏的军队仍然留在南部,希腊的武装力量就不可能离开摩里亚半岛。在这样的情况下,扬尼斯·安东尼奥斯·卡波基斯迪亚斯总统恳求海军将领强迫埃及军队撤退。1828年7月,扬尼斯·安东尼奥斯·卡波基斯迪亚斯总统与海军将领们在桑特岛召开了一次会议,会议决定"协助一支运输船队从亚历山大港出发,将易卜拉欣帕夏的部队运走"。然而,一旦对方得知埃及的运输舰队只是装装样子,那么什么事都有可能发生。

爱德华·科德林顿上将认为埃及的运输舰队带来的希望不应该只是装装样子。于是,在没有获得上级授权,也没有与任何人商榷的情况下,爱德华·科德林顿上将率队去了亚历山大港。1828年8月9日,爱德华·科德林顿上将与穆罕默德·阿里帕夏签了一份协约,约定交换囚犯,埃及军队立即从摩里亚半岛撤军。英国海军将领爱德华·科德林顿上将强韧而又坦率的性格对扬尼斯·安东尼奥斯·卡波基斯迪亚斯总统的思想产生了极大影响。然而,谈判中的决定性因素是即将到来的法国远征军。双方虽然都考虑到了这一点,但都没有提及①。这是勇敢又有远见的海军将领爱德华·科德林顿上将代表英国对希腊事务做出的最后一次干预,因为当他返回纳瓦里诺的时候,见到了奉命前来接替他的普尔特尼·马尔科姆爵士②。

法国人极其渴望军事上的成功,因此他们迫不及待地做好了准备工作。1828年8月30日,运送易卜拉欣帕夏部队前往亚历山大港的船到来前,迈松将军率领一万四千人在科隆海湾的派塔利季登陆。然而,令他们无比厌恶的是,他们发现自

---

① 门德尔松·巴托尔迪:《希腊历史》,第2卷,第97页。——原注
② 爱德华·科德林顿上将在指挥期间的行为受到猛烈批评,他的桀骜不驯不止一次迫使政府对他进行限制。然而,在目前的情况下,阿伯丁伯爵乔治·汉密尔顿-戈登在上议院对他在亚历山大港谈判的技巧表示高度赞扬。托马斯·柯森·汉萨:《英国国会议事录》,第24卷,第991页。——原注

己远征的目标已经实现。埃及军队对他们的着陆没有提出任何异议。相反，易卜拉欣帕夏还来拜访了法国指挥官，视察了部队。可悲的是，法国人没有得到期许的荣耀，只得到了埃及人对他们的聪明和军容的肯定。

1828年9月16日，运输船到岸，埃及军队也开始陆续登船。1828年10月3日，易卜拉欣帕夏带着最后的部队离开。撤兵的条件明确规定，埃及军队不得违背战俘的意愿将他们带走。为了确保这项规定得到遵守，法国士兵被派到码头上。然而，在战争中被俘的六百名希腊人中，只有十一人选择留在惨遭蹂躏的祖国。而对其余的人来说，埃及的美食似乎对他们有更大的吸引力。最后，这些希腊战俘被迫留下，避免了这种背弃祖国的丑闻发生。

由于没有如期获得出兵带来的荣耀，法国人心生恶意，于是故意违反爱德华·科德林顿上将与穆罕默德·阿里帕夏达成的协议发泄怨愤。当然，法国人不愿意承认这一点。根据撤兵条件规定，易卜拉欣帕夏获准在离开堡垒要地时留下一部分卫戍部队，如当初易卜拉欣帕夏登陆时，苏丹马哈茂德二世的军队大部分被撤走却在希腊留有少数防卫部队一样。此外，根据这项规定，这些卫戍部队将驻扎在科隆城堡、莫登城堡、纳瓦里诺城堡和瑞希姆要塞。这些都是法国军队要去征服的地方。尽管土耳其人拒绝投降，但在前面提到的诸多要塞中，围攻者们将梯子搭在墙上，没有遇到什么反抗就冲破了土耳其人的防御工事。尽管只有瑞希姆驻军发起了抵抗，但经过短短的轰炸，瑞希姆驻军也赶紧选择了投降。瑞希姆驻军投降后，目前法国完成了在希腊的全部军事行动。在法国部队撤离希腊前的剩余时间里，法国部队就去从事一些与和平相关的事务，如修路、耕种被毁坏的田地、清除城镇中积累的污物等。如果希腊人愿意效仿，那么这给他们树立了一个很好的榜样。

在希腊，法国的占领不受欢迎。扬尼斯·安东尼奥斯·卡波基斯迪亚斯总统也并不想看到他们。然而，现在既然已经成了事实，扬尼斯·安东尼奥斯·卡波基斯迪亚斯总统认为可以进一步利用法国军队。随着易卜拉欣帕夏撤退，扬尼斯·安东尼奥斯·卡波基斯迪亚斯总统终结了希腊东西部长达几个月的战争。现在，扬尼斯·安东尼奥斯·卡波基斯迪亚斯总统建议迈松将军穿越地峡，将土耳其人赶到马其顿王国。无论扬尼斯·安东尼奥斯·卡波基斯迪亚斯总统多么期待事情能够按照他的计划发展，法国将军都不敢接受他的指令。如果法国将军接受命令，巴黎政府很可能会乐意为他的行动辩护。伦敦会议上的另一项草案令扬尼斯·安东尼奥斯·卡波基斯迪亚斯总统来不及有任何的犹豫。1828年11月16日公布的草案将摩里亚半岛和邻近岛屿及基克拉泽斯群岛置于欧洲列强的保护之下，并心照不宣地将希腊大陆从战争中所获得的利益份额排除在外[1]。现在法国人已经从希腊撤军，只剩下几个营驻扎在科隆和纳瓦里诺的堡垒来维持秩序。

1828年11月16日草案的公布激起了整个希腊愤怒的狂潮。对此，扬尼斯·安东尼奥斯·卡波基斯迪亚斯总统感同身受。对这个主权自主的国家来说，将希腊大陆纳入即将建立的新希腊是件生死攸关的事。扬尼斯·安东尼奥斯·卡波基斯迪亚斯总统决定不顾伦敦会议及《伦敦条约》的制约继续进行战争。在给海德克将军的信中，扬尼斯·安东尼奥斯·卡波基斯迪亚斯总统写道："我赞同你的观点。如果有一些装备精良的野战部队和几个骑兵中队，我们就能不顾《伦敦条约》赢得边境战役。"[2]

在这场战争中，扬尼斯·安东尼奥斯·卡波基斯迪亚斯总统有一个双重目标。他既想为希腊争取它的自然边界，又想转移一下国际的注意力，从而支持俄罗斯帝国，因为在巴尔干战役中俄罗斯帝国有很大的压力。

如果将雅典和底比斯纳入希腊国家是一种信念，那么占有克里特岛就很难仅仅被认为是一个虔诚的愿望。然而，出于俄罗斯帝国而非希腊利益的考虑，扬尼斯·安东尼奥斯·卡波基斯迪亚斯总统毫不犹豫地再次挑起了克里特叛乱的战争。俄罗斯帝国宣战后不久，扬尼斯·安东尼奥斯·卡波基斯迪亚斯总统派遣亲希腊人士赖内克男爵接替在弗朗索卡塞利被杀害的克里特岛领导人哈吉·米加利，并向他传递了一条外交信息。扬尼斯·安东尼奥斯·卡波基斯迪亚斯总统说道，希腊不敢呼吁斯帕基亚人起义，不过，如果人民自愿起义，希腊代表会给他们提供建议并且领导他们起义。唤醒那些情绪激动的岛民简直不费吹灰之力。起义刚一开始就凭借无法抵挡的势头席卷全岛。随后土耳其在尼罗库罗战败，阿波科罗纳地区被起义军掌控，而土耳其人则被赶回苏达岛。每次希腊胜利后，在奥斯曼帝国统治下的希腊

---

[1] 冯·普罗克施–奥斯滕男爵：《奥斯曼土耳其帝国统治下的希腊发展史》，第9卷，附录第45页。——原注

[2] 门德尔松·巴托尔迪：《希腊历史》，第2卷，第109页。——原注

人就会遭到屠杀,然后希腊人再在别处屠杀土耳其人。直到1828年10月爱德华·科德林顿上将的继任者普尔特尼·马尔科姆爵士出现在岛上,并以列强的名义提出停战协议,这种无休止的屠杀才得到制止。起初土耳其司令官穆斯塔法贝伊拒绝签署停战协议,但在列强的威逼下,他最终签署了停战协议。尽管如此,双方的掠夺与屠杀还是持续了一段时间。

1828年的希腊海军行动试图奉行与在克里特岛时同样的政策。这个政策曾经在克里特岛激起过徒劳无功的叛乱。此外,奉行这个政策主要是为了俄罗斯帝国的利益,而希腊的利益只是其次。正如已经提到的,在向土耳其宣战时,俄罗斯帝国曾经试图通过保证地中海的中立来安抚盟友。然而,由于俄罗斯帝国在巴尔干半岛遇到的麻烦日益增多,无奈只好寻求其他方式来修改这已经制定好的计划,希望这样一来能更符合自己的利益[1]。接到命令,洛德韦克·范·海登去封锁达达尼尔海峡,甚至还捕获了两三艘埃及舰船,理由是对方在向保加利亚运送弹药等军需品[2]。然而,由于遭到盟国的强烈反对,封锁随后取消,而捕获的船也都被释放。在这种情况下,扬尼斯·安东尼奥斯·卡波基斯迪亚斯总统竭尽所能帮助俄罗斯帝国。他命令正在封锁沃罗的萨克图里斯上将解除封锁,驶向达达尼尔海峡,借口是为了确保必要的粮食供应必须采取这一措施。与此同时,扬尼斯·安东尼奥斯·卡波基斯迪亚斯总统给许多私掠船船员颁发了海上作业许可证。这些私掠船船员立即恢复了扬尼斯·安东尼奥斯·卡波基斯迪亚斯总统在执政第一年里曾经参与镇压的海盗活动。其中,有八艘奥地利船舰遭到埃伊纳岛的战利品法庭起诉。然而,在奥地利船长丹多洛的大力干预下,抢来的战利品不得不退回。

与此同时,在夏季的陆地上,战事一直处于停滞状态。只要易卜拉欣帕夏仍然留在摩里亚半岛,地峡外都不可能有任何行动。德米特里乌斯·希普西兰蒂仍然在迈加拉的营地里。然而,德米特里乌斯·希普西兰蒂一直在观望,等待埃及军队撤退的消息。1828年10月,当得知易卜拉欣帕夏登船撤离的消息,德米特里乌斯·希普

---

[1] 冯·普罗克施–奥斯滕男爵:《奥斯曼土耳其帝国统治下的希腊发展史》,第9卷,附录第33页。——原注

[2] 冯·普罗克施–奥斯滕男爵:《奥斯曼土耳其帝国统治下的希腊发展史》,第10卷,附录第5页。——原注

西兰蒂拔营而起，率军前往阿提卡。俄土战争使阿提卡的奥斯曼帝国军事力量受到重创，因此希腊人的推进迅速而顺利。很快阿提卡就落败。在史蒂文尼科斯和马蒂尼连续取得两次成功后，维奥蒂亚及其首府莱瓦迪亚及萨洛纳都顺利落入希腊人手中。对希腊人来说，现在看来成功占有希腊东部毫无悬念。随着战事深入，德米特里乌斯·希普西兰蒂将他的军队在底比斯周围集中。

在希腊西部，一年里绝大部分时间内军事行动都处于停滞状态。纳瓦里诺战役后，在理查德·丘奇将军的领导下，弗兰克·阿布尼·黑斯廷斯上尉向阿卡纳尼亚海岸的德拉戈米斯蒂运送了一小批部队。随后，另一支部队越过科林斯湾，占领了希腊大陆上位于特里索尼亚岛对面的一座堡垒。然而，整个军队士气都非常低落。由于农民们普遍对他们怀有敌意，这支部队什么也做不了。1827年12月29日，弗兰克·阿布尼·黑斯廷斯上尉轰炸并占领了瓦西拉迪堡。然而，没过多久，由于理查德·丘奇将军无力制止希腊首领们用亲希腊人士为他们提供的口粮在佩特雷与土耳其人频繁地开展贸易，弗兰克·阿布尼·黑斯廷斯上尉愤怒地停止了积极的军事行动。尽管扬尼斯·安东尼奥斯·卡波基斯迪亚斯总统抵达阿卡纳尼亚后，弗兰克·阿布尼·黑斯廷斯上尉接受劝说恢复了军事行动，但在1828年5月25日对阿纳托利科发动的一次进攻中，弗兰克·阿布尼·黑斯廷斯上尉被击退了。看到如此无私地付出勇气和献身的希腊人陷入极大的悲痛中，弗兰克·阿布尼·黑斯廷斯上尉自己也受到致命的伤害。

一个月后，1828年6月27日，扬尼斯·安东尼奥斯·卡波基斯迪亚斯总统本人乘船到阿卡纳尼亚海岸登陆，开始视察理查德·丘奇将军的营地。扬尼斯·安东尼奥斯·卡波基斯迪亚斯总统发现，比起不久前在特罗泽参观过的军队，理查德·丘奇将军的军队情况更糟糕。扬尼斯·安东尼奥斯·卡波基斯迪亚斯总统并没有掩饰自己的观点。当理查德·丘奇将军打算向他介绍他手下的官员时，扬尼斯·安东尼奥斯·卡波基斯迪亚斯总统拒绝了他的提议。他说道："我认识这些官员。你们说说，你们跟土耳其人打了九年了，除了偷鸡摸狗，你们还干过什么？"[①]然而，其中有一名官员，是法国人曼切，曾经参加过迈索隆吉的英勇防御战。听到这话，曼切气得鼻

---

① 门德尔松·巴托尔迪：《希腊历史》，第2卷，第85页。——原注

子都歪了。扬尼斯·安东尼奥斯·卡波基斯迪亚斯总统确以心直口快闻名，而他的肆无忌惮也使他树敌颇多。

然而，由于扬尼斯·安东尼奥斯·卡波基斯迪亚斯总统的到来，几个月前的疲倦不堪、毫无生气的军队士气高涨。军人们积极参与军事行动，这使理查德·丘奇将军备感兴奋。1828年9月，希腊人向阿尔塔湾进发，占领了卢特拉基。科西嘉冒险家帕萨诺受命接替弗兰克·阿布尼·黑斯廷斯上尉，企图强行进入阿尔塔湾，但失败了。然而随后，将武力进攻阿尔塔湾失败的原因归结为海军将领过分怯懦的希腊官员们有了另一个计划。在普雷维萨的支持下，他们没等候上级的命令就大胆地穿越了阿尔塔湾。这样一来，希腊就掌握了阿尔塔湾的管辖权。现在帕萨诺被召回，而勇敢又能干的伊兹拉岛上将克里泽斯受命接任帕萨诺的位置。1828年12月29日，沃尼察镇重回希腊人之手，但直到1829年3月17日，这座几乎毫无防御能力的威尼斯城堡才真正投降。

第 19 章

希腊国民议会

精彩看点

1829年3月22日的议定书——希腊人民的愤怒——扬尼斯·安东尼奥斯·卡波基斯迪亚斯总统抗议议定书——扬尼斯·安东尼奥斯·卡波基斯迪亚斯总统拒绝停止军事行动——扬尼斯·安东尼奥斯·卡波基斯迪亚斯总统的专横统治——召集国民议会——扬尼斯·安东尼奥斯·卡波基斯迪亚斯总统采取行动来确保选举顺利——国民议会在阿尔戈斯召开——国民议会的进程

当列强会议在伦敦召开时，为了收集证据及报告，已经离开君士坦丁堡的英、法、俄三国大使在波罗斯成立了专门委员会。大使们向扬尼斯·安东尼奥斯·卡波基斯迪亚斯总统申请去调查希腊国情。在这个混乱无序的国家状态允许的情况下，扬尼斯·安东尼奥斯·卡波基斯迪亚斯总统为大使们提供了必要的装备。与此同时，扬尼斯·安东尼奥斯·卡波基斯迪亚斯总统坚持希腊对边界问题的看法，并提议让后来成为比利时第一任国王的科堡的利奥波德·乔治·克里斯蒂安·腓特烈成为继承希腊王位的候选人。1828年12月，委员们提交了报告，而他们的备忘录则被称为《波罗斯议定书》，成为1829年3月22日在伦敦签署的议定书的基础。《波罗斯议定书》中的规定与希腊为最终建成一个独立国家时所采取的措施并没有很大的区别。新希腊国家的边界将从沃洛湾延伸到阿尔塔湾，其中包括埃维厄岛和基克拉泽斯群岛。这个国家每年会向奥斯曼帝国上贡大约三万英镑。在希腊拥有土地的土耳其人可以选择售卖自己的资产，或者通过其他方式获得赔偿。在奥斯曼帝国的宗主权下，希腊可以享有完全自治，并由奥斯曼帝国和各列强挑选出的一位世袭王子管理[①]。

这个方案让希腊有比1828年11月16日协议规定的更多自由，如果所有参与订约的欧洲列强说到做到，这个方案就有立即被执行的可能。这体现了斯特拉特福德·坎宁的观点。斯特拉特福德·坎宁对这种的状况十分了解，这似乎确保了这个方案能够

[①] 冯·普罗克施–奥斯滕男爵：《奥斯曼土耳其帝国统治下的希腊发展史》，第10卷，附录第2页。——原注

得到彻底执行并得到法国的热忱支持。然而，俄罗斯帝国并不希望在自己正与奥斯曼帝国纠缠争斗的时候解决希腊问题。相比之下，俄罗斯帝国更希望推迟所有事宜，直到自己能够解决与奥斯曼帝国的争端。阿伯丁伯爵乔治·汉密尔顿-戈登的迂腐外交手段和目光短浅的政策都对俄国人十分有利。事实上，为了同法国保持良好的关系，阿伯丁伯爵乔治·汉密尔顿-戈登同意签署议定书。与此同时，他坚持通过外交程序解决问题，这最终导致整个问题被推迟，而再次商讨谈判的结果就是使俄罗斯帝国成为整个问题中唯一的裁判。"扬尼斯·安东尼奥斯·卡波基斯迪亚斯总统在密谋，苏丹马哈茂德二世正怒火中烧，希腊人民在苦难中丧生，而英国外交大臣则强调保留盟军组织每一位成员的权利，使其能各自揣测愤怒的苏丹马哈茂德二世可能对提议的安排提出的反对意见。"①在这样的情况下，克莱门斯·冯·梅特涅侯爵对三国同盟行为的判断既不算不公正，也不算不正确。克莱门斯·冯·梅特涅侯爵认为，与其说这份协议是关心希腊人的福祉，不如说是希望为议会找到一个临时的解决办法。克莱门斯·冯·梅特涅侯爵说："三国同盟可以通过协定维持一年，但在利益面前，三国同盟本身就是脆弱的，只不过是互相欺骗罢了。"②

在希腊，协议的公布引起了民众的愤慨。民众的愤慨丝毫不亚于得知1828年11月16日的协定内容时。经过漫长又痛苦的外交谈判，希腊人民好不容易到了另一个阶段，却发现自己只是大国游戏中的棋子，被棋手无视个人意愿、随心所欲地呼来喝去。为了自主，希腊人民独自战斗并承受痛苦。在经历和忍受了一切痛苦后，希腊人民却要被"自主"欺骗。因为这种"自主"的价值在于，年复一年，人们不得不承认这种令人备受屈辱的对奥斯曼帝国的依赖。为了这个国家的民众能够自主，它只是取消了拉西向奥斯曼帝国每年缴纳一次的血税③。战前伊兹拉和斯皮齐亚的岛民就已经获得"自治"。那么他们八年的浴血奋战仅仅是为了最后获得这样的"自治"吗？马伊纳荒凉山区的人们大声宣称他们会拿起武器，就像他们自古以来所做的那样。还有哪些岛屿为了自由已经忍受这么多苦难，如今却只能在土耳其的控制下饱受折磨？萨摩斯岛？克里特岛？还是希俄斯岛？难道这些被自私自利的欧洲列强从

---

① 乔治·芬利：《希腊革命史》，第2卷，第222页。——原注
② 门德尔松·巴托尔迪：《希腊历史》，第2卷，第124页。——原注
③ 血税：血税又称"德夫希尔梅"，是奥斯曼帝国从基督教臣民的男孩中募集兵丁的制度。

希腊的躯体上随意割下的支离破碎的独立区域,就是《特罗泽宪法》热烈宣扬的伟大的泛希腊理想的全部所得吗?

在某种程度上代表欧洲大国意愿的扬尼斯·安东尼奥斯·卡波基斯迪亚斯总统也对这些充满敌意的批评做出了回应。起初,扬尼斯·安东尼奥斯·卡波基斯迪亚斯总统尽管拒绝向《特罗泽宪法》妥协,但还是同意在抗争下接受协定。与此同时,扬尼斯·安东尼奥斯·卡波基斯迪亚斯总统也表明在宪法的规定下,自己无权擅自接受协定。然而,在国民议会召开前,扬尼斯·安东尼奥斯·卡波基斯迪亚斯总统将同意接受议定书。或许是自身的外交经历和协定性质让扬尼斯·安东尼奥斯·卡波基斯迪亚斯总统明白,在俄罗斯帝国和土耳其之间的战争没有分出胜负的情况下,这样的协定不过是一纸空谈。因此目前接受这个议定书,并保留大会做出决定的最终权利,在任何情况下都不会影响希腊问题的最终解决。

扬尼斯·安东尼奥斯·卡波基斯迪亚斯总统并不打算遵从议定书的条款。关于奥斯曼帝国宗主国的问题,他还是想得明白的。不过,有一项条款剥夺了希腊人选举自己王储的权利,这令扬尼斯·安东尼奥斯·卡波基斯迪亚斯总统心怀愤恨。扬尼斯·安东尼奥斯·卡波基斯迪亚斯总统尽管向波罗斯委员会提出了将利奥波德·乔治·克里斯蒂安·腓特烈立为希腊国王的建议,但从未放弃自己成为希腊统治者的想法。这是扬尼斯·安东尼奥斯·卡波基斯迪亚斯总统所有努力的方向和目的,也是重建希腊的秩序和繁荣的手段。真正令扬尼斯·安东尼奥斯·卡波基斯迪亚斯总统难以忍受的似乎是在担负重任、历经磨难后,他好不容易将这个失控又杂乱无序的国家变得强大和秩序井然,却在最后的关键时刻被人捷足先登,坐享成果。这样一来,扬尼斯·安东尼奥斯·卡波基斯迪亚斯总统被列强选中的希望就更渺茫了。如果能让希腊人民自己做决定,凭借自己在人民心中的声望及为维护自己的影响力采取的措施,足以确保扬尼斯·安东尼奥斯·卡波基斯迪亚斯总统当选。

1829年5月18日,由于奥斯曼帝国政府已经同意停战,英国代表要求扬尼斯·安东尼奥斯·卡波基斯迪亚斯总统停止敌对行动,并从1828年11月6日协定中规定的边界退出。然而,扬尼斯·安东尼奥斯·卡波基斯迪亚斯总统以没有得到官方通知为由拒绝了。与此同时,扬尼斯·安东尼奥斯·卡波基斯迪亚斯总统正式对1829年3月22

日议定书中的条款表示抗议，因为那些条款剥夺了希腊人在选择自己主权方面的所有发言权。扬尼斯·安东尼奥斯·卡波基斯迪亚斯总统对前去调查的利奥波德·乔治·克里斯蒂安·腓特烈的代表强调，根据1829年3月22日的议定书条款，除了萨摩斯岛和克里特岛，希腊人民将不会接受利奥波德·乔治·克里斯蒂安·腓特烈的候选资格。扬尼斯·安东尼奥斯·卡波基斯迪亚斯总统还补充道，接受东正教将被视为希腊人民接受任何统治者的绝对必要条件。尽管随后扬尼斯·安东尼奥斯·卡波基斯迪亚斯总统将面临一系列的困难与反对，并且这也许只是难题中的第一个，但至少他最终成功劝说利奥波德·乔治·克里斯蒂安·腓特烈退出了候选人名单。

扬尼斯·安东尼奥斯·卡波基斯迪亚斯总统此时权势正盛。通过种种手段，扬尼斯·安东尼奥斯·卡波基斯迪亚斯总统很快成功地让希腊整个行政机构服从于自己的意志。在模糊的宪政共和形式下，扬尼斯·安东尼奥斯·卡波基斯迪亚斯总统才是真正的君主。民众对扬尼斯·安东尼奥斯·卡波基斯迪亚斯总统的呼声依然很高。尽管有些人对扬尼斯·安东尼奥斯·卡波基斯迪亚斯总统存在很多不满，但任何反对的迹象都会遭到无情的镇压。即使是对扬尼斯·安东尼奥斯·卡波基斯迪亚斯总统最私密的批评也会被认为是叛国行为。政府下令开启审查私人信函，而里面的内容会被视为对现有秩序不满的证据[①]。

通过这样的专制手段，扬尼斯·安东尼奥斯·卡波基斯迪亚斯总统不仅能够在希腊所有的事务中建立无可争议的权威，还成功维护了他在整个欧洲的好声誉。扬尼斯·安东尼奥斯·卡波基斯迪亚斯总统一直小心翼翼地表示，这些专横独断的措施只是权宜之计，尽管会引发民众的不满，但这是在动荡的情况下所必需的铁腕政策。只要政府根基稳固，并在某种程度上恢复了国家的秩序和繁荣，宪法所保障的及他宣誓要尊重的民众自由将再次得到承认。欧洲的自由派人士对这种解释非常满意。亲希腊人士仍然在慷慨地给予援助。与此同时，欧洲国家也给予大量支持，将扬尼斯·安东尼奥斯·卡波基斯迪亚斯总统从曾经阻碍他的政事运作的财政窘境中解脱出来。直到1831年年初，单是俄罗斯帝国的货币补贴就超过了三百万法

---

① 一个叫法马尔迪的牧师被监禁，只是因为在一封给朋友的私人保密信中大胆地对总统扬尼斯·安东尼奥斯·卡波基斯迪亚斯的某些措施发表不利言论。——原注

郎，此外还有大量的武器弹药。查理十世每月为希腊基督教教徒捐赠二十五万法郎。在多次拒绝后，英国最终也捐款五十万法郎。最后，日内瓦的银行家艾纳特提供了七十万法郎作为新贷款的第一笔放款。这些开支不需要对任何人负责。有了这些资源，再加上扬尼斯·安东尼奥斯·卡波基斯迪亚斯总统的个人声望及在政府里无法撼动的地位，他作为总统的地位牢不可破。克莱门斯·冯·梅特涅侯爵曾经说道："希腊属于扬尼斯·安东尼奥斯·卡波基斯迪亚斯总统。"

扬尼斯·安东尼奥斯·卡波基斯迪亚斯总统一抵达希腊就暂停使用《特罗泽宪法》，并承诺尽快召开国民议会。最初国民议会被定在1828年4月召开，但扬尼斯·安东尼奥斯·卡波基斯迪亚斯总统用各种各样的借口将它推迟了一年多。然而，如今议定书的出现和希腊的国际关系迫使扬尼斯·安东尼奥斯·卡波基斯迪亚斯总统履行诺言，召集国民代表大会。扬尼斯·安东尼奥斯·卡波基斯迪亚斯总统并不担心会议结果。陈旧的社群自由已经遭到摧毁。出于种种目的，选民的选票由中央政府委派的长官管理。为了确保万无一失，扬尼斯·安东尼奥斯·卡波基斯迪亚斯总统让泛希腊主义者通过了一项法律，将选举团完全置于政府的掌握中。扬尼斯·安东尼奥斯·卡波基斯迪亚斯总统并没有满足于这些。1829年3月，扬尼斯·安东尼奥斯·卡波基斯迪亚斯总统开展了国内的长途巡视，想凭借个人表现影响选民。由于农民们刚刚感受到战后逐渐恢复的繁荣，"扬尼斯爸爸"自然在各地都受到热烈欢迎。这样一来，一个盲目效力于扬尼斯·安东尼奥斯·卡波基斯迪亚斯总统的利益集团回归了。

1829年7月23日，身穿俄式制服、胸前挂满勋章的扬尼斯·安东尼奥斯·卡波基斯迪亚斯总统主持了新一届国会的开幕仪式。会议在阿尔戈斯古剧院的废墟中举行。

任何反对扬尼斯·安东尼奥斯·卡波基斯迪亚斯总统的言行都不受欢迎，对他政策的批评都无法传达上去。作为扬尼斯·安东尼奥斯·卡波基斯迪亚斯总统的铁杆拥护者，塞奥佐罗斯·科洛科特罗尼斯伯爵率领一支武装部队下山，然后到会场保护扬尼斯·安东尼奥斯·卡波基斯迪亚斯总统，保障大会的顺利召开。尼基塔斯·斯塔马泰洛普洛斯，俗称"以土耳其人为食者"，则带着一支部队在场，令会场各位望而生畏，不敢妄动。尼基塔斯·斯塔马泰洛普洛斯这一行为名义上是保障国民议会顺利召开，其实是为了确保扬尼斯·安东尼奥斯·卡波基斯迪亚斯总统的利益。

大会首先发表了重申对扬尼斯·安东尼奥斯·卡波基斯迪亚斯总统信任的讲话。格里瓦斯和几个其他批评者试图提出反对，但根本没人愿意听。当他们越说越厉害时，塞奥佐罗斯·科洛科特罗尼斯伯爵一跃而起，叫喊道："我们不想在这里看到欧洲的蠢货们！不要废话！拥护总统的都站起来！"塞奥佐罗斯·科洛科特罗尼斯伯爵虽然通过武力推动自己的主张，并且追随者越来越多，但提出的要求并不需要立刻得到回应，最后对扬尼斯·安东尼奥斯·卡波基斯迪亚斯总统表达信任的讲话毫无争议地获得通过。一个可以如此有效封闭消息的政府并不会担心可能来捣乱的反对派。然而，暴力场面频频出现。塞奥佐罗斯·科洛科特罗尼斯伯爵和格里瓦斯一度很难阻止这样的暴力冲突。议会最终通过的决议完全符合政府政策，这并不令人感到惊讶。事实上，这些决议全都是由扬尼斯·安东尼奥斯·卡波基斯迪亚斯总统本人起草的。扬尼斯·安东尼奥斯·卡波基斯迪亚斯最终并没有获得总统提名，因为如果没有列强的事先同意，即使获得提名也毫无价值。不过大会通过了一项议会法案，宣布如果没有获得希腊立法机构的批准，伦敦会议的决定就不应当约束希腊。此外，扬尼斯·安东尼奥斯·卡波基斯迪亚斯总统也在和列强各国协议如何解决希腊问题，在宗主权和朝贡方面获得了极大的自主权。

1829年8月19日，国会解散。扬尼斯·安东尼奥斯·卡波基斯迪亚斯总统的地位似乎比之前更稳固了。然而，长期受到压制的宪政反对派开始扩大影响。一个声名狼藉的大会通过的决议并没有多少分量。众所周知，它只是正式提出了总统的法令。不满的人们讽刺地说道："扬尼斯·安东尼奥斯·卡波基斯迪亚斯总统胡说八道了！他喝醉了！"借此表达对形势的看法。

议会设立了新的参议院，推翻了前国会阐明的所有民主原则。参议院向扬尼斯·安东尼奥斯·卡波基斯迪亚斯总统提交了六十个人选。扬尼斯·安东尼奥斯·卡波基斯迪亚斯总统从中选了二十一个，自己另外提了六个。正是在这种情况下，扬尼斯·安东尼奥斯·卡波基斯迪亚斯总统体验到即将来临的暴风雨的最初征兆。他向安德烈亚斯·米奥里斯、亚历山德罗斯·马夫罗科达托斯和乔治斯·昆图里奥特斯发出邀请，表示为他们在新政府里安排了位置。然而，他们不仅都拒绝了，而且自行组成了一个有影响力的反对派。

第20章

希腊边界的确定与土耳其军队的撤离

精彩看点

希腊东西部的军事行动——俄土战争结束——《阿德里安堡合约》——希腊收到消息——对列强的影响——1830年2月3日议定书——扬尼斯·安东尼奥斯·卡波基斯迪亚斯总统反对议定书——希腊的动荡——利奥波德·乔治·克里斯蒂安·腓特烈放弃王位——波尔特宫廷在克里特岛的改革让步——克里特岛民反对改革——1830年7月1日协商确定希腊边界——土耳其军队撤出希腊

令人厌倦的战争终于要结束了。双方早已经精疲力竭，反抗者的激情退却，压迫者的顽固防守遭到挫败。对希腊人民来说，剩下的任务就是清除希腊大陆上奥斯曼帝国最后的残余势力。

这时，曾经对德米特里乌斯·希普西兰蒂和理查德·丘奇将军表示过不满的扬尼斯·安东尼奥斯·卡波基斯迪亚斯总统竟然在关键时刻宣布让弟弟阿戈斯蒂诺·卡波基斯迪亚斯，一个彻头彻尾的傻瓜担任将军，同时接管希腊西部所有军政事务。这个举动震惊世界。在不具备任何足以获得这个职位的资格的情况下，财富为阿戈斯蒂诺·卡波基斯迪亚斯提供了巨大支持。

有一个叫帕帕里戈普洛斯的希腊人，足智多谋，在穆罕默德·阿里帕夏的学校里学过一些粗浅的外交知识，一度致力于打击驻扎在勒班陀、迈索隆吉和阿纳托利科的土耳其人的士气。基于这一点，当阿戈斯蒂诺·卡波基斯迪亚斯来到这些城市时，那里的民众很快就投降了。1829年4月30日，勒班陀的驻军投降。1829年5月14日，驻扎在迈索隆吉和阿纳托利科的军队撤退。阿戈斯蒂诺·卡波基斯迪亚斯的陆军部队在希腊后方安全的有利场地作战，取得的胜利赢得了人民的称誉，但实际上这要归功于帕帕里戈普洛斯暗地里对对手士气的打击[1]。在战争结束前，土耳其人在希腊东部做了最后的挣扎。阿斯兰贝伊麾下的一群阿尔巴尼亚人从资土尼向前推进，

---

[1] 门德尔松·巴托尔迪：《希腊历史》，第2卷，第86页。——原注

取道塞莫皮莱、利瓦迪亚和底比斯。德米特里乌斯·希普西兰蒂的军队突然惊慌起来，四下逃散。阿斯兰贝伊一路前进直奔雅典，并没有遇到什么阻碍。在卫城，阿斯兰贝伊留下一支精心挑选的驻军，并集结了希腊各地的土耳其人，开始了他的返乡之旅。然而这时，就像当时突然溃散一样，德米特里乌斯·希普西兰蒂的军队又快速地集合起来。当阿斯兰贝伊到达佩特雷关口时，他发现退路被一支希腊的精锐军队封锁了。因为无法突围，1829年9月25日，阿斯兰贝伊被迫签署投降协议。在除雅典卫城和位于尤里珀斯的卡拉巴巴要塞外的希腊东部所有地区，土耳其人全部撤退。这是希腊独立战争中敌我双方的最后交战。最终，德米特里乌斯·希普西兰蒂结束了这场在1821年由亚历山大·希普西兰蒂在普鲁特河岸边发起的战争。

然而，一个更强大的斗士的胜利决定了希腊的命运。在巴尔干半岛，俄罗斯人和土耳其人之间持续了两个夏天的战争突然戏剧性地结束了。从一开始，这就是一场令人意外的战争。奥斯曼帝国力量的强大毋庸置疑，而俄罗斯帝国反倒处于弱势。然而现在，凭借着一腔必胜的信念，弱势一方居然迫使强者屈服。汉斯·卡尔·冯·迪比奇将军带领大约一万三千人在对手国家的腹地阿德里安堡驻守，前

阿德里安堡

汉斯·卡尔·冯·迪比奇将军

面至少有十万精兵驻守的强大城市君士坦丁堡要应对，后有由大维齐尔和斯库塔里帕夏率领的不屈不挠的军队的围追堵截。令人出乎意料的是，在本来只能投降的境况下，汉斯·卡尔·冯·迪比奇将军战胜了对手。虽然由于各种疾病，汉斯·卡尔·冯·迪比奇将军的士兵倒下大半，兵力减弱，也没有任何获得增援的希望，但汉斯·卡尔·冯·迪比奇将军行事英勇果敢，并在作战期间不断向对手夸大自己的实力，最终迫使奥斯曼帝国做出让步[1]。

1829年9月14日，《阿德里安堡合约》签署。条约里的条款扩大了俄罗斯帝国在希腊东部的影响力，特别是在多瑙河公国。实际上这些地方独立于奥斯曼帝国政府，因此更容易受到俄罗斯帝国的干涉。除了某些涉及俄罗斯帝国贸易权和博斯普

---

[1] 查尔斯·艾伦·法伊夫：《现代欧洲史》，第1卷，第342页。门德尔松·巴托尔迪：《希腊历史》，第2卷，第164页。——原注

鲁斯海峡自由航行权的特定条款,这份条约还包括要求土耳其接受1829年3月22日伦敦议定书中涉及希腊事务的部分①。联盟国其他成员的拖延政策使俄罗斯帝国可以在世界面前摆出希腊独立唯一担保国的姿态,并将所有原本不得不与盟友分摊的功劳归在自己头上。

《阿德里安堡合约》签署的消息传回希腊,希腊人民喜出望外。扬尼斯·安东尼奥斯·卡波基斯迪亚斯总统认为自己遵守了沙皇尼古拉一世在扎尔斯科塞洛会议上下达的指令,是时候应该得到回报了。于是扬尼斯·安东尼奥斯·卡波基斯迪亚斯总统公开宣布和平,并下令在教堂唱赞美歌。然而,在得知条约的相关条款后,希腊人民的喜悦立刻变成厌恶。扬尼斯·安东尼奥斯·卡波基斯迪亚斯总统觉得自己的忠心耿耿遭到列强的背叛。原本寄予厚望的俄罗斯帝国只是带来了1829年3月22日议定书的条款,而在这之前希腊人已经带着愤怒和鄙视拒绝了这些条款。扬尼斯·安东尼奥斯·卡波基斯迪亚斯总统品尝到幻想破灭的苦涩滋味。扬尼斯·安东尼奥斯·卡波基斯迪业斯总统的主张已经被遗忘。他全心全意为俄罗斯帝国服务,期盼它至少能保证自己总统的位置。然而,扬尼斯·安东尼奥斯·卡波基斯迪亚斯总统不仅根本没有被提,还要因为讨好某些日耳曼王子而被赶下台。此外,《阿德里安堡合约》有损扬尼斯·安东尼奥斯·卡波基斯迪亚斯总统的声望。长久以来,扬尼斯·安东尼奥斯·卡波基斯迪亚斯总统都被看作是俄罗斯帝国的代言人和俄罗斯帝国沙皇对希腊友好的保证。然而,这对巩固扬尼斯·安东尼奥斯·卡波基斯迪亚斯总统的地位没有起到任何作用。现在,失望又沮丧的希腊人民必然将矛头指向扬尼斯·安东尼奥斯·卡波基斯迪亚斯总统,因为在某种程度上扬尼斯·安东尼奥斯·卡波基斯迪亚斯总统要为希腊人民的希望破灭负责。从这个时期开始,针对扬尼斯·安东尼奥斯·卡波基斯迪亚斯总统政府的反抗从最初的有所顾忌逐渐变得肆无忌惮。

如果说《阿德里安堡合约》只是给希腊人民留下了不好的印象,那么对列强举行的会议来说,这个消息令人不安的程度不亚于一枚炸弹。毫无疑问,俄罗斯帝国

---

① 冯·普罗克施-奥斯滕男爵:《奥斯曼土耳其帝国统治下的希腊发展史》,第10卷,附录第30页。——原注

的成功影响重大，但盟国政治家的警告过分夸大了这些影响。俄罗斯帝国不仅在没有与其他盟国合作的情况下机智有效地解决了希腊问题，而且一直以来英国奉行的外交政策是将奥斯曼帝国作为阻挡俄罗斯帝国野心东扩的屏障。然而，目前奥斯曼帝国正濒临崩溃。不，是已经崩溃了。威灵顿公爵阿瑟·韦尔斯利宣布，土耳其不是正在灭亡，而是已经灭亡①。对于这件事，威灵顿公爵阿瑟·韦尔斯利表示遗憾。他认为这个会议已经背离了1828年11月16日协定的内容，于是开始探究为了抵御圣彼得堡的侵略，应当如何建立新的独立大国来取代奥斯曼帝国的位置。阿伯丁伯爵乔治·汉密尔顿-戈登建议重新扶植土耳其波尔特宫廷，用欧洲担保人的身份支持它，甚至有人提出建立一个将君士坦丁堡作为首都的希腊帝国②。

克莱门斯·冯·梅特涅侯爵冷眼旁观同盟国理事会内的风云变幻。在克莱门斯·冯·梅特涅侯爵看来，目前的危机是英国一贯奉行的软弱和犹豫不决政策的直接结果。现在克莱门斯·冯·梅特涅侯爵揶揄英国内阁道："将来英国是打算采取保守的还是自由的政策？"③克莱门斯·冯·梅特涅侯爵并不认为奥斯曼帝国已经崩溃。在他看来，奥斯曼帝国只是被打败了。同时，克莱门斯·冯·梅特涅侯爵也不认为俄罗斯帝国目前有任何摧毁奥斯曼帝国的想法，并且他确信俄罗斯帝国永远都不希望看到奥斯曼帝国被一个自由而强大的希腊取代。现在克莱门斯·冯·梅特涅侯爵提议在维持土耳其的基础上重新谈判，建立一个独立的希腊国家。

整个问题再次回到外交讨论的范畴。在伦敦，会议继续召开，目的是彻底重新安排各方利益。1829年10月11日和1829年10月12日，英国和奥地利内阁达成友好协议，而大多数大国的目的是削弱俄罗斯帝国已经获得的优势。

现在威灵顿公爵阿瑟·韦尔斯利认识到，克莱门斯·冯·梅特涅侯爵一直坚持的是希腊必须成为一个独立的国家，因为土耳其波尔特宫廷逃不出俄罗斯帝国的手心，而在黎凡特建立一个傀儡公国只是为扩大俄罗斯帝国在地中海的影响力开辟道路。与此同时，只要有任何保住奥斯曼帝国的希望，英国托利党人就绝不愿意建

---

① 冯·普罗克施-奥斯滕男爵：《奥斯曼土耳其帝国统治下的希腊发展史》，第10卷，附录第44页。——原注
② 门德尔松·巴托尔迪：《希腊历史》，第2卷，第168页。——原注
③ 门德尔松·巴托尔迪：《希腊历史》，第2卷，第167页。——原注

立一个未来可能会构成新危险的独立国家。因此如果希腊想要独立,会受到十分严格的限制,从而确保在任何情况下它都不会对土耳其构成威胁[①]。他认为一个强大的希腊既不会成为抵御俄罗斯帝国继续扩张时最可靠的保障,也不会是最令俄罗斯帝国担心的阻碍。

1830年2月3日,一份新的代表列强各国意愿的议定书在伦敦签署。英国内阁的态度在这份议定书中展露无遗。根据这份议定书中的条款,希腊将被建成一个独立的国家,它的边界从阿斯普罗波塔莫斯河口到阿托利纳山,然后跨过奥克夏山和奥塔山脉的山脊,一直延伸到斯派尔希奥斯河口。埃维厄岛和它邻近的岛屿都归属希腊,当然也包括斯基罗斯岛和基克拉泽斯群岛。科堡的利奥波德·乔治·克里斯蒂安·腓特烈被推选为新组建的希腊的统治者,不过他的头衔并不是国王,而是君主[②]。

除了勉强保证完全独立,这个解决方案无法给希腊人民带来其他好处。且不说将新建的希腊禁锢在政府无法有效管理的有限范围内,让独立成了一个真正的笑柄,就连边界的划分也几乎是在故意冒犯希腊国民的民族感情。主要人口为阿尔巴尼亚人的阿提卡和维奥蒂亚将归属于新希腊,而居民通用语言是希腊语的阿卡纳尼亚和埃托利亚却仍然划归土耳其。从战略上讲,希腊人也不可能接受拟议的边界,毕竟它将"大自然设立的屏障"留在了土耳其人手中,而从阿尔塔湾延伸至沃洛湾的崎岖山脉本是"希腊的脊梁"[③]。

1830年4月8日,在1830年2月3日签署的议定书正式下发给扬尼斯·安东尼奥斯·卡波基斯迪亚斯总统。同时他接到列强指示,宣布停战并下令希腊军队按照议定书拟定的边界撤离。扬尼斯·安东尼奥斯·卡波基斯迪亚斯总统用宪法作为借口婉拒,并回复称,虽然他接受了议定书,但除非获得国民大会的同意,否则他没有权力这样做[④]。参议院虽然握有国民大会赋予的权利,却没有发言权,实际上只是代表总统的意见,提交了一份希腊拒绝接受议定书的备忘录。毫无疑问,在这件事上,

---

① 门德尔松·巴托尔迪:《希腊历史》,第2卷,第174页。——原注
② 托马斯·厄斯金·霍兰:《欧洲议会和东方问题》,第11页。——原注
③ 托马斯·柯森·汉萨:《英国国会议事录》,第22卷,第563页。——原注
④ 门德尔松·巴托尔迪:《希腊历史》,第2卷,第179页。——原注

扬尼斯·安东尼奥斯·卡波基斯迪亚斯总统让民众站在了他这边。面对希腊国内一片愤慨的反对声,将希腊问题的这一最新解决办法付诸实施会非常困难。事实上,这份议定书仍然只是一纸空文。首先,希腊民众拒绝接受。其次,那年欧洲其他地区发生的重大事件分散了列强的注意力,使其无暇顾及希腊事务。

1830年2月3日的议定书并不受希腊人民的欢迎,不过其中一条是他们乐于接受的,就是那条指定希腊未来统治者的条款。在任命王子的问题上,扬尼斯·安东尼奥斯·卡波基斯迪亚斯总统一直在暗中开展外交游戏。毫无疑问,扬尼斯·安东尼奥斯·卡波基斯迪亚斯总统野心勃勃,想要成为希腊的掌权人,而这样的野心也似乎完全合乎情理。然而,扬尼斯·安东尼奥斯·卡波基斯迪亚斯总统似乎无法公开直接谋得这个位置,只好在暗地里使些阴招。扬尼斯·安东尼奥斯·卡波基斯迪亚斯总统公开表示希望尽快任命一位国王,同时一直在上交列强和大使的私人备忘录中强调这一点,而他本人也在波罗斯的大使会议上推选了人选。如今眼看这项任命就要变为现实,扬尼斯·安东尼奥斯·卡波基斯迪亚斯总统却使出浑身解数试图阻止,就差公开地抗议和抵制了。

长期以来,反对派一直在利用一些有效手段给政府制造麻烦,而重新提名引起的民众热情则给了他们一个不容忽视的机会。尽管扬尼斯·安东尼奥斯·卡波基斯迪亚斯总统和参议院的确反对议定书,但这绝不代表希腊的舆论。毫无疑问,边界的限制令人沮丧,但列强各国的安排并不是最终决定,而希腊问题也不会因为希腊政府接受议定书带来的好处而得到解决。由于饱受扬尼斯·安东尼奥斯·卡波基斯迪亚斯总统暴虐的专制统治折磨,这个新成立的国家热切盼望一个新统治者出现。简而言之,为了抵抗扬尼斯·安东尼奥斯·卡波基斯迪亚斯总统和参议院的行动,心怀不满的反对党成员决定组织一场欢迎利奥波德·乔治·克里斯蒂安·腓特烈的公众示威。出于这个目的,全国上下纷纷征集支持的签名,欢迎利奥波德·乔治·克里斯蒂安·腓特烈的到来,并希望他一刻也不要耽误,尽快赶到这个急切期盼他的国家来。扬尼斯·安东尼奥斯·卡波基斯迪亚斯总统针对这个问题的公开讲话使人们相信他本人也热切盼望利奥波德·乔治·克里斯蒂安·腓特烈的到来。然而,扬尼斯·安东尼奥斯·卡波基斯迪亚斯总统认为这是对自己毫不掩饰的攻击,感到极其愤怒，同时又为签名者的数量和他们地位的重要程度感到极其震惊。签名者中不仅包括亚历山德罗斯·马夫罗科达托斯、安德烈亚斯·泽米斯、安德烈亚斯·米奥里斯、彼得罗斯·马夫罗迈克尔斯，以及摩里亚半岛和伊兹拉岛的无数主教们，甚至还有西西尼斯、扬尼斯·安东尼奥斯·卡波基斯迪亚斯总统的手下和参议院的一些成员。这样一来，他们之前的行为就显得荒谬可笑。事实上，扬尼斯·安东尼奥斯·卡波基斯迪亚斯总统虽然不敢明目张胆地禁止向列强大国们支持的候选人转交签名，但可以下达命令称，这些不能直接上交，而是要先提交给政府检查。此外，扬尼斯·安东尼奥斯·卡波基斯迪亚斯总统要让民众清楚地知道，签署的人将承担引起他不满的风险。而如果签署的人是政府官员，则会立刻遭到解职。因为在签名时，他们就已经犯下不服从命令的罪行①。

扬尼斯·安东尼奥斯·卡波基斯迪亚斯总统一方面通过这些方式打压希腊人民对利奥波德·乔治·克里斯蒂安·腓特烈的热情，另一方面也在试图撼动利奥波德·乔治·克里斯蒂安·腓特烈接受王权的决心。利奥波德·乔治·克里斯蒂安·腓特烈的代表克里斯蒂安·弗里德里希·冯·斯托克马尔男爵来到希腊展开调查。扬尼斯·安东尼奥斯·卡波基斯迪亚斯总统已经清楚地向克里斯蒂安·弗里德里希·冯·斯托克马尔男爵描述了利奥波德·乔治·克里斯蒂安·腓特烈需要承担的任务。在亲自与利奥波德·乔治·克里斯蒂安·腓特烈本人交流的过程中，扬尼斯·安东尼奥斯·卡波基斯迪亚斯总统狡猾地表达了民众对他迅速到来的恳求，并极力夸大他到任后将会面临的困难：国家百废待兴，全国上下满是贪污腐败和反抗起义，还有严重的财政问题。此外，扬尼斯·安东尼奥斯·卡波基斯迪亚斯总统还向利奥波德·乔治·克里斯蒂安·腓特烈强调加入东正教会是明智的，甚至是必要的，同时询问利奥波德·乔治·克里斯蒂安·腓特烈是否准备依据阿尔戈斯大会的法令同人民一起制定宪法，以及是否同意受大会各项决定的约束。

对于最终导致利奥波德·乔治·克里斯蒂安·腓特烈放弃王位的真实原因仍然存在一些争议。这是在他的请求下，欧洲大国庄严授予他的信任。尽管当时有许多人认为，是乔治四世的驾崩，以及维多利亚女王统治期间英国可能参与希腊摄政

---

① 门德尔松·巴托尔迪：《希腊历史》，第2卷，第212页。——原注

利奥波德·乔治·克里斯蒂安·腓特烈

的黯淡前景令利奥波德·乔治·克里斯蒂安·腓特烈望而却步并最终放弃希腊王位，但这样的理由很难被认定是足够充分的[1]。而可能性更大的是，扬尼斯·安东尼奥斯·卡波基斯迪亚斯总统的阴谋诡计成功使利奥波德·乔治·克里斯蒂安·腓特烈对接任希腊王位的前景感到厌恶。与此同时，扬尼斯·安东尼奥斯·卡波基斯迪亚斯总统压制欢迎演说的政策也取得了成果。利奥波德·乔治·克里斯蒂安·腓

---

[1] 冯·普罗克施−奥斯滕男爵：《奥斯曼土耳其帝国统治下的希腊发展史》，第2卷，第417页。——原注

特烈对希腊举国上下欢迎其到来的性质表示怀疑。于是，1830年5月21日，利奥波德·乔治·克里斯蒂安·腓特烈正式向列强代表递交辞呈，原因是希腊人民极其反对1830年2月3日的议定书。

利奥波德·乔治·克里斯蒂安·腓特烈放弃王位的消息令希腊民众感到绝望[1]，同时也引发了外交界的震动。人们纷纷站出来大声表示愤怒与厌恶。阿伯丁伯爵乔治·汉密尔顿-戈登在上议院发表了一项声明。人们认为这项声明是对利奥波德·乔治·克里斯蒂安·腓特烈的攻击及对他放弃王位动机的责难[2]。格雷伯爵查尔斯·格雷和利奥波德·乔治·克里斯蒂安·腓特烈的其他朋友们代表利奥波

阿伯丁伯爵乔治·汉密尔顿－戈登

---

① 门德尔松·巴托尔迪：《希腊历史》，第2卷，第211页。——原注
② 托马斯·柯森·汉萨：《英国国会议事录》，第24卷，第990页。——原注

德·乔治·克里斯蒂安·腓特烈奋起反击。对辉格党而言，利奥波德·乔治·克里斯蒂安·腓特烈辞去希腊王位事件是攻击整个托利党政策的好机会。一封来自理查德·丘奇爵士的信强烈谴责了议定书中规定的边界问题。帕默斯顿子爵亨利·约翰·坦普尔表示没有任何理由不将克里特岛和它的附属岛屿划归希腊境内，而这样一来希腊将有可能成为一个真正强大的国家①。

利奥波德·乔治·克里斯蒂安·腓特烈对王位的放弃及随后出现的欧洲事务危机使欧洲列强为1830年2月3日议定书生效所做出的努力付诸东流。这充其量不过是一次微不足道的妥协，不足以令任何人感到满意，只是暂时解决了问题。一个强大的要建成一个独立自由希腊的梦想值得拥有强硬的内阁。这个梦想足以让希腊人组成一个核心政府，将所有的希腊人都团结起来，形成一个有效的屏障，从而抵御斯拉夫民族在东方的侵略。一个由摇摆不定和意见分歧的会议所产生的愚蠢政治之举，目的是打造一个过于弱小、无法维持独立的"独立"希腊，而这样的希腊将注定沦为东部统治力量的傀儡。

新希腊前途未卜。与此同时，土耳其宫廷一直在暗中探寻新环境下自保的解决方案。最先涉及的就是克里特岛的未来。1830年6月6日，波尔特宫廷颁布新的敕令，赋予克里特岛的非伊斯兰教信徒土耳其人一些新的权利②。将来各区的主教和首领都可以自行征收每年的人头税，而自己则不需要缴纳人头税。此外，所有的商人都有权在自己的船上开展贸易。他们可以在黑海和爱琴海上自由航行，而克里特岛民也可以悬挂自己的旗帜出海。未来不会有繁重的赋税。岛民可以选举自己的地方官员。这些微小的改革似乎保证了克里特岛民相对的公平和自由。在萨摩斯岛，自主选举代表与波尔特宫廷直接交流的行为也同样获得允许，而不再像从前一样需要通过卡皮坦帕夏。

在奥斯曼帝国统治下，尽管这些岛屿的前景可能令人满意，但这并不符合希腊

---

① 冯·普罗克施-奥斯滕男爵：《奥斯曼土耳其帝国统治下的希腊发展史》，第2卷，第420页。参阅托马斯·柯森·汉萨：《英国国会议事录》，第22卷，第558页。关于利奥波德·乔治·克里斯蒂安·腓特烈推辞的整个问题，也见门德尔松·巴托尔迪：《希腊历史》，第2卷，第183页到第211页。——原注

② 冯·普罗克施-奥斯滕男爵：《奥斯曼土耳其帝国统治下的希腊发展史》，第2卷，第423页。——原注

人的预期,为此希腊派出使者,成功说服克里特岛民和萨摩斯岛民拒绝做出让步。不久,奥斯曼帝国厌倦了治理不安分的岛屿,用两千五百万皮亚斯特的价格将克里特岛卖给穆罕默德·阿里帕夏。于是,海盗据点遭到摧毁后,格拉布萨被盟军舰队占领,并被移交给埃及。盟军的战舰和希腊的卡纳利斯带来大量逃亡者,也消耗了政府微薄的资源。眼下,这就是克里特岛的命运。

  在陆地上,一切还没有定论。1830年爆发的法国七月革命引发了很多重大问题,同时也分散了欧洲各国对希腊事务的注意力。事实上,伦敦会议仍然在持续关注这个问题。1830年7月1日,伦敦会议发布了一份议定书,接受了1830年2月3日议定书,并任命委员划定边界。然而,收效甚微。在退出阿提卡和维奥蒂亚前,土耳其人要求获得三十万西班牙银元作为赔偿,但希腊政府无力支付。由于没能收到这笔赔偿,1830年夏天,土耳其人开始有计划地破坏这个国家。据估计,阿提卡一半的橄榄树都被毁了。最终,1831年1月22日被定为撤离期限。然而,即便如此,撤离进程仍然非常缓慢。有太多赔偿和类似的问题亟待解决。悲伤的穆斯林自然不情愿离开他们的家乡和热爱的祖国。说一个感人的故事吧,也许可以用来解释战争的这一面和相应的结果。一个即将开始他的悲伤旅程的土耳其人,最后一次转头凝视着比雷埃夫斯。他强忍着悲伤跪倒在地,亲吻着生养了他祖祖辈辈的土地,哭着说道:"最可爱的祖国!我就要远走他乡,再也无法相见了!"[1]

---

[1] 门德尔松·巴托尔迪:《希腊历史》,第2卷,第221页。——原注

第21章

反对派与扬尼斯·安东尼奥斯·卡波基斯迪亚斯的斗争

> **精彩看点**

七月革命对希腊问题的影响——反对扬尼斯·安东尼奥斯·卡波基斯迪亚斯总统独裁的呼声日益高涨——新闻界的行动——《太阳报》在纳夫普利亚的遭遇——伊兹拉岛成为反对派的中心——列强产生分歧——伊兹拉岛公开反对扬尼斯·安东尼奥斯·卡波基斯迪亚斯总统——俄罗斯帝国海军上将里科德介入——波罗斯之劫——反对派聚集在阿尔戈斯和伊兹拉岛

七月革命将查理十世拉下了法国王位。法国建立了以路易·腓力一世为国王的君主制，这对希腊产生了很大影响。七月革命重建了列强之间的关系，使法国自由政府采取了远离俄罗斯帝国、亲近英国的政策。此外，七月革命的第一次胜利还让曾经遭到长达十五年镇压、不满于克莱门斯·冯·梅特涅侯爵和神圣同盟政策的全

路易·腓力一世

部力量都活跃起来。与欧洲的革命运动可能引发的大量危险事件相比，希腊事务就显得相对微不足道了。1830年秋天，英国和法国全力支持比利时革命。1830年年底，波兰人的起义则吸引了俄罗斯帝国的所有注意力。在更重要的利益面前，希腊暂时被遗忘了。由于没有列强干涉，扬尼斯·安东尼奥斯·卡波基斯迪亚斯总统能够在希腊继续实行他的政策。

然而，七月革命对希腊事务也产生了另一种影响。伴随着枪炮声，从巴黎大街上的路障后面再次传来老派共和党人的呼声："自由！平等！博爱！"如今这呼声已经渗透到希腊，唤起希腊人的热烈回应。人们开始称扬尼斯·安东尼奥斯·卡波基斯迪亚斯总统为"俄罗斯帝国的资深执政官"。反对派重新活跃起来，并受到一种新迸发出的热情的鼓舞。的确，在摩里亚半岛，由于"宪法"一词带来的都是掠夺和流血事件，对人民群众而言，扬尼斯·安东尼奥斯·卡波基斯迪亚斯总统的个人专权统治逐渐受到欢迎。然而，对多少了解一些欧洲文化的大部分希腊人和那些在奥斯曼帝国统治下的独立岛上社区而言，扬尼斯·安东尼奥斯·卡波基斯迪亚斯政府的残暴和不负责任日益可憎。因为在奥斯曼帝国统治下，那些独立的岛上社区享有的自由远远超过自由希腊总统所允许的程度。受法国起义的影响，希腊的反对派情绪愈发高涨。随后他们发起了一阵"共和大讨论"①，并提出了足有一百个疯狂计划，甚至还有人提议邀请老将拉斐特侯爵吉尔伯特·杜·莫蒂埃将军担任希腊总统。拉斐特侯爵吉尔伯特·杜·莫蒂埃将军一度很喜欢被称作"两个世界的征服者"，但拿破仑·波拿巴将他称为"弄不清楚状况的傻瓜"。在巴黎，为希腊做出卓越贡献且德高望重的科拉伊斯②也赞同邀请拉斐特侯爵吉尔伯特·杜·莫蒂埃来担任希腊总统，但在随后的交谈中，这个提议不了了之。反对派开始有序地在宣传方面下功夫，劝说民众并影响舆论反对希腊现有政权。这些努力产生了更有利也更深远的影响。

希腊宪法的规定使新闻自由得到全面保障。一个叫波利佐伊迪斯的希腊年轻人刚从巴黎回来，内心充满对革命的热情。波利佐伊迪斯利用希腊宪法的这个特

---

① 冯·普罗克施-奥斯滕男爵：《奥斯曼土耳其帝国统治下的希腊发展史》。——原注
② 见第16页。——原注

拉斐特侯爵吉尔伯特·杜·莫蒂埃

点,创办了一份名为《太阳报》的报纸来宣扬反对派的观点,还在政府眼皮底下的纳夫普利亚设立了办公室和出版单位。对扬尼斯·安东尼奥斯·卡波基斯迪亚斯政府的官员们来说,这无疑是在挑动着他们本就紧绷的神经,非常过分。无论有没有宪法,都必须停止这种对政府不敬的批评。就在第一份报纸发行后,警方突袭了波利佐伊迪斯的办公室,没收了全部印版,并查抄了他们的机器和工厂。即使波利佐伊迪斯强烈表示新闻自由是受宪法保障的权利,也是徒劳。政府回应道,宪法虽然没有禁止攻击官员的行为,但没有授予任何人攻击官员的权力。被赶出纳夫普利亚后,波利佐伊迪斯只好将报纸总部搬到伊兹拉岛。在伊兹拉岛社区政府的保护下,报纸获得长足发展。此外,当地政府还拒绝了扬尼斯·安东尼奥斯·卡波基斯迪亚斯总统针对镇压这份报纸的所有要求。

忠于俄罗斯帝国教育传统的扬尼斯·安东尼奥斯·卡波基斯迪亚斯总统并没有从这次的失败中获得教训,依然在全力遏制新闻界对他的反对。扬尼斯·安东尼奥斯·卡波基斯迪亚斯总统抗议说，自己原本无意干涉新闻自由，但自由并不是特权的通行证，因此他将保留政府决定二者界限及怎么做会被视为越界的权利。在一篇讽刺作品中，著名诗人亚历山大·苏特索斯表达了公众对这项政策的心声：

> 我的朋友啊，新闻是自由的。因为它不仅放过了政府官员和他们的朋友，也不能批评他们的手段和目的。
>
> 新闻是自由的，我的朋友，但写作没有自由。

这种目光短浅的政策自然会产生相应的后果。当局对反对派报纸镇压的力度越大，引发的暴力行为越多，报纸的流通范围也就越广。如果一开始就对这份报纸置之不理，它很有可能会由于无人问津而消失，然而，现在它已经产生了影响，并逐渐发展成一种强有力的力量。

反对派及对政府不满的人们逐渐聚集在一起，在伊兹拉岛上建立了一个基地。从一开始就提到过，扬尼斯·安东尼奥斯·卡波基斯迪亚斯总统并没有将伊兹拉岛民的友好表示放在眼里。这样的偏见使骄傲的岛民更加激烈地反对扬尼斯·安东尼奥斯·卡波基斯迪亚斯总统领导下的政府，何况扬尼斯·安东尼奥斯·卡波基斯迪亚斯总统的所作所为也丝毫没有和解的意思。伊兹拉岛民们早已经习惯于温和的苏丹所给予的完全自治，但如今扬尼斯·安东尼奥斯·卡波基斯迪亚斯总统的统治限制了他们的自由，而自由的社区宪法则变成了单纯记录政府官员法令的机器。有着类似遭遇的还有埃伊纳岛、斯皮齐亚岛和波罗斯岛。人们同样在扬尼斯·安东尼奥斯·卡波基斯迪亚斯总统的哥哥维亚罗·卡波基斯迪亚斯的反复无常和不负责任的暴政下挣扎。如果这就是自由，那么可能他们对获得自由需要付出的代价估计不足。曾经繁荣的岛屿如今濒临毁灭，码头荒废，船舰也在港口腐烂。伊兹拉岛民选择的命运将他们自己和政府绑在了一起。为了避免国家破产，政府正试图采取破坏性的财政政策，而这可能会使最后剩下的繁荣也消失殆尽。很多商人已经将生意转移到土耳其改革统治下的岛屿上，而其他商人则威胁说要跟随他们。尽管这些都是伊兹拉岛民为希腊做出巨大牺牲的成果，但迄今为止，岛民们没有获得任何赔偿或认可。为了国家利益，伊兹拉岛民们遭受损失和损害，而政府应当为这件事埋单。因此伊兹拉岛民们提出一千五百万法郎的索赔。几次推诿搪塞后，扬尼斯·安东尼奥斯·卡波基斯迪亚斯总统最终表示能提供的最高赔偿金额是六百万。由于伊兹拉岛民愤怒地拒绝了，这场抗争只能以与政府关系破裂告终[1]。

反对派以伊兹拉岛为中心，迅速辐射至整个群岛，最终在伊兹拉岛成立了立宪政府[2]。作为这个时期希腊国家收入主要来源地，锡罗斯岛的地位非常重要。锡罗斯岛很早就配合推行伊兹拉岛的这一运动，并且其他众多岛上社区也紧随其后。在波利佐伊迪斯的运作下，《太阳报》开始成为反对派宣传鼓动群众反抗政府独裁统治的重要工具。它的专栏里到处都是来自群岛各地的签名文件，强烈要求制定一部自由宪法。希腊大陆和摩里亚半岛仍然持观望态度，甚至向扬尼斯·安东尼奥斯·卡波基斯迪亚斯总统请愿，表示愿意支持政府的行动。希腊似乎被爱琴海分成了两半。孕育过希腊自由的海水形成了一道流动的屏障。

在三国同盟的议会中，现在也出现了明显的分歧。尽管扬尼斯·安东尼奥斯·卡波基斯迪亚斯总统能得到俄罗斯帝国的支持，但西方列强中的自由派毫不掩饰地向反对派表示同情。伊兹拉岛民要求拥有自主选举长者委员会[3]或社区委员会的权利。扬尼斯·安东尼奥斯·卡波基斯迪亚斯总统表示他们可以选择自己中意的人，但他只会认可那些服从政府指令的人。扬尼斯·安东尼奥斯·卡波基斯迪亚斯总统提出采取强制措施从而镇压日益增强的反对之声，同时通过前去试探列强代表，从而了解列强对他们的支持程度。在回答扬尼斯·安东尼奥斯·卡波基斯迪亚斯总统的问题时，法国部长暗示法国军队可以占领纳夫普利亚。英国代表道金斯先生回应道，他并不认为反对派要求召开国会的时机不对，或者说对现在的希腊而言，国会本身有害无益。与此同时，俄罗斯帝国代表认为扬尼斯·安东尼奥斯·卡波基斯迪亚斯总统应当马上"抓住重点，武力镇压反对派"，并向扬尼斯·安东尼奥斯·卡波基斯迪亚斯总统保证，如果他采取这一方针，俄罗斯帝国将会积极支援

---

[1] 门德尔松·巴托尔迪：《希腊历史》，第2卷，第224页。——原注
[2] 冯·普罗克施-奥斯滕男爵：《奥斯曼土耳其帝国统治下的希腊发展史》，第2卷，第439页。——原注
[3] 社区民众选举长者组成社区议会，管理社区事务。

他①。扬尼斯·安东尼奥斯·卡波基斯迪亚斯总统选择了最能迎合他的观念及信念的建议。扬尼斯·安东尼奥斯·卡波基斯迪亚斯总统拿起了唯一能立刻掌握在手里的武器，拒绝给伊兹拉岛民的船发放通行证。而如果没有这种文件，伊兹拉岛民们在海上将会被视为海盗。与此同时，扬尼斯·安东尼奥斯·卡波基斯迪亚斯总统向三大列强提出申请，要求如果没有合法授权就不允许伊兹拉岛民继续在海上通行。指挥俄罗斯帝国海军中队的海军上将里科德随之附议。但英法海军表示他们无权阻止伊兹拉岛的船舰航行。

如今伊兹拉岛对政府采取一种公开敌视的态度，并且整个反对派都集中在伊兹拉岛上。德莫格隆茨理事会是完全符合扬尼斯·安东尼奥斯·卡波基斯迪亚斯政府利益的社区长者。如今它遭到解散，而政府委员会也从岛上逃离。为了支持反抗扬尼斯·安东尼奥斯·卡波基斯迪亚斯政府的运动，亚历山德罗斯·马夫罗科达托斯已经抵达伊兹拉岛，为在岛上举行国民大会积极准备，同时成立"宪法委员会"。"宪法委员会"由七名成员组成，包括乔治斯·昆图里奥特斯和安德烈亚斯·米奥里斯等知名人士。

然而，危机正在发生。对扬尼斯·安东尼奥斯·卡波基斯迪亚斯总统来说，锡罗斯岛的背叛是一次严重的打击。扬尼斯·安东尼奥斯·卡波基斯迪亚斯总统认识到，有必要采取有力措施让锡罗斯岛和其他岛屿恢复对政府的忠诚。包括杰出的护卫舰"希腊"号和轮船"卡特里亚"号在内的希腊国家舰队停靠在波罗斯港。希腊政府还在那里建立了军火库。现在扬尼斯·安东尼奥斯·卡波基斯迪亚斯总统下令希腊舰队随时准备起航，整治这些叛乱岛屿。但伊兹拉岛民早就料到这种危险的到来，并抢先一步采取了行动。

1830年7月26日，伊兹拉岛政府下令，由海军上将安德烈亚斯·米奥里斯率领大约五十人前往波罗斯，并在当地居民的帮助下控制了军火库和舰队。希俄斯岛的英雄卡纳利斯就在护卫舰"斯皮齐亚"号上。安德烈亚斯·米奥里斯试图说服卡纳利斯参与宪政事业。然而，这位坚定的老海员执着地相信，全心全意为俄罗斯帝国的神圣使命奋斗是他的责任，因而拒绝了这只向他伸出的援手，被逮捕并被关押了一段时间。

---

① 门德尔松·巴托尔迪：《希腊历史》，第2卷，第232页。——原注

收到关于安德烈亚斯·米奥里斯偷袭希腊舰队成功的消息，扬尼斯·安东尼奥斯·卡波基斯迪亚斯总统勃然大怒。1830年7月23日，扬尼斯·安东尼奥斯·卡波基斯迪亚斯总统不得不接受英法代表的要求，承诺于1830年10月或这之前召开国民议会。扬尼斯·安东尼奥斯·卡波基斯迪亚斯总统的软弱导致了伊兹拉岛民的政变。无论如何，在和这些叛乱分子打交道时，扬尼斯·安东尼奥斯·卡波基斯迪亚斯总统都不应有任何的犹豫，对政府威严的侮辱只能血债血偿。然而，在希腊，由于已经没有靠山，扬尼斯·安东尼奥斯·卡波基斯迪亚斯总统只好向列强代表寻求帮助。遗憾的是，里昂船长指挥的护卫舰早就已经驶往雅典湾，而法国代表M.德·鲁昂也不在场。这给了扬尼斯·安东尼奥斯·卡波基斯迪亚斯总统一个放开手脚的机会。扬尼斯·安东尼奥斯·卡波基斯迪亚斯总统立刻抓住这个机会，采取行动化解危机。扬尼斯·安东尼奥斯·卡波基斯迪亚斯总统呼吁俄罗斯帝国上将里科德迫使伊兹拉岛民撤出波罗斯并让舰队投降。里科德上将是一个虚张声势的人，愿意为他的主人沙皇尼古拉一世的利益做任何事，于是扬尼斯·安东尼奥斯·卡波基斯迪亚斯总统轻易地说服了他。因此里科德上将没有等他的同事们就独自前往波罗斯，试图迫使安德烈亚斯·米奥里斯投降并返回伊兹拉岛。勇敢的伊兹拉岛民回应道，安德烈亚斯·米奥里斯只服从伊兹拉岛政府。即使一定要屈服，安德烈亚斯·米奥里斯也只会对三个大国的联合要求屈服。而如果俄国舰队攻击安德烈亚斯·米奥里斯，他将会以武力还击。无论如何，与其让国家舰队重新落到政府手里，还不如自己摧毁它。目前，俄罗斯帝国还不至于铤而走险采取行动，只是为了防止安德烈亚斯·米奥里斯对舰队不利而监视着港口。与此同时，尼基塔斯·斯塔马泰洛普洛斯率领一支庞大的军队从陆地一侧袭击伊兹拉岛，而那里和伯罗奔尼撒半岛只隔着一条狭窄的海峡。

1830年7月月底，里昂船长率英国护卫舰返航，与朱利安·皮埃尔·阿内·拉朗德船长的法国护卫舰一同在波罗斯海域加入俄罗斯海军。在这种情况下，他们不可能完全与俄罗斯帝国行动分离，因此只好和俄罗斯帝国一起要求安德烈亚斯·米奥里斯让步。然而，他们无权使用武力。安德烈亚斯·米奥里斯拒绝服从。里昂船长和朱利安·皮埃尔·阿内·拉朗德船长回到纳夫普利亚请求指示。安德烈亚斯·米奥里斯和里科德上将承诺在他们不在场的情况下，任何一方都不会动手。

西方列强代表表示,虽然严格按照法律来说,安德烈亚斯·米奥里斯可能确实有错,但在道义上他是正确的。此外,西方列强还妒忌俄罗斯帝国对这件事情的态度,因而拒绝一起采取强制措施制裁安德烈亚斯·米奥里斯。最后双方达成共识,用三国同盟的名义,要求安德烈亚斯·米奥里斯交出国家财产。但在扬尼斯·安东尼奥斯·卡波基斯迪亚斯总统这边,需要宣布一次特赦,并再次承诺召开国民议会。得到这些指令后,1830年8月12日,里昂船长与朱利安·皮埃尔·阿内·拉朗德船长起航前往波罗斯。

然而,与此同时,扬尼斯·安东尼奥斯·卡波基斯迪亚斯总统已经派遣一个行动迅速的信使,从陆地上向俄罗斯海军上将里科德发出密件,说明希腊国内事宜,并嘱咐他还有发动攻击的时间①。俄罗斯人欣然接受扬尼斯·安东尼奥斯·卡波基斯迪亚斯总统的提议。受到俄罗斯帝国敌对态度的威胁,波罗斯居民已经和俄罗斯帝国缔结了一项协议,同意交出城镇和军火库。然而,在这之前,俄罗斯海军上将里科德得先和伊兹拉岛上将打了一仗。俄罗斯人虽然表面上不活跃,但实际上已经封锁了横隔在波罗斯与大陆之间海峡的两端,而希腊舰队就停在海峡里。就在海峡狭窄入口的小堡垒上,俄罗斯人向一艘为伊兹拉岛运输补给的双桅船开火。希腊船舰立即还击。在这场战斗中,"斯皮齐亚"号护卫舰被折断桅杆,同伊兹拉岛双桅船一起落入俄罗斯人手中。

安德烈亚斯·米奥里斯威胁道,如果里科德上将不停止敌对行动,就将摧毁手里的希腊政府船舰。俄罗斯人知道伊兹拉岛民说一不二,因此认为最好还是停止敌对行动。不过对里科德上将来说,扬尼斯·安东尼奥斯·卡波基斯迪亚斯总统的信是继续行动的保证。1830年8月13日,里科德上将下令船舰前进,试图占据有利的战斗位置。然而,凭借多年海战经验和敏锐的眼光,安德烈亚斯·米奥里斯通过细微的迹象察觉了对手的意图,立即明白了俄罗斯人调动的目的。当俄罗斯帝国舰队驶向新的水域时,只听见两声爆炸声,随后在岛屿边缘处升起两大片烟雾。安德烈亚斯·米奥里斯践行了自己发出的威胁。为了不让对手用这些船威胁岛屿的自由,安德烈亚斯·米奥里斯在海上亲手炸毁雄伟的"海拉斯"号护卫舰和"伊兹拉"号护卫舰。随后,安德烈亚斯·米奥里斯和部下乘船逃到波罗斯,最后回到伊兹拉岛。

---

① 门德尔松·巴托尔迪:《希腊历史》,第2卷,第244页。——原注

同样是在1830年8月13日，尼基塔斯·斯塔马泰洛普洛斯和卡勒吉斯带兵进入波罗斯城镇。波罗斯虽然是自愿投降，但被当作一个充满敌意的城镇粗暴对待。几个小时内，这个不幸的城镇就成了野蛮的雇佣兵们残忍欲望下的牺牲品。这些雇佣兵们犯下各种暴行，在将城镇扫荡一空后，他们满载着战利品回到纳夫普利亚。虽然坦白说这些雇佣兵们没有在战斗中大展拳脚，但政府还是发出公告来奖励他们的热情。在公告中，扬尼斯·安东尼奥斯·卡波基斯迪亚斯总统称赞这些雇佣兵们是希腊的救星。

波罗斯事件对列强代表之间的关系及它们与扬尼斯·安东尼奥斯·卡波基斯迪亚斯总统的关系具有决定性意义。俄罗斯帝国海军上将里科德的单独行动自然引起了三国同盟其他成员的不满。为了表面上敷衍一下，俄罗斯帝国代表也只好对里科德上将的越权表示谴责。然而，现在三个"盟友"相互矛盾的利益需求已经相对明确。尽管反对派认为能够依靠法国和英国的支持，但扬尼斯·安东尼奥斯·卡波基斯迪亚斯总统撕下伪装，公开宣称接受俄罗斯帝国的善意和援助。希腊正规军中的法国官员们曾经对洗劫波罗斯的行为表示厌恶，但他们随后就遭到免职，由俄罗斯人取代了他们的职位。如今希腊舰队也被摧毁，扬尼斯·安东尼奥斯·卡波基斯迪亚斯总统毫不犹豫地向俄罗斯帝国海军上将里科德寻求援助，甚至提议由俄罗斯人接管剩余的希腊船舰。按照扬尼斯·安东尼奥斯·卡波基斯迪亚斯总统的要求，里科德上将立即出海封锁伊兹拉岛和锡罗斯岛。为了防止俄罗斯帝国舰队和由安德烈亚斯·米奥里斯上将率领的舰队针锋相对，英法护卫舰随后启航。在英法看来，从签订1774年《库斯丘克-卡纳尔吉条约》起，希腊岛民就不得不一直悬挂俄罗斯帝国旗帜出海。如今他们就要撕毁俄罗斯帝国国旗，升起代表革命的三色旗①。

扬尼斯·安东尼奥斯·卡波基斯迪亚斯总统宣布，出于重要原因，将于1830年9月13日召开国民议会，并开始想方设法赢得多数民意。事实上，阿尔戈斯会议只是临时休会，但扬尼斯·安东尼奥斯·卡波基斯迪亚斯总统担心之前顺应他意愿的代表

---

① 三色旗最早出现在法国大革命时期，颜色取自当时法国国徽（红和蓝），再加上法国王室的颜色白色。其中蓝色是圣马丁长袍的颜色，白色纪念民族英雄圣女贞德，红色则是圣但尼军旗的颜色。最早的三色旗色彩的排列与现在不同，红色在左，不过后来有过调整。三色旗代表的价值和意义对后来世界各国国旗的发展都有重要影响。

们会改变主意。为了防止这种情况发生,扬尼斯·安东尼奥斯·卡波基斯迪亚斯总统宣布选举团可以选择原来的代表,也可以选举出新的代表。与此同时,扬尼斯·安东尼奥斯·卡波基斯迪亚斯总统还对代表们恩威并用。为了煽动民众对反对派的对立情绪,扬尼斯·安东尼奥斯·卡波基斯迪亚斯总统制作了谴责伊兹拉岛民摧毁国家舰队行为的小册子在全国范围内派发。伊兹拉岛代表及承认宪法委员会的地区都将被排除在新国会之外。作为回应,委员会自行在伊兹拉岛召集国民议会。伊兹拉岛船舰在岛屿间航行,邀请沿岸代表们参加。按照扬尼斯·安东尼奥斯·卡波基斯迪亚斯总统的要求,俄罗斯帝国海军上将里科德全力阻止议会召开。在为议会游说的过程中,三艘伊兹拉岛双桅船驶入科林湾,遭到俄罗斯帝国舰队的攻击。船员们发现没有逃跑的机会,于是选择驱船靠岸、纵火烧船。随后,船员们躲进卡拉马塔的法军营地里避难。

扬尼斯·安东尼奥斯·卡波基斯迪亚斯总统试图通过取消一部分令人憎恶的苛政来为自己恢复一些消失的人气。此外,扬尼斯·安东尼奥斯·卡波基斯迪亚斯总统的哥哥维亚罗·卡波基斯迪亚斯和精明的警察局局长吉纳塔斯也被赶出办公室并被剥夺了权力,但这种做法意义不大。这些做法除了能使扬尼斯·安东尼奥斯·卡波基斯迪亚斯总统在关键时刻失去两个忠心耿耿、值得信赖的仆人,无法对舆论产生任何有利的影响。然而,当扬尼斯·安东尼奥斯·卡波基斯迪亚斯总统再次宣布推迟召开国会时,国内恶评如潮。在这种情况下,即使上述做法可能会产生任何有利影响,也将在这反抗扬尼斯·安东尼奥斯·卡波基斯迪亚斯总统的浪潮中荡然无存。此外,还有些人仍然抱着一丝希望,认为扬尼斯·安东尼奥斯·卡波基斯迪亚斯总统会牺牲自己来交换宪法体制。然而,害怕与希腊的代表们会面,坚决反对在希腊建立自由的政权,似乎是扬尼斯·安东尼奥斯·卡波基斯迪亚斯总统最后的自白。希腊大地上那些狂野的人们开始回顾相似的古典时期,谈论诛杀暴君者的美德。

第22章

彼得罗斯·马夫罗迈克尔斯与马伊纳起义

精彩看点

危机来临——彼得罗斯·马夫罗迈克尔斯的地位——彼得罗斯·马夫罗迈克尔斯对政府不满——马伊纳人的性格——扬尼斯·安东尼奥斯·卡波基斯迪亚斯总统企图使马伊纳人归顺——囚禁贾米·马夫罗迈克尔斯——马伊纳起义——彼得罗斯·马夫罗迈克尔斯逃亡——彼得罗斯·马夫罗迈克尔斯被抓并受审——彼得罗斯·马夫罗迈克尔斯受辱——谋杀扬尼斯·安东尼奥斯·卡波基斯迪亚斯总统——扬尼斯·安东尼奥斯·卡波基斯迪亚斯总统的性格

一切似乎都指向扬尼斯·安东尼奥斯·卡波基斯迪亚斯总统统治的逐步瓦解。至于加速这场灾难的原因，与其说是扬尼斯·安东尼奥斯·卡波基斯迪亚斯总统对宪法自由的蔑视，不如说是他对改变自己野蛮天性的渴望。那是一种由一个部落从几个世纪的野蛮统治中传承下来的天性。

　　彼得罗斯·马夫罗迈克尔斯是马伊纳酋长，也是首先在摩里亚半岛举起起义大旗的酋长之一。他尊贵无比，令人敬仰，有九个健壮忠诚的儿子，并拥有对一个骁勇善战部落的绝对统治权。在很大程度上，彼得罗斯·马夫罗迈克尔斯的地位似乎超过了其他部落酋长，也注定了他会成为起义的领导人。然而，由于个性温顺、谦和，又缺乏政治敏感度，彼得罗斯·马夫罗迈克尔斯不得不早早退至幕后，让位给类似塞奥佐罗斯·科洛科特罗尼斯伯爵这种更剽悍专横的人。对其他人来说，彼得罗斯·马夫罗迈克尔斯反抗土耳其人的目的可能不比他们无私，但很少有希腊领导人会有国家利益高于一切个人利益的纯粹爱国主义思想。此外，在大多数情况下，他们之所以希望结束土耳其人的统治，只是为了让自己成为替代他们的统治者。彼得罗斯·马夫罗迈克尔斯也不例外。因此，当发现这十年独立战争的唯一结果就是为了俄罗斯帝国的利益而在希腊实行高度集权的专制统治时，这位老酋长自然十分不满。事实上，扬尼斯·安东尼奥斯·卡波基斯迪亚斯总统起初一直在竭力安抚彼得罗斯·马夫罗迈克尔斯，任命他为参议员，并经常满足他对金钱的要求。然而，彼得罗斯·马夫罗迈克尔斯封建奢靡的思想和作为酋长的慷慨无度使他挥金如土，于是扬尼斯·安东尼奥斯·卡波基斯迪亚斯总统最终厌倦了这个所谓的"只会提要求的人"。而马伊纳人的倔强无礼更是冒犯了扬尼斯·安东尼奥斯·卡波基斯迪亚斯总统的阶级意识。扬尼斯·安东尼奥斯·卡波基斯迪亚斯总统认为,在很大程度上这应当由彼得罗斯·马夫罗迈克尔斯负责。因此,扬尼斯·安东尼奥斯·卡波基斯迪亚斯总统开始对彼得罗斯·马夫罗迈克尔斯越来越冷漠,并逐步将他从政府决策阶层中驱逐出去。

马伊纳人的性格几乎不像会屈服于一成不变的政府体制。也许无论是在专制的还是民主的任何现代统治者眼中,马伊纳人的独特个性依然无法弥补他们作为文明国家公民的明显不足,但他们自己的确有一套要严格遵守和执行的道德准则[①],只不过那几乎不可能被列入古希腊法典。马伊纳人被教导尊重妇女和老人、服从酋长、爱戴父母、信守诺言、骁勇善战、以智取胜,最重要的是,要铭记迫害。血海深仇世代相传。仇恨可以通过遗嘱、收养等方式流传下来,甚至是通过婚姻。如果一个男人娶一个背负深仇的女人,他也就相应承担着复仇的责任。谋杀甚至被认为是合法手段。有人向扬尼斯·安东尼奥斯·卡波基斯迪亚斯总统提交了一份经过签署的法案。在这份法案中,如果欠债人不能还钱,债主将具有暗杀他或者他的两名亲属的权力。

扬尼斯·安东尼奥斯·卡波基斯迪亚斯总统接受过严格的俄罗斯帝国的行政制度纪律训练。在扬尼斯·安东尼奥斯·卡波基斯迪亚斯总统看来,国家内部出现这种动荡不安的局面不仅是丑闻,更是威胁。因此扬尼斯·安东尼奥斯·卡波基斯迪亚斯总统决心采取措施实施改革。要实现改革目标,最简单的办法似乎是推翻马夫罗迈克尔斯家族。为了达到这个目的,扬尼斯·安东尼奥斯·卡波基斯迪亚斯总统开始煽动那些地方酋长们,因为这些人是彼得罗斯·马夫罗迈克尔斯的死对头。与此同时,扬尼斯·安东尼奥斯·卡波基斯迪亚斯总统命令地方官杰诺瓦利斯尽其所能平定骚乱。这一政策带来的直接结果是,在1830年的复活节那天,贾米·马夫罗迈克尔斯在马伊纳发动起义。这样一来,扬尼斯·安东尼奥斯·卡波基斯迪亚斯

---

① 诱奸是要判死刑的。然而在某些情况下,引诱者可能被允许离开这个国家,以赚取足够的钱使他能够与女孩结婚。如果他没有在约定的时间回来,女孩就要被处死。——原注

总统只好采取马基雅维利式的政策。扬尼斯·安东尼奥斯·卡波基斯迪亚斯总统将彼得罗斯·马夫罗迈克尔斯的儿子乔治·马夫罗迈克尔斯叫来谈话,以礼相待,说服他前去马伊纳劝说贾米·马夫罗迈克尔斯来纳夫普利亚,从而与扬尼斯·安东尼奥斯·卡波基斯迪亚斯总统见面和解。然而,一进入纳夫普利亚,贾米·马夫罗迈克尔斯就遭到逮捕并以谋杀罪接受审判。在伊奇卡来要塞,贾米·马夫罗迈克尔斯被监禁了十八个月。与此同时,贾米·马夫罗迈克尔斯的其他家庭成员也被监视着,并被禁止离开纳夫普利亚。然而,1831年1月,贾米·马夫罗迈克尔斯的儿子卡灿考斯·马夫罗迈克尔斯成功逃回马伊纳,并带回扬尼斯·安东尼奥斯·卡波基斯迪亚斯总统正图谋毁灭马夫罗迈克尔斯家族的消息。不久,卡灿考斯·马夫罗迈克尔斯的叔叔康斯坦丁·马夫罗迈克尔斯也跟他一起扛起了反抗扬尼斯·安东尼奥斯·卡波基斯

康斯坦丁·马夫罗迈克尔斯

迪亚斯总统的大旗。二人携手引爆了族人的愤怒,在马伊纳燃起了反抗的烈火。马伊纳人全副武装,威胁说如果政府不释放贾米·马夫罗迈克尔斯,五千名"斯巴达勇士"就会向纳夫普利亚进军。

马伊纳起义的消息传到彼得罗斯·马夫罗迈克尔斯的耳朵里,他请求扬尼斯·安东尼奥斯·卡波基斯迪亚斯总统允许他去调停,但遭到拒绝。于是,彼得罗斯·马夫罗迈克尔斯也逃跑了。他乘着一艘英国轮船,打算取道桑特岛返回马伊纳。然而,暴风雨来临。老酋长彼得罗斯·马夫罗迈克尔斯的船被逆风刮到埃利斯海岸的卡塔科洛,并在那里遭到卡纳利斯逮捕。卡纳利斯奉命追捕彼得罗斯·马夫罗迈克尔斯并将他带回纳夫普利亚。彼得罗斯·马夫罗迈克尔斯以参议员和希腊贵族的身份受到一个特别委员会的审判,后因叛国罪被关进伊奇卡来要塞。

彼得罗斯·马夫罗迈克尔斯

彼得罗斯·马夫罗迈克尔斯被捕的消息传至马伊纳。彼得罗斯·马夫罗迈克尔斯的弟弟康斯坦丁·马夫罗迈克尔斯得到承诺,他的人身自由会得到保障,接受劝说前往纳夫普利亚开展谈判。然而,一抵达纳夫普利亚,康斯坦丁·马夫罗迈克尔斯和侄子乔治·马夫罗迈克尔斯就同样受到监视,并被禁止离开。

彼得罗斯·马夫罗迈克尔斯的母亲是一个德高望重的老妇人。过了一段时间,她请求俄罗斯帝国海军上将里科德去向扬尼斯·安东尼奥斯·卡波基斯迪亚斯总统求情,请求他放了自己的儿子。里科德上将深受感动,答应了这个请求。毋庸置疑,里科德上将对扬尼斯·安东尼奥斯·卡波基斯迪亚斯总统的个人影响将有助于他完成这个使命。事实上,目前扬尼斯·安东尼奥斯·卡波基斯迪亚斯总统已经做出退让,答应释放彼得罗斯·马夫罗迈克尔斯,而条件是他必须承认自己的错误。于是,俄罗斯帝国海军上将里科德前去会见彼得罗斯·马夫罗迈克尔斯。起初,这位骄傲的老人拒绝道歉。然而最终,由于被囚禁了八个月,彼得罗斯·马夫罗迈克尔斯疲惫不堪,渴望呼吸山里自由的空气,于是勉强接受了这个建议。

彼得罗斯·马夫罗迈克尔斯原本定于1831年10月8日17时会见扬尼斯·安东尼奥斯·卡波基斯迪亚斯总统并投降。然而不幸的是,1831年10月8日早晨,扬尼斯·安东尼奥斯·卡波基斯迪亚斯总统收到一封伦敦"密信",其中包括一份针对他个人的长篇攻击性文章和对他政策的严厉批评。本来工作和焦虑就已经令扬尼斯·安东尼奥斯·卡波基斯迪亚斯总统疲倦不堪,在受到这最后的侮辱后,扬尼斯·安东尼奥斯·卡波基斯迪亚斯总统的心里似乎失去了平衡。当彼得罗斯·马夫罗迈克尔斯在侍卫的看押下准时抵达时,扬尼斯·安东尼奥斯·卡波基斯迪亚斯总统既疲惫又愤怒,拒绝同他见面。

当这个消息传达给彼得罗斯·马夫罗迈克尔斯时,他满腔怒火,备感屈辱。作为马伊纳酋长,他同意屈尊向一个科孚岛新贵求饶,难道就是为了这样的结果?作为马夫罗迈克尔斯族人,族内有四十九位同胞都和土耳其人打过仗,难道要在一个从来没有为希腊流过一滴血的人的门前徒劳地求饶吗?那个骄傲的老人气得说不出话来,被押送着穿过街道回到监狱。途中,彼得罗斯·马夫罗迈克尔斯经过儿子乔治·马夫罗迈克尔斯和弟弟康斯坦丁·马夫罗迈克尔斯的居所。这时,他突然想到一个主意。彼得罗斯·马夫罗迈克尔斯停顿了一下，喊道："喂！你们好！"听到他的声音，他们立刻从窗口探出身子，问他情况如何。彼得罗斯·马夫罗迈克尔斯只是指着侍卫们，激愤地说："你们看我情况如何！"说完就走了，但马夫罗迈克尔斯族人已经明白了他的意思。在这种情况下，根据马伊纳人的行为准则，他们只能采取一种行动。这样对待他们的族长，就是令整个家族蒙冤受辱，必须血债血偿。

暗杀扬尼斯·安东尼奥斯·卡波基斯迪亚斯总统的决议顺利获得通过。这的确不是什么新鲜事。马夫罗迈克尔斯家族早已受尽屈辱，这足以证明在他们的眼中这种行为毫不过分。早在卫兵们松懈的时候马夫罗迈克尔斯族人就准备好了武器，现在他们决定立即采取行动。

1831年10月9日星期日，和往常一样，扬尼斯·安东尼奥斯·卡波基斯迪亚斯总统5时起床。在工作了一个小时后，在武装侍从科科尼斯和士兵莱奥达斯的陪同下，扬尼斯·安东尼奥斯·卡波基斯迪亚斯总统前往圣斯皮迪翁教堂听弥撒。路上，康斯坦丁·马夫罗迈克尔斯和乔治·马夫罗迈克尔斯与扬尼斯·安东尼奥斯·卡波基斯迪亚斯总统相遇。他们连忙向扬尼斯·安东尼奥斯·卡波基斯迪亚斯总统行礼，然后就匆匆去了教堂。教堂里早已经挤满做礼拜的人。康斯坦丁·马夫罗迈克尔斯和乔治·马夫罗迈克尔斯分别站在门的两侧，把守着门口。这是扬尼斯·安东尼奥斯·卡波基斯迪亚斯总统的必经之路。有人曾经警告过扬尼斯·安东尼奥斯·卡波基斯迪亚斯总统，说他会有生命危险，但他拒绝采取任何防护措施。扬尼斯·安东尼奥斯·卡波基斯迪亚斯总统说："上帝庇佑希腊总统。他们会敬畏我白发苍苍！"然而，当看到那两个马伊纳人时，扬尼斯·安东尼奥斯·卡波基斯迪亚斯总统犹豫了一下，因为他知道马伊纳的旧俗。扬尼斯·安东尼奥斯·卡波基斯迪亚斯总统的犹豫转瞬即逝，下一秒就踏上了教堂的台阶。这两个马伊纳人一直等他走到身旁。随后，康斯坦丁·马夫罗迈克尔斯用一把联动上膛的手枪击中了扬尼斯·安东尼奥斯·卡波基斯迪亚斯总统的头部。当扬尼斯·安东尼奥斯·卡波基斯迪亚斯总统踉跄倒地时，乔治·马夫罗迈克尔斯又用匕首刺进他的胸膛。做完这些，两个凶手转身逃跑。扬尼斯·安东尼奥斯·卡波基斯迪亚斯总统一声不响地倒下了。扬尼斯·安东尼奥斯·卡波基斯迪亚斯总统的仆人科科尼斯抓住他的胳膊，轻轻地将他放在地上，然

扬尼斯·安东尼奥斯·卡波基斯迪亚斯总统遇刺

后冲向凶手。科科尼斯开枪击中了康斯坦丁·马夫罗迈克尔斯。慌乱中科科尼斯摔倒了，随后爬起来继续艰难地射击和追杀对手。与此同时，混乱声和枪声惊扰了教堂里做礼拜。现在这些做礼拜的人都涌了出来，而另一群激动的人也加入追击。由于腿部受伤，康斯坦丁·马夫罗迈克尔斯很快就被追上。愤怒的民众们将康斯坦丁·马夫罗迈克尔斯拖倒在地，一边诅咒唾骂，一边撕扯和殴打他。然而，康斯坦丁·马夫罗迈克尔斯那无畏的勇气依然支撑着他。他大喊着："先生们，不要羞辱我！你们最好在教堂门口点支蜡烛①！喂！难道这里没有民兵开枪杀了我吗？"还好，他并没有等太久②。

同时，乔治·马夫罗迈克尔斯躲进法国领事馆。很快这里就被一群民众包围起来。他们嘶吼着要杀了乔治·马夫罗迈克尔斯报仇。得知发生的事情，尤其是考虑到

---

① 有人去世时，教堂门口会点亮蜡烛。——原注
② 门德尔松·巴托尔迪：《希腊历史》，第2卷，第272页等。——原注

四周群众的威胁，法国领事不得不将乔治·马夫罗迈克尔斯送回希腊当局。很快，一队强壮的士兵将乔治·马夫罗迈克尔斯押往伊奇卡来。军事法庭审判乔治·马夫罗迈克尔斯，随后对他执行了枪决。

乔治·马夫罗迈克尔斯英俊帅气，骁勇善战，开朗大方，一直都是大家的宠儿。当他被带出来行刑时，围观群众奇怪地分成了两派，一派同情他的遭遇，另一派则憎恨他的罪行。然而，乔治·马夫罗迈克尔斯毫不畏惧，平静地直面死亡，将这看作一份崇高的使命。按照从小到大的行事准则，乔治·马夫罗迈克尔斯认为他的这种谋杀行为受到审判并被判死刑完全合理，他毫不后悔。就在那发致命的子弹发射前，乔治·马夫罗迈克尔斯转身面对人群，大声喊道："自由！团结！友爱！"这是一个奇特的政治遗嘱，由一个为赎罪而死的人所写，而它的灵感来自乔治·马夫罗迈克尔斯从一个野蛮暴政时代继承下来的野蛮报复法则。

显然，从当时群众的怒气就可以看出，民众对这一行为的态度不是来自任何人为的刺激，而是自发的。然而，在自由派反对党中，总有一些人为了给自己开脱而太急于诉诸经典判例，于是这两位马夫罗迈克尔斯家族的勇士被誉为自由事业的殉道者。记者们撰写文章，诗人们写诗歌颂现代的哈尔摩狄奥斯和阿里托斯革顿[1]，称赞他们使希腊摆脱了新的皮西斯特鲁斯[2]。而埃伊纳岛的学生们则仿照古代雅典人到处唱着古老的颂歌：

　　我用桃金娘花装饰我的利刃，
　　正如这两个为自由而战的朋友，
　　暴君终于倒在血泊中，
　　给雅典带来法律的平等。

然而，扬尼斯·安东尼奥斯·卡波基斯迪亚斯总统真的是个暴君吗？由于批评他的人立场各不相同，人们对扬尼斯·安东尼奥斯·卡波基斯迪亚斯总统的动机和

---

[1] 哈尔摩狄奥斯和阿里托斯革顿是古希腊人。在杀死暴君喜帕恰斯后，他们成为古代雅典民主的杰出象征。
[2] 皮西斯特鲁斯（约前600—前527），雅典暴君。

政策做出了各异的判断。然而，由于失败，扬尼斯·安东尼奥斯·卡波基斯迪亚斯总统的执政政策普遍受到舆论谴责，因为只有成功才能证明政策的合理性。如果扬尼斯·安东尼奥斯·卡波基斯迪亚斯总统铁腕般的官僚体系能在一段时期内维持这个混乱不堪的国家秩序，那么付出的代价可能是暂时放弃自由。事实上，自由被白白放弃了，秩序并没有得到保障。用法国政治家夏尔·莫里斯·德·塔列朗的话来说，扬尼斯·安东尼奥斯·卡波基斯迪亚斯总统违反宪法程序的交易可能会被诬蔑为比犯罪更糟糕的罪行，因为如果方法是不对的，只是以权宜之计为理由进行辩护，一旦失败，就更能证明对的方法才是最好的选择。事实上，从克莱门斯·冯·梅特涅侯爵侍从的角度写作，冯·普罗克施-奥斯滕男爵的确认为在当时的情形下，扬尼斯·安东尼奥斯·卡波基斯迪亚斯总统的政策是唯一可行的。冯·普罗克施-奥斯滕男爵将失败归结于捣乱贪婪的冒险家、毫无原则的鼓动者、激进的空谈者，以及英法人士肆无忌惮的阴谋诡计和推波助澜。

然而，这只是说扬尼斯·安东尼奥斯·卡波基斯迪亚斯总统失败了，正如克莱门斯·冯·梅特涅侯爵的失败一样，因为他缺乏足够的想象力来把握自己要解决的问题的所有条件，同时一直拒绝将"情绪"这个尤其重要的因素置于他的政治考量中。

然而，尽管扬尼斯·安东尼奥斯·卡波基斯迪亚斯总统的执政手段暴虐，但不能因此就说他是一个"暴君"，因为真正的暴君是自私的、不择手段的。毫无疑问，扬尼斯·安东尼奥斯·卡波基斯迪亚斯总统是有野心的，但那是正当的野心。扬尼斯·安东尼奥斯·卡波基斯迪亚斯总统渴望治理他的国家，也为此费尽心血。扬尼斯·安东尼奥斯·卡波基斯迪亚斯总统为国家付出的努力和在自己身上付出的努力一样多，甚至可能更多。如果他想统治他的国家，那么一定是出于国家的利益，出于对希腊的热爱。很久以前，扬尼斯·安东尼奥斯·卡波基斯迪亚斯总统就献出了自己在俄罗斯帝国议会中的杰出地位。因此，扬尼斯·安东尼奥斯·卡波基斯迪亚斯被任命为总统，放弃了自己的时间、健康、快乐和原本拥有的一切。扬尼斯·安东尼奥斯·卡波基斯迪亚斯总统就任时，大会提议投票表决从国家基金中拨出一笔钱给他，但他拒绝了。此外，到目前为止，扬尼斯·安东尼奥斯·卡波基斯迪亚斯总统非但从来没在希腊财政收入中拿过一分钱，反倒将自己全部微薄的积蓄都花在努力摆脱国库空虚上。扬尼斯·安东尼奥斯·卡波基斯迪亚斯总统的个人习惯配得上"老加图"①的称呼。他每天起得很早,在写字台上工作一整天,唯一的家具是一张方形沙发和一张普通写字台。那些"暴君"们通常都享受轻松娱乐,而扬尼斯·安东尼奥斯·卡波基斯迪亚斯总统一点儿也不在乎。他常说年轻时的过度节制让他早已经老态龙钟,"就像冬天,虽然寒冷却有益健康"。扬尼斯·安东尼奥斯·卡波基斯迪亚斯总统那朴素的服装,对希腊人来说算得上是一种冒犯,因为希腊人喜欢穿华丽的衣服。只有在全国巡回游行时,扬尼斯·安东尼奥斯·卡波基斯迪亚斯总统才身穿制服。在一次下乡访问时,有人告诉扬尼斯·安东尼奥斯·卡波基斯迪亚斯总统,农民们都拜倒在骑马的侍从前,因为他们以为那个风度翩翩、衣着华丽的人一定是总统。总之,扬尼斯·安东尼奥斯·卡波基斯迪亚斯总统就是这样一个人:他在政府方面的才能虽然伟大,但缺乏天分。他的品德虽然高尚,但还没拥有最高的美德。至于命运,或者他更愿意说是上帝的意愿,将他放在了一个即使是更伟大、更高尚的人也可能会失败的重要位置上。

---

① Cato: 加图,姓氏。老加图(Cato the Elder,前234—前149),罗马政治家,将军。小加图(Cato the Younger,前95—前46),古罗马斯多噶派哲学家,政治家,老加图的曾孙。

第 23 章

希腊内战

精彩看点

临时政府——阿戈斯蒂诺·卡波基斯迪亚斯——阿尔戈斯会议——阿戈斯蒂诺·卡波基斯迪亚斯当选总统——摩里亚岛民与鲁米利亚人之间的世仇——阿尔戈斯战役——扬尼斯·科莱提斯入侵摩里亚半岛——政府的无能——大国干预——阿戈斯蒂诺·卡波基斯迪亚斯下台——持续的无政府状态——法国占领纳夫普利亚——塞奥佐罗斯·科洛科特罗尼斯伯爵叛乱——伦敦会议闭幕

无论在何种情况下，谋杀都不是民主改革的有效方法，因为它所产生的政治氛围不利于自由制度的发展。此外，政府越放纵，人们的杀戮欲望就越强烈，而诉诸刀剑的党派或个体极有可能终将死于刀剑之下。扬尼斯·安东尼奥斯·卡波基斯迪亚斯总统被害的事也印证了这一规律。派系斗争和宿怨等因素早已经使这个国家四分五裂，如今党派之间的血海深仇又使这个局面雪上加霜。建立有序的宪法统治的希望在那时就已经破灭。自由主义者们看到的不是他们期望的自由，而是希腊由于屈服于持续的无政府状态而引发的所有不幸。

扬尼斯·安东尼奥斯·卡波基斯迪亚斯总统遇害的消息一经传开，参议院就召开会议，成立临时委员会继续执政。临时委员会由三人组成，分别是阿戈斯蒂诺·卡波基斯迪亚斯、塞奥佐罗斯·科洛科特罗尼斯伯爵和扬尼斯·科莱提斯。尽管宪法没有赋予参议院这样做的权力，但各大国代表认为这是最好的办法。在没有任何其他权威掌控的情况下，各大国代表选择支持临时委员会的行动并承认临时政府，直到召开国民议会，成立一个合法的政府。

在哥哥扬尼斯·安东尼奥斯·卡波基斯迪亚斯在世的时候，阿戈斯蒂诺·卡波基斯迪亚斯就已经被指定为继承人。现在，当真的被推到总统的位置上时，阿戈斯蒂诺·卡波基斯迪亚斯试图效仿前任的政策。然而，阿戈斯蒂诺·卡波基斯迪亚斯不仅没有能力保护哥哥扬尼斯·安东尼奥斯·卡波基斯迪亚斯逃过被杀的命运，他也更不可能凭借他的专横、无知、虚荣、无能获得成功，因为一个比他更强大、更优秀的人已经失败了。扬尼斯·科莱提斯早就在打至高权力的主意。现在他投身反对派，将阿戈斯蒂诺·卡波基斯迪亚斯的亲俄政策视为攻击目标。

1831年12月19日，国民议会在阿尔戈斯召开。由扬尼斯·安东尼奥斯·卡波基斯迪亚斯总统遇害引发的全国危机至少可能被用来尝试弥合国家内部分裂。在英国和法国代表的支持下，扬尼斯·科莱提斯敦促邀请那些被召集到伊兹拉岛大会的代表参加阿尔戈斯会议。然而对于这件事，阿戈斯蒂诺·卡波基斯迪亚斯和塞奥佐罗斯·科洛科特罗尼斯伯爵都极力反对。双方利用和谈消除分歧的机会就这样消失了。当议会最终在阿尔戈斯举行会议时，人们发现大多数代表都是为卡波基斯迪亚斯一党服务的。在针对将来的国家宪法的表决中，其中一百四十六人投票赞成将塞奥佐罗斯·科洛科特罗尼斯伯爵和扬尼斯·科莱提斯排除临时委员会，同时选举阿戈斯蒂诺·卡波基斯迪亚斯为总统。

摩里亚岛民对鲁米利亚人的日渐增长的嫉妒现在发展成了公开的敌对。像往常一样，许多首领被一群追随者簇拥着来到会场。阿尔戈斯到处都是武装人员。1831年12月21日下午，格里瓦斯和贾维拉斯在街道上已经发生了一场小规模的冲突，导致众议院中更多的卡波基斯迪亚斯一党的拥护者惊恐地逃到纳夫普利亚。1831年12月23日，大约一千两百名鲁米利亚人和政府的军队展开了一场大战。在这场战斗中，由于没有充足的弹药和炮火，鲁米利亚人被击退，随后被迫从城里撤兵。在被政府驱逐后，扬尼斯·科莱提斯现在决定和鲁米利亚人共命运。在六十多名代表和几位更高层的领导人的陪同下，扬尼斯·科莱提斯前往地峡。在迈加拉，鲁米利亚人重新聚集力量，决心成立一个临时政府来反对纳夫普利亚的政府。与此同时，鲁米利亚人和伊兹拉岛民展开谈判。扬尼斯·科莱提斯、安德烈亚斯·泽米斯和乔治斯·昆图里奥特斯都当选为政府委员会成员，而从伊兹拉岛来的亚历山德罗斯·马夫罗科达托斯则当选为国务卿。希腊再次被一分为二，陷入内战的恐怖威胁中。

过了很长一段时间，各大国又开始对希腊事务虎视眈眈。1831年9月26日，一个会议在伦敦再次召开并出台了一项草案。在这项草案中，由辉格党掌权的英国对从阿尔塔至沃洛的边界做出让步，同时命令希腊居民们支持政府，帮助政府压制伊兹拉岛民的嚣张气焰。直到扬尼斯·安东尼奥斯·卡波基斯迪亚斯总统去世后，这份草案才出台。草案认可了扬尼斯·安东尼奥斯·卡波基斯迪亚斯总统的大部分要求，而这样试图在伦敦的委员会会议室里插手希腊内部事务的做法显然十分愚笨。在希腊，事态发展迅速。当第二份草案被送去用于修正先前的第一份时，已经为时已晚。

现在两个政府针锋相对。这个问题非常复杂，不可能通过承认其中一个并认为另一个是革命的和非法的就能得到解决。在危急关头，斯特拉特福德·坎宁抵达纳夫普利亚。在前往君士坦丁堡的途中，斯特拉特福德·坎宁试图通过促使双方和解来解决这个困难。在俄法代表的支持下，斯特拉特福德·坎宁向阿戈斯蒂诺·卡波基斯迪亚斯递交了一份备忘录，建议宣布大赦，并召开新的议会，让伊兹拉岛和迈加拉的代表都来参加。然而，阿戈斯蒂诺·卡波基斯迪亚斯已经被暂时的胜利冲昏了头脑，不肯做出让步。在阿戈斯蒂诺·卡波基斯迪亚斯看来，只要有塞奥佐罗斯·科洛科特罗尼斯伯爵、尼基塔斯·斯塔马泰洛普洛斯及跟他一派的另一些摩里亚首领们的帮助，他就可以对付扬尼斯·科莱提斯和鲁米利亚人。此外，只要扬尼斯·科莱提斯和鲁米利亚人绝对服从他，他就心满意足了。现在斯特拉特福德·坎宁和各国代表们开始怀疑正义站在了反对派这头，而不是站在政府这边，于是他将这个结论通过电报发给伦敦①。然而，与此同时，1832年2月24日，伦敦会议于1832年1月7日签署的另一项协议公布，确认了第一项协议包含的条款，并命令列强代表们承认在阿尔戈斯会议中建立的政府。代表们尽管不情愿，却不得不接受命令。在列强代表们的支持下，阿戈斯蒂诺·卡波基斯迪亚斯颁布了一项声明，承诺赦免所有愿意归顺政府的人②。与在迈加拉议会一样，伊兹拉岛民对阿戈斯蒂诺·卡波基斯迪亚斯政府持决不妥协的敌对态度。对此，上将们威胁称，如果他们拒绝接受赦免，将会产生严重后果。然而，威胁和承诺都是徒劳的。1832年3月11日，有消息传到纳夫普利亚称，巴伐利亚国王路德维希的二儿子，年轻的奥托·弗里德里希·路德维希

---

① 冯·普罗克施–奥斯滕男爵：《奥斯曼土耳其帝国统治下的希腊发展史》，第2卷，第475页等。——原注
② 冯·普罗克施–奥斯滕男爵：《奥斯曼土耳其帝国统治下的希腊发展史》，第12卷，附录第13页，第19页。——原注

王子①被选为希腊国王,称奥托一世。人们希望用这件事结束内乱,但并没有收到明显的效果。相反,它产生了和预期截然相反的效果。由于每一方都急于在新国王到来时占据主动权,从而在他那获取更大的利益,于是各方都加倍努力地驱赶和打击对手。接到国王产生的通知,迈加拉议会答复说,除非阿戈斯蒂诺·卡波基斯迪亚斯离开这个国家,否则无论国王是谁,他们都不会放下武器。为了让他们的话更有威严,迈加拉议会采取了公开的敌对行动。占领勒班陀后,迈加拉议会围困了萨洛纳城堡,随后又在德尔菲袭击了梅塔克萨斯,并掠夺了阿拉霍瓦。内战这只恶犬又一次被放了出来,劫掠、残害着这个伟大的国家。那些可怜的农民刚从十年战争的痛苦中恢复过来。他们咒骂着所谓的自由,因为对他们来说,自由只不过是错误和苦难,而他们对"宪法"的了解仅仅是与抢劫和暴力相关的事物。这些农民们祈祷外国国王带着他的外国军队迅速赶来,将他们从那些自封的领导人的暴政中解救出来。

竞争各方的力量并不平等。此外,既然这是对力量的考验,那么显然,扬尼斯·科莱提斯很可能会占上风。在阿戈斯蒂诺·卡波基斯迪亚斯带来的五千人里,只有区区两千多人值得信赖。鉴于国库空虚,阿戈斯蒂诺·卡波基斯迪亚斯不可能依靠贾维拉斯等唯利是图的首领的所谓"忠心"。安德烈亚斯·泽米斯还没有宣布自己的选择。他的决定将决定阿加亚和阿尔卡迪亚的忠诚。此外,马伊纳人袭击并占领了莫尼姆瓦夏,而麦西尼亚州人民则请求法国人来帮助他们反抗塞奥佐罗斯·科洛科特罗尼斯伯爵的暴行。由于必须处理摩里亚南部的问题,政府的力量有所分散。政府既不被信任,同时也不信任别人,因此在诸如此类的危机事务中,政府没有能力提供帮助或建议,似乎好像要向全世界宣告政府的软弱无能。政府意识到,为了安抚马伊纳人,最好的办法就是释放马夫罗迈克尔斯族人,向他们做出承诺,让动荡不安的部落重新恢复秩序。拥挤的纳夫普里亚会议厅,关于战争的谣言满天飞。在针对未来的宪法辩论时,议会遭到绝对的蔑视。

与此同时,国王即将到来。截至目前,在所有这些相互冲突的派系引起的混乱中,并没有人代表国王的权威。由于他还没有成年,而关于摄政的问题又迫在眉睫,

---

① 奥托·弗里德里希·路德维希王子:即希腊国王奥托一世(Otto I of Greece, 1815—1867),巴伐利亚王子,1832年被选为近代希腊王国的首任国王。

亟待解决，因此在国家目前的情况下，最好和最安全的计划无疑是任命一个摄政委员会，公平地代表各方。然而，各个敌对派别的目标都是不希望权力分割旁落，宁愿使国家陷入战争，也不愿放弃一丝利益。纳夫普利亚的代表们明确发出了发起敌对行动的信号，同时推选阿戈斯蒂诺·卡波基斯迪亚斯为摄政王。

鲁米利亚一派认为，摄政王的推选意味着即使奥托·弗里德里希·路德维希来了，阿戈斯蒂诺·卡波基斯迪亚斯依然能作为摄政王掌握实权。为了阻止这种情况发生，扬尼斯·科莱提斯决定不顾一切立即入侵摩里亚半岛，并迫使阿戈斯蒂诺·卡波基斯迪亚斯辞职。1832年4月6日，扬尼斯·科莱提斯率领一支政府军无力抵抗的部队穿过地峡。1832年4月7日，扬尼斯·科莱提斯进入阿尔戈斯。在那里，扬尼斯·科莱提斯发表了一份公告，表明他唯一的目的就是将1831年12月被卡波基斯迪亚斯派吓跑的代表们护送回来。1832年4月8日，扬尼斯·科莱提斯胜利向纳夫普利亚进发，却遇上了阻碍。列强代表们已经先一步登陆并占领了城门。现在他们拦住

奥托·弗里德里希·路德维希王子

了扬尼斯·科莱提斯,要求停战几个小时来协商扬尼斯·科莱提斯进军摩里亚半岛的问题。于是扬尼斯·科莱提斯在普罗尼亚近郊驻扎下来。

幸运的是,伦敦会议签署日期为1832年3月7日的议定书最终于1832年3月6日送达希腊政府。这份议定书详述了斯特拉特福德·坎宁在1831年12月28日备忘录中的提议。为了维持和平,同盟部队现在奉命实施干预,并根据斯特拉特福德·坎宁在备忘录中提出的建议展开谈判,而政府将得到其武力支持。

现在列强常驻代表宣布扶持一个能够代表各方各派的综合政府,并将这一决定提交给阿戈斯蒂诺·卡波基斯迪亚斯。阿戈斯蒂诺·卡波基斯迪亚斯明白,在这种情况下,他既不能抗拒列强的意志,也不能在一个由扬尼斯·科莱提斯担当主要力量的政府中获得任何真正的地位,于是辞了职。1832年3月7日,阿戈斯蒂诺·卡波基斯迪亚斯带着哥哥扬尼斯·安东尼奥斯·卡波基斯迪亚斯总统的尸体黯然离开了这个国家。

参议院再次介入,并且在与列强常驻代表协商后成立了一个管理委员会。扬尼斯·科莱提斯也位列其中。然而,由于其他四名成员无处不在的敌视,扬尼斯·科莱提斯坚信在这种情况下不可能继续参与政府事务。为了强调自己的意见,扬尼斯·科莱提斯扬言要召集其余部队在普罗尼亚会合。列强代表们意识到扬尼斯·科莱提斯的反对是合理的。为了避免敌对双方看起来一触即发的战争,列强代表们说服参议院重组委员会。最终委员会由七名成员组成,而其中四人是扬尼斯·科莱提斯的党羽。

现在扬尼斯·科莱提斯酝酿已久的目的已经达成。在众人看来,扬尼斯·科莱提斯已经是希腊真正的统治者。起初扬尼斯·科莱提斯是穆罕默德·阿里帕夏的医生。在腐败的约阿尼纳的宫廷里,扬尼斯·科莱提斯学会了政治活动中所有的卑劣技巧。扬尼斯·科莱提斯诡计多端,令人真假难辨。在反复无常的希腊人中,他那严肃而沉默寡言的行事风格赋予他智慧的美名,而这种美名并不是完全建立在事实的基础上的。在作为国家首脑的职业生涯开端,扬尼斯·科莱提斯遇到的困难会令即使更聪慧的人都感到绝望。扬尼斯·科莱提斯很快发现,参议院中大多数是卡波基斯迪亚斯派。因此尽管他们同意了自己对委员会人员的要求,但在扬尼斯·科莱提斯看来，实际上这样产生的参议院没有实权。法令必须由全体成员签字才能生效。如果委员会中有三人反对，则法令无效。任何交易都必须有五人在场，否则不能成交。众所周知，委员会中有三名成员对扬尼斯·科莱提斯怀有敌意。这种安排显然会导致扬尼斯·科莱提斯完全没有权力，而实际上也使委员会本身成了一场闹剧。

　　在这种情况下，新政府几乎不比旧政府强多少。这是意料之中的事。没落党派的所有支持者、大多数参议员、众多有权有势的摩里亚首领，包括塞奥佐罗斯·科洛科特罗尼斯伯爵、尼基塔斯·斯塔马泰洛普洛斯和罗恩格斯，以及大量富有的大主教，全都反对这个新政府。他们原本就担心自己的财产安全，现在又受到一群疯狂的雇佣军的威胁。这些雇佣军将扬尼斯·科莱提斯推上权力的宝座。此外，卡纳利斯和安德鲁斯下属的中队也相互敌对。更重要的是，由于嫉妒法国人同扬尼斯·科莱提斯的关系，英国和俄罗斯帝国代表开始支持反对党派。

　　扬尼斯·科莱提斯当初夺取权力的工具现在却导致了他的毁灭。眼下最紧迫的问题是，怎样才能摆脱扬尼斯·科莱提斯带进摩里亚的那些士兵。这些士兵有七八千人，都住在摩里亚岛民的房子里。他们每多待一天，摩里亚岛民对扬尼斯·科莱提斯统治的不满就加剧一些。然而，由于没有钱支付拖欠已久的津贴，扬尼斯·科莱提斯无法诱使他们再次穿越地峡返回。在佩特雷及纳夫普利亚境内都出现了公开叛乱的迹象。这种极端情况下，扬尼斯·科莱提斯不得不请法国人来帮忙。1832年5月20日，在科比特将军的领导下，有一千两百人进入纳夫普利亚，占领了伊奇卡来和帕拉米蒂城堡。然而，在佩特雷，人们早已经预料到他们会来。在法国人还没到的时候，贾维拉斯就进入了这个城镇，告诉居民们政府已经将他们出卖给外国人，于是人们纷纷行动起来准备抵御外敌。当法国人抵达时，发现佩特雷早有防备，因此并没有试图武力争夺。扬尼斯·科莱提斯随后派来的一支部队与贾维拉斯的部队关系不错，于是他们一起占据着佩特雷，等待奥托·弗里德里希·路德维希的到来。

　　新的国民议会定于1832年4月30日召开，但遭到各列强反对。他们认为考虑到新国王马上要来，应该推迟会议等待。无论是民选的还是自愿的各方代表都从各地来到指定地点。这就像将一大堆易燃物堆在一起，容易引发一场大火灾。越来越多的人怀疑有法国势力入侵，这令无权政党越来越愤怒，而政府却似乎从中获益。伯罗奔尼撒人对鲁米利亚人日益增长的仇恨本身就足以点燃内战。战争一触即发。

塞奥佐罗斯·科洛科特罗尼斯伯爵拒绝与国会有任何牵扯。像现代的阿喀琉斯①一样，塞奥佐罗斯·科洛科特罗尼斯伯爵待在卡里塞纳要塞郁郁寡欢。由于并不信任塞奥佐罗斯·科洛科特罗尼斯伯爵，扬尼斯·科莱特斯派格里瓦斯和他的鲁米利亚部队从阿尔戈斯进入摩里亚内部的莱昂达里和法纳瑞地区。塞奥佐罗斯·科洛科特罗尼斯伯爵深知这一行动是针对他的。格里瓦斯的队伍主要由阿尔巴尼亚穆斯林组成。在蹂躏这个国家的所有雇佣军中，他们是最残忍、最嗜血的。当格里瓦斯的队伍占领了黎波里时，阿卡迪亚遍地都是恐惧和绝望的哀号。塞奥佐罗斯·科洛科特罗尼斯伯爵急中生智，立即向希腊人发表了一项声明，称政府是国家的对手，而议会是违宪的，因此向格里瓦斯发起战争是正义且必要的。与此同时，塞奥佐罗斯·科洛科特罗尼斯伯爵号召伯罗奔尼撒人武装起来，帮助他驱逐格里瓦斯的军队。塞奥佐罗斯·科洛科特罗尼斯伯爵的号召很快得到响应。摩里亚半岛的首领们齐聚塞奥佐罗斯·科洛科特罗尼斯伯爵的麾下，帮他驱逐那些可恶的雇佣军。塞奥佐罗斯·科洛科特罗尼斯伯爵向的黎波里进军，而尼基塔斯·斯塔马泰洛普洛斯则召集了麦西尼亚州民众，一起同马伊纳人作战。扬尼斯·科莱提斯努力采取措施镇压叛乱。然而，在这场危机中，安德烈亚斯·泽米斯和政府委员会中的卡波基斯迪亚斯派其他成员都退却了，因此执政官被剥夺了所有宪法权利。现在到处是无政府状态。阿尔戈斯议会开始核证当时政府的权力，而参议院则指控这个政府是非法和违宪的。这位无能的长官完全依赖不可靠的雇佣军支持，而这些雇佣军对他的支持只不过是掠夺摩里亚半岛的借口。政府做出最后一次几乎无效的抵抗，发布了一项抗击塞奥佐罗斯·科洛科特罗尼斯伯爵的命令，由仅存的四名成员签署。作为回应，一群骑兵突袭了阿尔戈斯。由于贪生怕死，众议院的人又一次逃跑，躲进了纳夫普利亚城里。

在这个关键时刻，伦敦会议传来消息。会议做出重大决定，承诺最终会解决希腊问题。正如前面提到的，巴伐利亚国王路德维希的二儿子奥托·弗里德里希·路德

---

① 阿喀琉斯是特洛伊战争中名震天下的希腊英雄，儿时由于被母亲放入冥河，从此刀枪不入。

维希已经被授予希腊王位。年轻被视为一种优势。当时奥托·弗里德里希·路德维希大约十七岁,这会使他更容易适应这个将要治理的国家的情况。在替儿子接受王位时,巴伐利亚国王路德维希坚持对之前的草案做出一些修改,而他的大部分要求都得到满足。根据1831年9月26日的协议,将边界扩展到阿尔塔——沃洛线以外的做法确实遭到拒绝,而将克里特岛囊括在新王国内的提议也被驳斥。然而,奥托·弗里德里希·路德维希是国王,而不是希腊的"君主",何况他能保证带来足够的借款,从而使新政府的开端不受资金匮乏的阻碍。此外,为了维持秩序,列强的联合军队和法国军队也都听令于摄政王①。

1832年5月7日,巴伐利亚国王路德维希与列强签署了这个条约。当这个消息传到希腊时,正是参议院各位成员从阿尔戈斯逃到纳夫普利亚的时候。列强代表要求

巴伐利亚国王路德维希

---

① 冯·普罗克施–奥斯滕男爵:《奥斯曼土耳其帝国统治下的希腊发展史》,第12卷,附录第30页。——原注

政府解散参议院，因为如今参议院有百害而无一利。然而，政府既不愿意也不能同意。参议院声称，为了确认新国王的当选，必须举行会议，因而拒绝解散。由于法国军队不准参议院进入纳夫普利亚，这些成员就占据了普罗尼亚郊区的一所房子，在那里过着朝不保夕的生活，讨论着宪法，准备向国王奥托一世发表演说。1832年8月22日，格里西奥蒂斯带着他的雇佣兵来到这所位于普罗尼亚郊区的房子，嚷嚷着索要被拖欠的津贴。当他搞清楚政府根本没有钱来满足他的要求时，格里西奥蒂斯带领部下四处行动，带走了总督诺塔拉斯和另外几个富有的人，将他们带到自己在阿尔戈斯的营地，声称只有在付给他十一万皮亚斯特的赎金后才肯放人。

1832年8月18日，曾经担任管理委员会成员的德米特里乌斯·希普西兰蒂去世了。这进一步削弱了政府的地位。亚历山德罗斯·马夫罗科达托斯、特里库皮斯和另外一两个人试图促成双方和解，但没有成功。随着内战愈演愈烈，塞奥佐罗斯·科洛科特罗尼斯伯爵的力量也与日俱增。摩里亚半岛上所有人都站在他这边，而格里瓦斯在的黎波里的处境非常艰难。在南方，马伊纳人凭借自己的力量掠夺，而尼基塔斯·斯塔马泰洛普洛斯正设法让他们听从命令。在北方，科莱基斯人正与鲁米利亚人作战。卡拉塔萨斯稳占了科林斯，而贾维拉斯依然掌控着佩特雷和周边地区。战火已经越过科林斯湾。而在希腊东部，敌对双方已经联合起来，沿地峡行进，准备进攻伯罗奔尼撒。整个希腊只有纳夫普利亚在法国驻军的保护下享受着美好的和平。

1832年8月5日，在一片混乱中，斯特拉特福德·坎宁从君士坦丁堡带来一份已经得到土耳其宫廷同意的各大国在伦敦商定的议定书。奥斯曼帝国政府已经接受了希腊边界的扩展，并同意在1832年12月月底前撤出割让的地区，条件是在这之前希腊付清约定的赔偿。与此同时，议定书针对撤离及两国未来关系的一些问题也做出了安排。现在，列强代表宣布《伦敦条约》的目标已经达成，而希腊问题也得到最终解决[①]。

---

① 冯·普罗克施–奥斯滕男爵：《奥斯曼土耳其帝国统治下的希腊发展史》，第2卷，第506页。——原注

第24章

奥托一世与希腊王国

精彩看点

持续的内战——塞奥佐罗斯·科洛科特罗尼斯伯爵的成功——政府的无能——国家的不幸——阿尔马托利游击队与法国人在阿尔戈斯大战——奥托一世的到来——结语

国王奥托一世的到来指日可待。针对最后的一些细节事宜,伦敦会议做出了安排。1832年8月底,针对摄政委员会和参议院发来的表示效忠及欢迎的声明,巴伐利亚国王路德维希给出答复。现在,由安德烈亚斯·米奥里斯上将、康斯坦丁·波扎雷斯和迪米特里乌斯·帕普卢塔斯组成的大使团正前往慕尼黑,代表希腊国家向这位新统治者致敬。

　　然而,国王奥托一世即将到来的消息并没能阻止内斗。相反,为了在国王奥托一世到来前铲除对手,各方各派采取了更暴力的手段。塞奥佐罗斯·科洛科特罗尼斯伯爵处处取胜,所向披靡。塞奥佐罗斯·科洛科特罗尼斯伯爵将格里瓦斯和鲁米利亚人都赶出了的黎波里。现在这些人又从地峡返回,最终占据了迈索隆吉。扬尼斯·科莱提斯再次向首都进发。现在塞奥佐罗斯·科洛科特罗尼斯伯爵正在纳夫普利亚同里科德上将及霍瑟姆上将会谈。塞奥佐罗斯·科洛科特罗尼斯伯爵要求重建政府。经历一系列会议和阴谋后,扬尼斯·科莱提斯得到法国人的支持,而塞奥佐罗斯·科洛科特罗尼斯伯爵一派则得到俄国人和英国人的同情。最后,名义上扬尼斯·科莱提斯留任,并与两名同事共同管理政府,但实际上他的统治只局限于纳夫普利亚。与此同时,塞奥佐罗斯·科洛科特罗尼斯伯爵统治着除纳夫普利亚外的整个希腊,至少摩里亚半岛已经牢牢落入他的手中,长期归他管辖。似乎是为了结束傀儡政府在纳夫普利亚的完全无能的表现,摄政委员会和参议院争执不休,于是参议院逃去了阿斯特罗斯。

1832年是整个希腊独立战争进程中最悲惨的一年。与遭到奥斯曼帝国入侵时相比,在本国同胞的残暴和掠夺中,希腊人遭受了更多苦难,甚至比他们在易卜拉欣帕夏军队手下遭受的痛苦还要多。1832年年底,整个国家已经完全精疲力竭,而双方党派也都厌倦了这场自杀式的斗争。《特罗泽宪法》《阿斯特罗斯宪法》和《埃皮达鲁斯宪法》中高调宣布的那些冠冕堂皇的原则早已经被遗忘,它们都被淹没在战争的喧嚣中,迷失在各党派的呐喊里。如今这座由扬尼斯·安东尼奥斯·卡波基斯迪亚斯总统费尽心血建立的行政大楼已经只剩下一片断壁残垣。法院关闭,而参议院也被解散。在纳夫普利亚,为了能够在需要时代表希腊国家,国务秘书们依然维持着他们的影子政府,因为眼下还没有迹象表明有希望建立一个统一的希腊。在地峡以北,这个国家相对摆脱了当地暴君的控制。在没有任何上级管理的情况下,行政区实行自治,取得了很好的效果。在地峡以南,塞奥佐罗斯·科洛科特罗尼斯伯爵逐渐将摩里亚半岛从除他以外的一切压迫中解放出来,并严令遵照家族式统治传统,将在他手下的首领和其他卡波基斯迪亚斯派系官员的帮助下治理摩里亚半岛。只有在国家的最南端,马伊纳人还始终保持着战斗的姿态,一边与塞奥佐罗斯·科洛科特罗尼斯伯爵作战,一边同盟军舰队的海军上将展开战斗。

现在,为了迎接国王奥托一世,纳夫普利亚正在积极准备。为了确保国王奥托一世的人身安全,一些巴伐利亚士兵将陪同他前往。这些士兵组成了一支纪律严明的军队。为了在行政中心给这些军队腾出空间,三个法国军团被转移到阿尔戈斯,而当时阿尔戈斯还掌握在塞奥佐罗斯·科洛科特罗尼斯伯爵和格里西奥蒂斯军队手中。法国人的出现引起了阿尔马托利游击队的怀疑。人们在一起窃窃私语。很快,这些窃窃私语就转化成了行动。在城里的街上,法国人遭到突袭,接着就发生了一场战斗。在这场战斗中,希腊人死伤无数。随后希腊人又执行了几次死刑。这是希腊独立战争中的最后一场血战。

1833年1月28日,纳瓦里诺海湾山上的巡逻士兵报告说,有一大队战舰正沿着海岸驶来,而领头的船上挂着希腊国旗。接着,消息迅速传开:新国王终于来了。1833年1月29日,在大炮的轰鸣声和人民的欢呼声中,舰队驶入纳夫普利亚港。希腊的第一位国王奥托一世终于踏上了希腊的海岸。

奥托一世

　　奥托一世的到来正式为希腊独立战争的宏伟篇章画上句号。这并不是说奥托一世是灵验的除妖之神，能解决希腊面临的复杂问题，而希腊问题也不是像议会外交官们天真地认为的那样能够随着奥托一世的到来迎刃而解。但无可争议的是，这是希腊反抗土耳其统治斗争的正式结束。它不仅在希腊历史上，也在欧洲历史上开启了一个新时期。现在，欧洲联邦共同体中纳入了一个新的基督教王国——希腊。未来的危机问题、过去六十年的历史，尤其是当前发生的事情，都已经证明这最后的结局多么意义深远。的确，人们可能会想，如果在处理希腊独立问题时，这些大国不那么胆怯的话，欧洲的和平是否还会经历这么大的危机。然而，也许这是所有联

第 24 章 奥托一世与希腊王国　｜　317

盟团体的本质缺陷:即使最终能够取得一些成就,成员之间的相互猜忌也会导致它们取得的成果大打折扣。在政治上,妥协是万恶之源。即使一边倒的解决方式有失公允,但最终也会对整个世界有利,因为虽然协议一方可能不满意,但至少有一方会满意。不过,在妥协的前提下,双方都会感到不满,而争论的问题非但不能得到解决,反倒只会被推迟拖延。在希腊反抗奥斯曼帝国统治这件事中,妥协尤为明显。此外,黎凡特问题的后续发展也证明了这一点。然而,在当时联合国家的所有政治家中,只有克莱门斯·冯·梅特涅侯爵一个人清楚地认识到这一点,并从一开始就反对任何形式的妥协。只要还有希望留在内阁,克莱门斯·冯·梅特涅侯爵就支持奥斯曼帝国政府拥有镇压臣民叛乱的绝对权威。最终,虽然毫无疑问克莱门斯·冯·梅特

19世纪30年代的克莱门斯·冯·梅特涅侯爵

涅侯爵不可能有哪怕一丝的希腊情怀，但首先提议建立一个强大而独立的希腊国家的正是他。克莱门斯·冯·梅特涅侯爵这种态度的转变并不是前后矛盾，只不过是一位聪明、敏锐、富有远见的政治家对那些胆小懦弱之人的权宜之计的反对而已。克莱门斯·冯·梅特涅侯爵看到维持欧洲和平只有两种选择，要么镇压希腊叛乱，要么安抚希腊人的反抗情绪。在克莱门斯·冯·梅特涅侯爵看来，镇压政策比调解政策更安全。然而，当他意识到在当时的条件下镇压政策不可能实现，他发觉调解政策是唯一的选择。不过，正如一个舰队的速度取决于最慢那一艘船的速度一样，一个联合会议的策略也取决于其中最没有远见的成员的策略。在解决希腊问题时，正是英国拖累了整个欧洲的决策。如果乔治·坎宁爵士还在世，那么尽管两位政治家的观点和目标完全对立，最终乔治·坎宁爵士可能依然会与克莱门斯·冯·梅特涅侯爵联手建立一个强大的希腊。对英国和奥地利来说，显而易见的政策就是让俄罗斯帝国紧紧地束缚住土耳其的手脚。然而，对托利党政客们来说，与奥斯曼帝国的传统友谊太过深厚，而从一开始希腊的命运就掌握在这些政客手中。托利党政客们从乔治·坎宁爵士那里沿用了一项令他们自己十分憎恶的政策。虽然托利党政客们要给予希腊一定程度上的自由，但在政策上他们畏首畏尾，处理问题的手段不够高明。他们似乎希望，如果他们选择最低限度地对希腊让步，土耳其就可能会对这个友好大国的不友好行动视而不见。然而，"没有人会因为有人打了他一棍而更爱这个人，即使这根棍子不长"①。如果在殴打的同时还表示爱和尊重，甚至可能会遭到更大程度的痛恨。对于奥斯曼帝国政府来说，早在纳瓦里诺战役前，英国的态度就已经变得不可理喻。正当斯特拉福德勋爵珀西·斯迈思在君士坦丁堡坚持表明英国对土耳其王宫亲善时，为了帮助那些所谓的叛乱分子，英国志愿者带着他们募集的资金涌入希腊。土耳其人不相信英国政府没有能力阻止这种事情发生。当然，纳瓦里诺战役证实了土耳其人对英国根深蒂固的不信任。而对于俄罗斯帝国光明正大表现出来的敌意，土耳其人反倒持欣赏态度。然而，在和平时期屠杀六千名真正的信徒，并通过这种手段来彰显与他国友谊的大国的伪善，无论如何也令人难以理解。

---

① 《伯利勋爵对伊丽莎白女王的忠告》，第1卷，第101页。——原注

事实上，英国急于将土耳其作为抵御俄罗斯帝国侵略的屏障，最终这希望却落空了。显然，即使要建立这样的屏障，一个完全不信任英国的国家也绝对做不到。何况自从阿德里安堡获得和平后，土耳其就已经屈服于俄罗斯帝国的势力。俄罗斯帝国畏惧和拼尽全力抵抗的并不是一个迟早要分崩离析的旧帝国，而是要在它的废墟上建立起的一个独立的基督教国家，这个国家的力量将强大到足以抵抗俄罗斯帝国的进攻。对于要建立一个强大到足以抵御越来越广泛的斯拉夫影响的希腊来说，这尤其重要。因此，如果英国必须抵制俄罗斯帝国在地中海建立强权，最好的办法就是做令俄罗斯帝国感到害怕的事，那就是建立一个强大的希腊，强大到不会有成为周围列强的傀儡国家的风险。广义地说，这是唯一切实可行的政策，因为从长远看，这是英国人民唯一能容忍的政策。然而，就英国政客们当时的工作环境而言，要制定出一个真正强有力的、协调一致的外交政策几乎不可能。威灵顿公爵阿瑟·韦尔斯利一直被乔治·坎宁爵士的亲希腊传统阻碍，而帕默斯顿子爵亨利·约翰·坦普尔则被托利党人的亲伊斯兰教传统阻碍。在担任外交大臣兼首相前，帕默斯顿子爵亨利·约翰·坦普尔曾经主张将克里特岛纳入希腊王国，因为这样一来就可以避免许多接下来的麻烦。在执政期间，帕默斯顿子爵亨利·约翰·坦普尔所做的也只能是将边界线扩大到阿尔塔——沃洛。因此，这样建立的希腊非常强大，但还不足以让英国政府感到满意，更何况"力量与不满的结合只会产生不需要推理来证明的道理"①。

因此，虽然英国政府的亲希腊政策只取得了或多或少的成果，但它迅速重新采取的亲土耳其政策永远无法实施，因为英国舆论强烈反对政府的亲土耳其政策。从18世纪70年代到现在的六十多年里，英国在近东外交的最终结果是，英国在君士坦丁堡曾经拥有的所有势力如今都不复存在，而希腊作为英国曾经在地中海的堡垒，现在却在土耳其的铁蹄下支离破碎，血流成河。至于酿成后一种结果的因素在多大程度上是由于英国政客们的行动，又在多大程度上是由于希腊人自己的虚荣心和急躁不安，可能都要留给后世来定论。在笔者看来，索尔兹伯里勋爵罗伯特·加斯科因-塞西尔的谨慎外交很可能是为了创造一个更强大的希腊，只不过由于希腊人

---

① 《伯利勋爵对伊丽莎白女王的忠告》，第1卷，第101页。——原注

自己的仓促行动,以及对英国和其他国家的亲希腊人士的判断失误,哪怕只是轻微失误,都导致这个目标至少要推迟三十年才能实现①。

然而,建立一个国家所需要的不只是领土的扩张和大国的保障。与此同时,人们也怀疑希腊人的性格是否值得被赋予任何扩张的权利。必须指出,作为一个国家,希腊是支离破碎的,但作为一个民族,尽管希腊人有许多有魅力的品质,但他们也有拉帮结派、背信弃义等不良品性。尽管类似的评价很多,然而事实上,在独立战争的历史上,有关希腊人的这一切明明白白,战争都证明了希腊人能为国家理想做出巨大牺牲。此外,随着国家领土的扩大,希腊人的责任感和爱国主义观念也有可能会相应增强。如果认为作为一个民族,希腊根本没有能力去建立和维护一个强大的国家,那就是忽视了一个漫长的历史时期的教训,哪怕只是相对忽视。早在拜占庭帝国时期,希腊就是一个国家。然而,虽然它无可救药且腐败透顶,但一千多年过去,为了抵御来自北方和东方野蛮浪潮的进击并时时要压倒它的威胁,希腊一直保护着文明和古老文化的遗迹。

太阳、风和水造就了我们!

如今的希腊人与他们的祖先非常相似。在希腊,从来没有哪个时代满是英雄和哲学家的,也从来没有哪个时代是由最纯粹的爱国主义来指引的。同如今的雅典人一样,倾听埃斯库罗斯②和索福克勒斯③的诗作的雅典人善变、迷信和残忍。古希腊文化已经日落西山,而我们看到的只是照亮奥林匹亚最高和最纯净山峰的那一抹余晖。虽然这一切肤浅、肮脏、平庸,但毁灭之夜已经降临。因此,我们不能说希腊人不值得我们同情,因为他们似乎天生不像那些热衷于夸耀自己出身的人那么勇敢。

---

① 这一观点并非与希腊人最初争取自由的斗争,甚至与他们进一步扩张的愿望相背。不过,从欧洲情绪的角度来看,世界上对自由的热爱与领土扩张的愿望有着很大的不同。在克里特岛,一场仅仅为了"自治"取代"共治"而发动的战争,只能用成功才能证明。事实上,希腊人的行为似乎比犯罪更严重——这是一种愚蠢的行为。——原注
② 埃斯库罗斯(Aeschylos,前525—前456):希腊悲剧作家,希腊悲剧之父。
③ 索福克勒斯(Sophocles,前495—前406):与埃斯库罗斯和欧里庇得斯一起并称为古希腊三大悲剧诗人。

我们的态度很可能是亲希腊态度。纳皮尔上校曾经说:"所有亲希腊人都去了希腊,他们希望能找到那些普鲁塔克①书中描述的伯罗奔尼撒人。而现在他们又都回来了,因为他们觉得纽盖特监狱里的人比现在的希腊人更道德。"乔治·戈登·拜伦勋爵对希腊人做出了公正的评价。他知道半开化的人满是恶习,而刚刚获得自由的奴隶也必须得到极大的宽容。因此,乔治·戈登·拜伦勋爵继续说:"手持缰绳,并不是认为他们好,而是希望将他们变得更好。"情况已经变了。因为从希腊独立战争取得胜利起,希腊已经享受了半个世纪的自由。然而,我们应当用同样仁慈的判断和同样的期望来对待希腊人民。尽管土耳其人拥有很高的品质和个人价值,却被一个似乎无法改革的制度束缚。因此可以肯定的是,东方的未来并不掌握在土耳其人手中,而是在那些受尽鄙视和贬低的基督教民族手中。对这些基督教民族而言,即使不是在他们的种族中,在他们的宗教里也一定存在发展和进步的潜力。

---

① 普鲁塔克(Plutarch, 46—125):希腊作家,代表作有《希腊罗马名人传》。文艺复兴时期,他的作品大受欢迎,蒙田对他推崇备至,而莎士比亚的不少剧作也都取材于他。

译名对照表

Mendelssohn-Bartholdy	门德尔松·巴托尔迪
Carl Biedermann	卡尔·比德尔曼
George Finlay	乔治·芬利
Thomas Gordon	托马斯·戈登
Von Prokesch-Osten	冯·普罗克施-奥斯滕
Klemens von Metternich	克莱门斯·冯·梅特涅
Professor Holland	霍兰德教授
M.Alfred Lemaitre	M.阿尔弗雷德·莱梅特
Walter Alison Phillips	沃尔特·艾利森·菲利普斯
Pericles	伯里克利
Plato	柏拉图
George Gordon Byron	乔治·戈登·拜伦
Constantinople	君士坦丁堡
Niuolò Machiavelli	尼科洛·马基雅维利
Armatoli	阿尔马托利
Antonis Katsantonis	安东尼·卡桑托尼斯
Ali Pasha of Ioannina	约阿尼纳的阿里帕夏
Robin Hood	罗宾汉
Friar Tuck	塔克修士
Pindu	品都斯山脉
Panagia Klephtrina	帕纳吉娅·克莱夫特里娜
Bosphorus	博斯普鲁斯海峡
Dardanelles	达达尼尔海峡
Newgate	纽盖特

Cherson	切尔森
Gibraltar	直布罗陀
Algerine	阿尔及利亚
Demogeront	德莫格隆茨
Proestoi	普罗斯托伊
Tripolitza	的黎波里
Alexander Mavrocordatos	亚历山德罗斯·马夫罗科达托斯
Demetrius Hypsilanti	德米特里乌斯·希普西兰蒂
Demosthenes	德摩西尼
Adamantios Korais	阿达曼提奥斯·可拉斯
Homer	荷马
Romaioi/Romans	罗马人
Psara	普萨拉岛
Hydra	伊兹拉岛
Catherine thu Graet	叶卡捷琳娜大帝
Hetairia Philike	"友谊社"
Odessa	敖德萨
Nikolaos Skoufas	尼古劳斯·斯库法斯
Athanasios Tsakaloff	阿塔纳西奥斯·萨卡洛夫
Emmanuil Xanthos	埃马努伊尔·赞瑟斯
Alexander I	亚历山大一世
Holy Alliance	神圣同盟
Laibach	莱巴赫
Ioannis Antonios Capodistrias	扬尼斯·安东尼奥斯·卡波基斯迪亚斯
Corfu	科孚岛
Tilsit	蒂尔舍特
Morea	摩里亚半岛
Alexander Hypsilanti	亚历山大·希普西兰蒂
Janina	约阿尼纳
Epirus	伊庇鲁斯
Tepeleni	台佩莱纳
Chamko	哈姆科
Gardiki	加迪基

Kormovo	科莫沃
Adriatic	亚得里亚海
Aegean	爱琴海
Pacho Bey	帕乔贝伊
Khurshid Pasha	库尔西德帕夏
Pruth	普鲁特河
Moldavia	摩尔达维亚
Galatz	加拉茨
Karavia	卡拉维亚
Michael Soutzos	迈克尔·苏特佐斯
Massacres at Galatz	加拉茨大屠杀
Danube	多瑙河
Ibraila	伊伯利亚半岛
Bucharest	布加勒斯特
Giorgakis Olympios	杰奥尔加基·奥林匹斯
Savas	萨瓦斯
Theodore Vladimiresco	西奥多·符拉迪米雷斯科
Monastery of Maryeni	玛利亚尼修道院
Widin	威丁
Giourgevo	乔尔格沃
Rimnik	里姆尼克
Kraiova	克莱奥瓦
Dragashan	德拉加山
Nicholas Hypsilanti	尼古拉·希普西兰蒂
Church of Kosia	科西亚教堂
Pharmaki	法玛基
Seko	赛高
Pentedekas	彭特德卡斯
George Cantacuzenos	乔治·坎塔库兹诺
Yassy	雅西
Skuleni	斯库莱尼
Peloponnese	伯罗奔尼撒半岛
Georgios Dimitrios Dikaios	乔治斯·迪米特里奥斯·迪凯奥斯

Pappa Phlesas	帕帕·弗莱萨斯
Ismael	伊斯梅尔
Salik Aga	萨利克·阿加
Kalavryta	卡拉维里塔
Andreas Londos	安德烈亚斯·伦道斯
Andreas Zaimis	安德烈亚斯·泽米斯
Sotiri	索蒂尔
Papadiamantopulos	帕帕迪曼塔普洛斯
Patras	佩特雷
Yussuf Pasha	约瑟夫帕夏
Ibrahim Pasha	易卜拉欣帕夏
Petros Mavromichales	彼得罗斯·马夫罗迈克尔斯
Maina	马伊纳
Laconia	拉科尼亚
Niketas Stamatelopoulos	尼基塔斯·斯塔马泰洛普洛斯
Anagnostaras	阿纳诺斯塔斯
Theodoros Kolokotrones	塞奥佐罗斯·科洛科特罗尼斯
Zante	桑特岛
Kalamata	卡拉马塔
Karytsena	卡里塞纳
Gulf of Corinth	科林斯湾
Dervenakhoria	德韦纳霍里亚
Attica	阿提卡
Panourias	帕努里亚斯
Salona	萨洛纳
Levadia	利瓦迪亚
Athanasios Diakos	阿萨纳西奥斯·迪亚科斯
Missolonghi	迈索隆吉
Coron	科林
Modon	莫登
Navarino	纳瓦里诺
Napier	纳皮尔
Tricoupis	特里库皮斯

Acrocorinthos	阿克罗科林斯
Monemvasia	莫奈姆瓦夏
Gregorios Cantacuzenos	格雷戈里奥斯·坎塔库泽诺斯
Levant	黎凡特
Haglan	黑格兰
Vrachori	弗拉哈瑞
Nourka	努尔卡
Phrantzes	福阮茨
Chios	希俄斯岛
Valtetsi	沃特茨
Elmas Bey	埃尔马斯贝伊
Nauplia	纳夫普利亚
Thermopylae	塞莫皮莱
Omer Vrioni	奥马尔·维里奥尼
Gravia	格拉维亚
Odysseas Androutsos	奥德修斯·安德鲁斯
Scripu	斯克里乌
Acropolis	雅典卫城
Thebes	底比斯
Oeta	奥塔山
Parnassus	帕纳塞斯山
Rumeliot	鲁米利亚
Bayram	拜拉姆
Memish	梅米什
Shahin Ali	沙欣·阿里
Vasilika	瓦西利卡
Thessaly	塞萨利
West Hellas	希腊西部
Marko Botzares	马尔科·波扎雷斯
Muhammad Ali Pasha	穆罕默德·阿里帕夏
Arta	阿尔塔
Plutarch	普鲁塔克
Kallergis	科莱基斯人

Euboea	埃维厄岛
Thessalian	塞萨利亚
Spezzia	斯皮齐亚岛
Milos	米洛斯岛
Oeconomos	埃科诺莫斯
Jakonaki Tombazes	雅科纳基·通巴茨
Sachtouris	萨奇提斯
Pinotzi	皮诺兹
Sheik-ul-Islam	伊斯兰教酋长
Mecca	麦加
Melos	迈洛斯
Aegospotami	伊哥斯波塔米
Spartans	斯巴达人
Samos	萨莫斯岛
Andreas Miaoulis	安德烈亚斯·米奥里斯
George Grote	乔治·格罗特
Apulia	阿普利亚
Battle of Cannae	坎尼战役
Bay of Eresos	埃雷索斯湾
Battle of Tcliesme	特克里斯梅战役
Pappanikolo	帕帕潘尼科洛
Brulot	"布吕洛"号
Galaxidi	加拉西迪
Ismail Djebel Akhdar	伊斯梅尔·德耶贝尔·阿赫达尔
Mahmoud II	马哈茂德二世
Musuri	穆苏里
Sergei Grigoriyevich Stroganov	谢尔盖·格里戈里耶维奇·斯特罗加诺夫
Viscount Castlereagh Robert Stewart	卡斯尔雷子爵罗伯特·斯图尔特
Mount Pelion	皮立翁山
Wallachia	瓦拉几亚
John Karadja	约翰·卡拉贾
Acarnania	阿卡纳尼亚
Aetolia	埃托利亚

Western Locris	西洛克里斯
Theodore Negris	西奥多·内格里斯
Boeotia	维奥蒂亚
Megaris	梅格里斯
Phocis	福西斯
Eastern Locris	东洛克里斯
Argos	阿尔戈斯
Epidaurus	埃皮达鲁斯
Piada	皮亚达
Elias Mavromichales	伊莱亚斯·马夫罗迈克尔斯
Euboeans	埃维厄岛民
Karystos	卡里斯托斯
Vassos	瓦索斯
Diakophti	迪亚科夫蒂
Omer Bey	奥马尔贝伊
Ithaka	伊萨卡岛
Ioannis Kolettis /Kolettes	扬尼斯·科莱提斯
Ralli	拉利
Smyrna	士麦那
Lycourgos	莱考戈斯
Capitan Pasha	卡皮坦帕夏
Kara Ali	卡拉·阿里
Macedonia	马其顿
Palamidi	帕拉米蒂
ItshKale	伊奇卡来
Arcadian	阿卡迪亚
Mahmud Dramali Pasha	穆罕默德·德拉马利帕夏
Spercheios	斯佩基奥斯
Zeituni	资土尼
Alexis Noutzas	亚历克西斯·努塔萨斯
Christos Palaskas	赫里斯托斯·帕拉斯卡斯
Nikka	尼卡斯
Klephts	克莱弗特

Piraeus	比雷埃夫斯
Ali Kummargee	阿里·库马吉
Spercheios	斯佩基奥斯河
Devernaki	德维纳基
Argolis	阿尔戈利斯
Kariyanni	卡瑞扬尼
Agionori	阿吉奥诺里
Tenedos	忒涅多斯岛
Troas	特洛阿斯岛
Tarella	塔雷拉
Dania	丹尼亚
Reshid Pasha	瑞希德帕夏
Kiutayeh	基乌塔耶夫
Kombotti	科伯提
Peta	佩塔
Gogos	戈果斯
Splanga	斯普兰加
Ionian Islands	爱奥尼亚群岛
Karl Nesselrode	卡尔·内塞尔罗德
Czernowitz	齐诺维茨
George Canning	乔治·坎宁
Koliopulos	科利奥普洛斯
Astros	阿斯特罗斯
Crete	克里特岛
Karalampos	卡拉兰波斯
Metaxas	迈塔克瑟
Deliyanni	德利亚尼
Tophana	托帕纳
Mustai Pasha	穆斯塔伊帕夏
Khosrew Pasha	科斯鲁帕夏
Tchesme	切斯梅
Grisiotis	格里西奥蒂斯
Mustai Pasha	马斯泰帕夏

Helikon	赫利肯
Yannis Gouras	扬尼斯·古拉斯
Lidoriki	利迪里基
Salamis	萨拉米斯岛
Kephissos	克菲斯平原
Ochrida	奥赫里德
Karpenisi	卡尔派尼西
Djelaleddin Bey	杰拉雷丁贝伊
Yrachori	伊拉科里
Anatoliko	阿纳托利科
William Martin	威廉·马丁
Olivev Cromwell	奥利弗·克伦威尔
Kolettes	科莱塔斯
Elis	埃利斯
Notaras	诺塔拉斯
Messenia	麦西尼亚
Achaia	阿加亚
Lerna	莱尔纳山
Hadji Christos	哈吉·赫里斯托斯
Photoniaras	弗托纳如斯
Thomas Cochrane	托马斯·科克伦
Karteria	"卡特里亚"号
Lallemande	拉勒曼德
Cephalonia	凯法洛尼亚
Crimea	克里米亚
Georgios Karaiskakis	乔治·卡赖斯卡基斯
Charles Stanhope	查尔斯·斯坦霍普
Gastuni	加斯图尼
Sissinis	西西尼斯
Daulis	道利斯
Abbas Pasha	阿巴斯帕夏
Cheroneia	切罗尼亚
Therison	塞利森

Haliarkae	哈利雅基
Hussein Bey Djeritli	侯赛因·贝·杰里提里
Suda	苏达岛
Melato	梅拉托
Melidoni	麦利多尼
Kasos	卡索斯岛
Rhodes	罗德岛
Francis Drake	弗朗西斯·德雷克
Martin Frobisher	马丁·弗罗比舍
Palaeocastro	拉卡斯托堡
Dimitri Prazano	迪米特里·普拉扎诺帕
Sachtouris	萨克图里斯
Kos	科斯岛
Kappari	卡帕利岛
Frank Abney Hastings	弗兰克·阿布尼·黑斯廷斯
Scarpanto	斯卡潘托
Marmorice	马莫利斯海湾
Skourti	斯库尔蒂
Pylos	皮洛斯
Sphakteria	斯法克特里亚岛
Djavellas	贾维拉斯
Constantine Botzares	康斯坦丁·波扎雷斯
Krommydi	克罗迈迪
Thucydides	修昔底德
Athenians	雅典人
Tsammados	察马道斯
Piedmontese	皮埃蒙特
Santa Rosa	圣罗萨
George Mavromichales	乔治·马夫罗迈克尔斯
Levantine	黎凡特人
Cleon	克里昂
Leonidas	列奥尼达斯
Makryplagi	马克里普拉吉

Daria	达利亚
Zerekovia	赞利哥维亚
Reshid Kiutayeh	瑞希德·基乌塔耶夫
Kanaris	卡纳利斯
Vasiladi	瓦西拉迪岛
Pyrgos	皮尔戈斯
Fort Vasiladi	瓦西拉迪堡
Dolma	多尔玛
Klissova	克里索瓦
Kapsalis	卡普萨利斯
Malvris	马克里斯
Varnakiotes	瓦尔纳科特斯
Eleusis	依洛西斯
Charles Nicolas Fabvier	查尔斯·尼古拉·法维耶
Chaidari	查德利
Makriyanni	马克里扬尼
Kriezotes	克里佐特斯
Arachova	阿拉霍瓦
Mustapha Bey	穆斯塔法贝伊
Distonio	迪斯托莫
Richard Church	理查德·丘奇
Menidi	梅尼迪
Burbaki	比尔巴基
Urquhart	厄克哈特
Herri de Rigny	亨利·德·里格尼
George Mavromichales	乔治·马夫罗迈克尔斯
Miliaitis	米利亚提斯
Nakos	纳科斯
Ioannis Kolokotronis	扬尼斯·科洛科特罗尼斯
Tsokris	措克里斯
Edward Codrington	爱德华·科德林顿
Hamilton	汉密尔顿
Klemutsi	克莱姆茨

Rhium	瑞希姆
Zabati	扎巴提
Nenekos	尼尼科斯
Paploutas	帕普卢塔斯
St.Vlasi	圣瓦拉西
Achmet Bey	阿基默德贝伊
Vostitza	沃尼察
Divri	迪夫里
Taganrog	塔甘罗格
Constantine Pavlovich	康斯坦丁·巴甫洛维奇
Joanna Grudzinska	乔安娜·格鲁津斯卡
Princess Charlotte of Prussia	普鲁士公主夏洛特
Nicholas Turgeniew	尼古拉·屠格涅夫
Pestel	佩斯特尔
Miloradovitch	米罗拉多维奇
Stratford Canning	斯特拉特福德·坎宁
Perivolakia	佩里沃拉基亚
Duke of Wellington Arthur Wellesley	威灵顿公爵阿瑟·韦尔斯利
Akkerman	阿克曼
Kriezotis	科瑞泽提斯
Karatasos	卡拉塔萨斯
Tahir Pasha	塔希尔帕夏
Mohurrem Bey	穆赫雷姆贝伊
Horatio Nelson	霍雷肖·纳尔逊
Viscount Goderich Frederick John Robinson	戈德里奇子爵弗雷德里克·约翰·鲁滨孙
Napoleon Bonaparte	拿破仑·波拿巴
Bourbon	波旁王朝
Grand Vizier	大维齐尔
Triple Alliance	三国同盟
Zarscoeselo	扎尔斯科塞洛
Viscount Palmerston	帕默斯顿子爵
Henry John Temple	亨利·约翰·坦普尔

Grabus	格拉布萨
Thomas Staines	托马斯·斯塔恩斯
Philhellenes Hah	菲尔兰·哈恩
Eynardt	艾纳特
Viaro Capodistrias	维亚罗·卡波基斯迪亚斯
Agostino Capodistrias	阿戈斯蒂诺·卡波基斯迪亚斯
de Polignac	德·波利尼亚克
Pulteney Malcolm	普尔特尼·马尔科姆
Petalidi	派塔利季
Baron Reineck	赖内克男爵
Francocastelli	弗朗索卡塞利
Hadji-Michali	哈吉·米加利
Sphakia	斯帕基亚人
Nerokuro	尼罗库罗
Apocorona	阿波科罗纳
Steveniko	史蒂文尼科斯
Martini	马蒂尼
Dragomesti	德拉戈米斯蒂
Trisognia	特里索尼亚岛
Loutraki	卢特拉基
Corsican	科西嘉
Pasano	帕萨诺
Kriezes	克里泽斯
Earl of AberdeenGeorge Hamilton-Gordon	阿伯丁伯爵乔治·汉密尔顿－戈登
Aslan Bey	阿斯兰贝伊
Euripus	尤里珀斯
Hans Karl von Diebitsch	汉斯·卡尔·冯·迪比奇
Adrianople	阿德里安堡
Czarscoeselo	恰尔斯库赛鲁
Louis Philippe I	路易·腓力一世
Korais	科拉伊斯
Alexander Soutsos	亚历山大·苏特索斯
Lyons	里昂

Julien Pierre Anné Lalande	朱利安·皮埃尔·阿内·拉朗德
Kallergis	卡勒吉斯
Genovallis	杰诺瓦利斯
Djami Mavromichales	贾米·马夫罗迈克尔斯
Katzakos Mavromichales	卡灿考斯·马夫罗迈克尔斯
Constantine Mavromichales	康斯坦丁·马夫罗迈克尔斯
Katakolo	卡塔科洛
Kokonis	科科尼斯
Leondas	莱奥达斯
Harmodios	哈尔摩狄奥斯
Aristogeiton	阿里斯托革顿
Pisistratus	皮西斯特鲁斯
Charles Maurice de Talleyrand	夏尔·莫里斯·德·塔列朗
Rhangos	罗恩格斯
Andruzzos	安德鲁资斯
Corbet	科比特
Achilles	阿喀琉斯
Phanari	法纳瑞
Dimitrios Paploutas	迪米特里乌斯·帕普卢塔斯